湛庐文化 Cheers Publishing
a mindstyle business
与 思 想 有 关

横越未知

周健工◎著

浙江人民出版社
ZHEJIANG PEOPLE'S PUBLISHING HOUSE

推荐序

过去未去，未来已来

张磊
高瓴资本创始人兼首席执行官

如果站在未来的节点上回望今天，我们一定仍然会心潮澎湃。周健工先生以资深媒体人独特的思考力，向我们展示了中国在过去 10 年已经发生并且正在发生的伟大变革。在这其中，新旧经济转型、创新与企业家精神、危机与挑战，以及如何面对未来，是《横越未知》重点阐述的命题，对于这些命题的思考将鼓舞中国企业家、创业者们不断寻找新的突破，塑造新的产业，开创新的世界。我们应该相信：过去未去，未来已来！

书中首先阐述了硅谷精神所带来的颠覆式创新，许多高科技企业通过互联网思维、大数据技术等方式重塑传统行业。比如特斯拉在汽车、新能源领域的创新，完全改变了汽车行业的固有模式；谷歌的无人驾驶汽车甚至改变了人们的生活方式。某种意义上，硅谷精神的核心气质在于创造一种新概念，用一种“升维”的方式重新审视传统行业，然后再进行“降维”突破。传统企业赖以成功的精益制造被科技企业以连续迭代、智能制造等方式升级替代，“硅谷的颠覆者正在从初级开始满足消费者的要求，同时又在灌输一种新的价值主张”。

伴随着新经济的发展，企业家精神被赋予了更多内涵。书中最让人印象深刻的讨论有以下三点。其一，坚持原则的企业家能够真正赢得社会公众的普遍信任。“不行贿”背后的商业伦理，在于它真正遵从了商业规律，从而能够获得所有利益相关者的普遍尊重和重视。这种“失之东隅，收之桑榆”的长远眼光将会赢得最忠诚、最正直的合作伙伴。其二，企业家的社会影响力正在发挥着举足轻重的作用。一方面企业家应把自己的企业也视为社会公民，真正维护社会的公平、正义；另一方面，企业家从事公益事业，能够发现普通消费者的真实痛点和内在需求，这种社会痛点能够为企业带来更多的创新机会。其三，企业家的创新应当是开放的。在传统经济中，专利作为保护创新的法律手段，成为企业家的创新动力。但我们也要看到，真正原发的突破性创新，必须依赖多样性、跨学科的思维模式，开放性能够引发人们的广泛讨论和交流，从而为创新赢得更多可能性。

经过数十年的创新发展，中国不仅从经济总量上成为世界第二大经济体，而且正在成为全球创新和科技发展的重要高地。在我看来，构建全球经济格局中发挥重要作用的创新要素不再是过去创新 1.0 时代里存在的简单取巧式的商业模式创新，而应该是立足于硬科技、黑科技、原发科技的“科技创新 2.0”。在科技创新 2.0 时代，定义创新的也不再单纯是创业者、企业家，而是把科学家的求知精神、企业家的创业精神、投资人的冒险精神结合起来，真正用科技创新的力量改变许多行业的发展曲线，追求那些为人们创造幸福的核心价值。这就意味着，一方面，科技创新从原有的颠覆者被赋予和谐再造的使命，把源自基础科学、基础科技的创新以全领域、深结合的方式运用于传统行业，将黑科技、硬科技、原发科技与传统产业相融合，为传统行业赋能，改造传统的运营模式，帮助传统企业迅速转型适应新经济，支持实体经济发展，从而实现长远价值创造。另一方面，科技创新以更加具有包容性、有温度的方式，帮助更多普通民众搭乘科技快车，实现尊重和平等。这种人文关怀的视角，提升了科技创新的内生动力，真正意义上回归了创新的初心——创造更美好的未来。

值得惊喜的是，中国在全球创新中扮演着更加重要的角色，中国构建创新的方式不是简单复制国外的经验，也不是简单叠加各方面的要素，而是一种原创的思路和原创的模式。中国在过去 10 年尤其是过去 5 年，创新已经从 C2C（Copy to China，复制到中国）向 IFC（Innovation from China，创新源自中国）转变。这其中的重要原因在于，中国的创业者最善于学习，有着“从死亡之组突围”的搏命精神，敢于白手起家，逆境求生。他们在吸收引进先进科技、先进模式的同时，不断消化、反思、迭代，从发现消费者、认知消费者，到产品设计、交互界面、用户场景，最后开发出满足消费者最根本需求的产品模式、业务模式。中国的创业企业，从模仿到无可模仿，无论是内在的探索，还是外在的竞争，都迫使原发创新的产生。从某种程度上说，在信息科技时代，也只有中国最具备创新的土壤，中国是一个极佳的创新实验厂。中国的科技创新驱动战略为创业者构建了很好的市场环境，中国不缺乏拥有卓越赏识力和战略思维的投资家，中国的消费者有着天然的互联网基因，中国的创业者有太多可以试错的机会。这些因素将促使中国的创新以微小而连续迭代的方式，不断积蓄能量，从而创造重大突破。

当前，在新经济和科技创新不断发展的同时，我们仍面临着许多重大危机和挑战。在原有世界秩序被打破、不确定性显著提高、新的平衡尚未建立之前，中国的结构调整和经济转型能否冲出重围？在科技不断颠覆人类想象、大数据人工智能逐渐成为公共品、技术文明和人文思潮螺旋更替的未来世界面前，我们应该以怎样的视角和心态砥砺前行？《横越未知》讨论了许多值得人们反复思考的重大问题，涉及中国企业家的管理智慧、媒体革命、金融危机、世界财富与权力转移、未来的智能时代。这本著作并没有给出上述问题的答案，但比给出答案更好的做法在于，作者以一种理性的思维启发人们要大胆思考。对于投资人来说，思长远谋大局（think long，think big）是我们研究问题的重要原则。读完此书，我们更有理由相信，伴随着创新和企业家精神，“中国正在迎来自己的世纪”，“中国也会为世界给出自己的答案”。

作者在本书所得的版税收入，一半捐赠给第一财经公益基金会，一半用于作者支持的一些公益及社会项目。

中国方案

这本书里收录的文章，最早的一篇写于 2008 年 1 月 1 日，当时，发生在美国的次贷危机，正在向全球金融危机升级。这篇文章是对美联储前任主席格林斯潘的自传《动荡年代》所作的评论。格林斯潘说:“市场已经复杂得让人类无法有效干预，最有希望防止危机的政策，是那些保持市场最大灵活性的政策——对冲基金、私募基金、投资银行这些最重要的市场参与者，能自由地发出市场行为……”现在看来，再也没有比这更加激起批判冲动的判断。

市场与干预，创新与监管，是过去 10 年来从中国到全球争论不断的话题。历史的钟摆，总是周期性地回荡。但从金融危机之后的 10 年来看，这次可能会不一样。市场与干预似乎同时失灵，许多国家的老百姓对看不见的手和看得见的手都表达不满。金融创新每隔 10 年几乎必然出事，不是在新兴市场，就是在发达国家，不是在传统金融领域，就是在新金融领域；而技术的创新，因看不到监管的同步创新，也引发更多的不安。

过去 10 年，我大多数时间在《福布斯》中文版担任总编辑，在第一财经担任首席执行官，无论从外向内看，还是从内向外看，这个世界最精彩的故事，无疑发生在中国。回顾这些年来所写的文章，从内容来看，大概可以归纳为以下 4 个方面。

创新，让未来发生。创新是这个时代最重要的主题。在我们生活的周围和当下，到处都有未来的影子，只是我们没有发现，没有把握。而那些创新者，就是让未来发生的人。过去 10 年，中国经济增长的速度虽然降下来了，但是出现了一大批基于数字技术和通向智能未来的公司。创业、创新、创富是这一部分文章的主题，其中包括优秀的创业者和企业家，也包括一些初创公司、独角兽公司、科技巨头；从硅谷到中关村到深圳，有创业方法论的探讨，也有政府如何打造创新经济的建议。在中国经济增长速度下行时期，中国企业家精神为中国经济的长期增长，从速度向质量转换，提供了强大的动力。

新与旧的大碰撞。相比发达国家，新经济对旧经济的颠覆，在中国更加彻底和迅猛。而中国的一些传统产业显得特别脆弱，因为中国市场化和工业化的历史并不长，有些产业并没有在自由竞争的环境中充分发育成长，遇到互联网不堪一击。媒体就是一个典型的领域。这些年我亲历了媒体大变局，信息技术的每一次突破，包括互联网技术每一次进步，首先影响的就是媒体行业。尤其是移动互联网时代，中国旧媒体被颠覆的速度之快、程度之深，世所罕见，这部分有一篇文章的标题就是《旧媒体与大革命》。其实新经济与旧经济不是完全对立的，许多行业可以主动拥抱互联网，而互联网公司也在融合更多的传统行业。例如中国的零售业，在经历了电商、新零售之后，通过供应链、智能化、支付服务等影响到制造业和更加广泛的实体经济。在旧经济向新经济转换的过程中，劳动生产率的提升、反垄断化、创造就业、收入分配等方面的效应，也非常值得关注。

势在前行，从危机出发。这一部分包括我在次贷危机和金融危机期间写的一些文章，主题涵盖此后的美国经济衰退、欧洲债务危机、反全球化运动、中国经济在经过 4 万亿元刺激后短暂 V 形反弹，然后增长速度一路下跌进入 L 形的“新常态”。金融危机让人们看到了自由市场机制的失灵，也看到了政府干预的凯恩斯主义的失灵（比如欧洲债务危机），宣告了西方的福利国家濒于破产，以及包括中国在内的政府刺激经济的传统政策效果越来越弱。过去 10 年，其实经历了自由市场学说与政府干预的两难困境。最近全球民粹思潮的崛起，反映了许多国家的老百姓对于政府治理的不满。我们会“浪费”一次危机吗？避免了黑天鹅，会养大了灰犀牛吗？当市场与刺激都失灵的时候，全球主要经济大国的经济政策都转向供给侧，都期待一种强势的领导力，推行结构调整和治理改革。这需要花费时间，而许多国家都看好中国。

面对未知的世界。我想说的其实是一种技术文明的崛起。持续 53 年的摩尔定律，以及期待中的量子计算，足以让计算能力便宜得成为公共品。连网成为一种基本权利，进而带来了创新的大众化，包括基因测序成本、新能源发电成本、电池能量密度成本、新材料成本等，都在指数级地下降，为产品创新和传统产业的变革带来了无穷的机会。与此同时，历史上每经历一次技术革命，结果都是人类将面对日益强大的机器。以往人类可以操控这些机器，用来征服自然，但这一次人类的自信心有点动摇，因为机器会学习了，可能一走下生产线就比人类聪明，而且比人类学得更快更好。技术把人类带上了加速创新的轨道，让我们通向一个未知的世界，同时也给我们带来一个终极问题。这个问题与数千年前人类祖先刻在神庙石头上的发问一样：我是谁？

全球进入了一个未知的水域，很大程度上是因为中国。而中国也进入了一个未知的领域，在学习了西方一个多世纪之后，中国正在迎来自己的世纪。中国无法不解决自己的问题，而去帮助解决这个世界的问题，反之亦然。中国需要提供一个答案，也需要一个方案。

我想用这本书里一篇文章的标题，来概括我对中国这 10 年所发生的变化：从无限劳动力到无限计算力。

目 录

扫码下载“湛庐阅读”APP，
搜索“横越未知”，听周健工先生聊一聊，
为什么要“横越未知”。

第一部分

一个更美好的创新世界

创新和创业充满全球，而中国正在成为一个周期。
如何保持创新基因，从开放、快速、敏捷的制造工场，
变成世界级的创新平台，将考验我们的想象力。

01

创新力与创新思维

硅谷思维，不断自我颠覆创新

硅谷的历史，就是一部 IT 互联网产业不断自我颠覆创新的历史。实际上，硅谷正在变成可能颠覆所有产业的地方，譬如，我认为硅谷正在酝酿颠覆汽车产业。

2012 年，有两则新闻引起了我的注意。一则新闻是关于全电动汽车的。特斯拉汽车公司创始人埃隆 · 马斯克（Elon Musk）在加利福尼亚州推出了太阳能超级充电站，他提出“免费驾驶”口号：车主可以在美国东西海岸之间自由驰骋，而且用这些电站充电是免费的。马斯克预计，超级充电站两年内可以推广到全美，同时他还盯着欧洲和亚洲。

另一则新闻是关于无人驾驶汽车的。加利福尼亚州通过了一项法案，允许在加州的公路上进行无人驾驶汽车试验，于是，引人瞩目的谷歌无人驾驶汽车正式上路。谷歌已经开发出一系列无人驾驶汽车，一些员工甚至已经将其用作上下班的交通工具了。无人驾驶汽车的好处有很多，包括道路的安全性提高，因为数字信息可以让车辆之间不停地沟通；残障人士也可以驾驶汽车；乘客在堵车时可以同时工作；道路拥堵和环境污染等问题也有可能得到显著改善。

从电动汽车、超级太阳能充电站到无人驾驶汽车，都不是传统汽车巨头进行的创新。

推动研发无人驾驶汽车的是谷歌公司联合创始人谢尔盖·布林（Sergey Brin），而率先生产出全电动汽车和推出充电站的是马斯克，他曾经是互联网支付公司 Paypal 的创办人。布林和马斯克可能颠覆世界汽车行业吗？有可能，也许他们最终都不会成为底特律意义上的汽车制造商，但他们将成为颠覆汽车的一股源动力。

布林与马斯克颠覆汽车行业的行为，实际上是以硅谷的方式，在激发一种面向未来的汽车新概念。底特律正在向硅谷学习。发明过大规模汽车生产方式的福特汽车公司，提出了使用互联网技术、人工智能技术，以及新的交通解决方案“重新发明汽车”。福特开设了一间硅谷实验室，目的是“置身于传统的福特基础设施之外”，能接近创新公司以及探索大数据的趋势。

汽车行业将向哪里发展？正如现任福特汽车公司董事长比尔·福特所说：生产更多的汽车吗？显然不是，而是生产一种全新的汽车。汽车制造业的创新为什么正发生在硅谷，而不是在底特律？我们可能不得不关注一个现象，硅谷不仅在用互联网和 IT 技术影响着几乎所有的产业，而且在创新方式以及公司形态方面将带来深远的影响。

硅谷经过多年创新，已经摸索出一套比较有效的创新管理体系。如果说传统制造业中有“精益制造”的话，在创新中就产生了“精益创业”的方法。比如，谷歌推出的无人驾驶汽车，以及特斯拉的电动车和超级充电站，在性能上远没有达到传统汽车和电网那样完善的程度。但是，硅谷进行产品创新与传统汽车生产商隆重推出新车型完全不同，它们倾向于推出最简化可实行产品（Minimum Viable Product，简称 MVP），在与用户的不断互动中迅速迭代与改善，逐步积累起颠覆的力量。

硅谷那些成功的公司，能迅速发现用户和消费者，这套方法同样可以用于制造业的产品创新。社交媒体 Twitter 及移动支付公司 Square 的创始人杰克·多尔西（Jack Dorsey）这样看待互联网和大数据时代的产品创新：“当我发布一个新产品或者一个新广告时，我会即时得到人们的想法和人们如何反应。我能用那些反馈进行调整，并且改善我的服务、产品和公司，所有都可以实时完成。”

硅谷的创新，往往是小公司网络中的开放式创新，而那些大公司的创新，也越来越重视通过收购小公司，或者与中小型公司形成联盟网络来创新。福特开发新汽车，就借鉴了 IBM 当年做 PC 的方法，到一个远离公司总部的地方设立实验室。特斯拉汽车公司与戴姆勒公司及丰田公司都有技术合作。

中国汽车品牌比亚迪从做电池到做电动车，当时是一个极具前瞻性的想法。创始人王传福先做传统汽车，然后再进入电动汽车，也不失为符合中国国情的路径。但比亚迪似乎在做传统汽车中迷失了方向。比亚迪有自己的电池技术、造车技术、太阳能技术、蓄能技术，王传福本人也有未来分布式能源的成熟构想，为什么不能像特斯拉那样推出自己的太阳能充电站呢？谷歌已经开始铺设自己的光纤网，特斯拉要做自己的充电站。所以，做电动汽车，可以不依赖现有的电网系统，也没有必要在传统汽车行业中做到第一。比亚迪曾经在国际性车展上第一个推出全电动车，但它一直沿用传统制造业的方式进行创新，被动等待国家的有关政策，这条路可能行不通。

除了政府扶持之外，中国应该提供更加宽松的条件，更加开放的市场，让各种新能源汽车能尽早走出实验室，以创业的方式进行商业化的探索，尽快找到和形成用户。

最终我们可能会看到，是“汽车”的概念本身正在悄悄发生变化。**那些硅谷的颠覆者们正在从初级开始满足消费者的要求，同时又在灌输一种新的价值主张。**汽车行业正在迎来一场巨变，而这场巨变的推动者，可能是具有硅谷思维的小公司，而不是汽车业巨头。

此文首发于《福布斯》中文版杂志 2012 年 10 月刊（下）的“创业思维”（Startup Thinking）专栏，略有改动。
2012 年 10 月 20 日

为什么投资人与创业者都守着“互联网 + 全球化”的风口

2014 年年底，我组织了一场饭局，参加者有十几位在上海的创业者，席间我们讨论了是否有必要去硅谷。这些创业公司的规模都还不大，但其中有一些迫切感受到需要去硅谷。我总结他们去硅谷的理由：有些人在国内无法产生新的创意，业务发展遇到瓶颈，希望到硅谷寻求灵感；有些人把手头的游戏公司或者互联网广告公司卖掉了，接下来准备做风投或进行下次创业，这之前先到硅谷发呆一段时间；有些人觉得现在国内一线城市招技术人员太难太贵，到硅谷能找到比国内性价比更好的技术骨干，甚至 CTO；有些想进军国际市场；一些风投机构感到国内的初创公司估值太高，硅谷或美国其他城市的初创公司技术更好、估值更合理，这些风投机构看了很多的 C2C（Copy to China，复制到中国）公司，索性直接到源头投资。

以色列之风小而强劲，中国风险资本越来越热衷。最近在一些资本会议上结识了一些基金公司，他们直接投资以色列的通信、媒体和科技领域的初创公司。有的投资人会直接成为以色列风投基金的有限合伙人，有的直接投资孵化器，有的则寻找当地政府背景的创业支持机构进行合作，以获得更早期的投资机会。

另外一股大风来自印度。印度可以说是“下一个中国”，它们的移动互联网处于普及期，发展环境类似于10年前阿里巴巴所处的阶段，或者正逢小米诞生之前的阶段。目前印度正成为中国手机企业的海外主战场，对于阿里来说，是寻找到印度版的阿里、京东，并且狠狠下注的时机。印度用户都讲英文，给百度和腾讯留下的空间不多。而且，印度是一个高度分散自治的国家，只有互联网才能带来真正整合的机会。如今中国的北京和深圳之于印度，正如10年前硅谷之于中国。

与纪源资本的合伙人童士豪交流，我们所见略同：**目前投资与创业的一个大风口，来自国际化和全球化。**

硅谷一直处于全球技术和商业模式创新的中心，但这两大功能正加速向中国转移。然而，硅谷的另外一个作用被人们忽略了，即硅谷的大学和创业社区吸引了来自全世界最优秀的人才。这些人才之间能够迅速建立起信任和合作关系，就不同的文化背景、不同的技术领域、不同的专业素养进行快速的交流，从而形成一个不断产生新思想和创意的“热带雨林”。硅谷主要是世界级创业团队迅速匹配和发生化学反应的地方。

为什么阿里和腾讯在电商、社交、游戏领域已经做到世界级，却还要不停投资美国的初创公司？我认识的一些优秀的投资人，如嘉御资本的卫哲，除了自己做投资很成功之外，还做美国优秀风险资本的LP。对于中国的一些巨头公司或投资机构而言，这样做，一方面是围绕其核心业务建立生态系统，另一方面是能在第一时间捕获到行业内产生的“新颠覆者”。

跨境电商是个巨大风口。每年中国有上亿人到境外购物，平均每人花费上万元，其实就是上万亿元的市场。这样的消费需求如果能引入国内，会是非常好的创业机会。从更大的背景来看，其实跨境电商就是移动互联时代的国际贸易。如果说中国在过去30年成为全球贸易体系最大的受益者，那么目前中国拥有全球领先的电子商务技术和公司，还有最大的消费市场，完全有可能在跨境电商方面让中国和全球经济都受益，也能带来无数的创业机会。

中国是一个很大的市场，尤其是移动互联网的规模，将来会数倍于美国。在中国成功的公司，未来在其他国家也有复制的价值，如果说短期内全球影响力还赶不上美国，最起码对一些新兴市场是有用的。

其实互联网天然就是一个全球市场，关键是能否做到全球垂直整合。越来越多的国际化创业团队选择在中国创业，比如我看到一个设在苏州的新加坡公司，创始人团队来自马来西亚和德国等国家，他们从事的专利数据的产品服务中国和全球的用户。

2015 年入选福布斯“30 Under 30”（30 位 30 岁以下的创业者）的一位加拿大籍华人，在美国创业成功，但他研发的视频搜索技术主要服务于企业端，限制了成长空间。后来他将这一技术带到中国，调整商业模式，面向 C 端更广大的用户群和市场，在上海已经开始再创业并且很快融资成功。

中国资本市场的泡沫成倍提升了科技公司的估值，也加快提升了中国资本对优秀科技公司、技术、团队的并购需求。我认识的一位创业者把自己公司的一半业务出售给了一家上市公司，令这家上市公司的估值翻了数倍。他也加入了这家上市公司，接下来将会从硅谷等地寻求更多的收购对象。

随着以互联网为代表的“新经济”在资本市场上的崛起，以及新三板正逐渐成为中国新经济的一个巨大的加速器，中国资本市场如果能及时做出重大改革，将会极大地加速中国向全球创新中心转型。

2015 年 6 月 1 日

特斯拉免费开放专利，我们可以模仿

特斯拉电动汽车的创始人埃隆·马斯克宣布，将开放所有专利给其他公司和个人使用，可以说这是制造业领域的一次真正的"互联网思维"。特斯拉准备"开源造车"，而开源的思想最早发源于软件：Linux 操作系统免费开放给任何人使用，后来谷歌把安卓系统免费提供给所有开发硬件的企业。

马斯克在寻求一种全新的商业模式，以实现特斯拉加快对传统燃油汽车的颠覆。开放专利，如果有一大批追随者，特斯拉可能会建立起一种行业的标准，或者使特斯拉成为电动汽车技术平台。马斯克还有快速充电技术以及锂电池和储能生产技术，如果"开源"撬动了电动汽车的市场，特斯拉可能成为最大受益者。此外，当越来越多的生产商进入这个领域，所有的配套零部件价格将会下降，供应链将会改善，从长远来看，这将有助于解决特斯拉产能不足的问题。

特斯拉也将电池组保护系统、过量充电以及电动马达中改革的转子结构等 160 余项专利，开放给怀有善意的用户无偿使用。但是别忘了，特斯拉并不会把没有申请专利的行业机密拿出来与人分享，也不会分享自己的生产工艺流程等。

在硅谷，专利越来越被视为阻碍竞争的一种制度。行业领先者往往通过耗资巨大的专利官司阻止竞争者，谋求垄断地位。市场上甚至活跃着一批"专利流氓"，控制大量专利不用于创新和生产，而是专门去打专利官司敲诈获利。

“开源”造电动车也是一种免费的模式，目前电动车在汽车市场上的份额连1%都不到，特斯拉把自己的发明免费提供给自己的用户，带动行业的迅速成长，处于该行业的领军者一定会是最大的获益者。

特斯拉一个非常聪明的地方在于，它在主动推行一种开放式创新的战略。**在封闭式的创新环境下，创新者会想尽一切办法把自己的专利控制起来，防止竞争者使用。而在开放式创新机制下，创新者主动让其他人使用自己的专利，并通过购买其他人的专利来改善自己的商业模式。让其他人使用你的技术，可能会进化出更好的技术和产生新的价值，这些都是封闭创新环境中无法实现的。**从这一点来说，特斯拉的“开源造车”，实际上是在加速技术和商业模式的创新。

特斯拉汽车在中国技术新贵精英中拥有广大粉丝，马斯克也被视为新一代创新的楷模。开放专利，对于中国意味着什么呢？我想最惊喜的应该是中国那些想进入电动汽车市场的企业，甚至地方政府，因为它们可以名正言顺地模仿特斯拉了！

但应该模仿的不是造出一辆看起来与特斯拉一模一样的电动车，而是模仿造就特斯拉的创新思维，以及创新所产生的制度。

中国电动车市场面临的一个最大的挑战是地方和部门保护主义，国有的基础设施开放给民营的充电供应商速度缓慢。开放创新只有在开放的市场才能实现。发展电动车产业，首先要打破市场保护。

这对于比亚迪意味着什么？比亚迪拥有电动车产业链上几乎所有的技术和专利，它是选择免费使用特斯拉的技术继续保护自己的专利，还是同时宣布开放自己的专利呢？这在目前仅是个有趣的猜想，也许在中国，比亚迪还很难走到这一步。

但更重要的是，开放式创新能在中国流行开来。简单地说，是自己关在房间里自己琢磨好，还是把产品交给用户和消费者使用好？当然是尽快交给越多的用户使用，这样技术的价值会越快体现，产品也完善得更快。另外，谁也不知道这个发明演变成产品的过程，最终与开发人员在内部的设想有多大差别。

开放创新者主张，把专利完全保护起来自己用，不如把专利开放出去。我们处于知识极大丰富、信息过载的时代，如何让知识变成价值？最好的方法就是分享，让尽可能多的人使用。因为只有用的人多了，你才知道它有什么用途。专利并不缺乏，缺乏的是有用户去使用这些专利。只有使用，才能商业化，才能创造价值。

一些公司会想尽一切办法“开放”，用自己的核心资源去交换其他公司的创新能力，建立自己的用户群，通过互动建立一个“开放创新”的闭环，这是目前小米公司的成功之处，也是张瑞敏想在海尔内部实现自我颠覆的一种方式。

这些，对于华为意味着什么？再问一次，对于比亚迪意味着什么？

2014 年 6 月 13 日

在中国如何复制硅谷

我访问的一些城市，包括《福布斯》中文版做过论坛的城市，不管是东部、中部，还是西部，书记、市长们最关心的话题都是创新，都恨不得像招商引资那样，搞一个“硅谷”出来。但是，他们需要更深刻地认识到，什么是创新，尤其是可持续的创新。

政府首先要区分做创新与做产业之间的区别。从科技史上看，创新，尤其是可持续的创新，在很大程度上是随机性的结果。英国科学家理查德·道金斯在《盲眼钟表匠》中提出，世界不存在伟大的设计者，而是通过小的随机变化前进的。科学的发明中充满了偶然和运气。比如，宇宙大爆炸理论源自贝尔实验室的两名射电天文学家，原本是为了降低噪音而去清除天线上的鸟粪，结果却听到了来自宇宙的微波背景辐射。再比如，青霉素是偶然发现的，伟哥本来是治疗高血压的药品。许多技术和工具的应用，都是意料之外的。

创新的随机性，意味着创新需要反复尝试，经历失败，承担风险，付出代价。美国就是为全世界承担风险的地方，这正是它具有创新力的原因。全球互联网最成功、规模最大的公司，以及新的技术、商业模式都产生在美国，而互联网泡沫的破灭表明，美国在创新方面经历了巨大失败、付出了高昂的代价，之后才有了门户、搜索、社交、移动互联、云计算，才有了硅谷一批伟大的高科技公司。不过，正是因为美国已经承担了全球性创新的风险，这些创新的成果才能为其他国家，尤其是中国所模仿和学习，从而产生更多本土的创新。

硅谷两位经验丰富的风险投资家维克多·黄（Victor W. Hwang）和格雷格·霍洛维茨（Greg Horowitt）写了《硅谷生态圈》这本书，把硅谷比作一个不断产生和进化新技术、新商业模式的雨林。

典型的热带雨林富含原生的碳、氮、氢、氧原子，这些元素混合在一起，能够不断产生新的动植物群落。对于这些新物种，雨林只是提供了合适的环境以培养意外的进化，而最有希望的生命形态，总是出人意料地崭露于异常肥沃的环境中。因此，热带雨林模式并不试图迫使个体产生创新，而是设计与营造合适的环境，培养创新自主地生成并繁荣。从这个意义上来说，如果总是预先设定目标，譬如创建一个苹果公司，或者拍一部角逐奥斯卡的大片，其结果往往以失败告终。创新来自于"热带雨林"而不是"庄稼地"，并不是说播种之后一定会收获。

《硅谷生态圈》认为，**最大的价值产生于不同的人之间的交流和交易。人们的专业多样性越强，交流的价值潜力就越大。硅谷就是这样一个地方，它能让陌生人之间结成一个互相信任的"部落"，并且对新产品和技术进行实验，人才、技术、思想、资本的交易成本达到最低。**硅谷崇尚个人主义，但同时个人也会积极参与到围绕新产品的开发或者新想法的形成的社群中去。

所有这些，对于想复制硅谷意味着什么呢？要进行创新，最重要的是提供创新的环境，而不是事先计划具体的技术和产品。创新行为往往是自下而上的行为，而不是自上而下的；创新应该是专业背景多样性的个体之间充分交流与交易的结果。最重要的是建立一个系统或者人际关系网，让人才、思想和资本更加自由地流动，创新就可以持续。所以，创新并不是有了人才（通常是拿了博士学位的海归）、资金（往往是政府用纳税人的钱买单）、土地（政府建立园区并提供各种设施）之后，政府"种庄稼"一样"种"出来的，而是需要"热带雨林"。如果政府陷入招商引资的思维，而不去改变人们的行为，肯定会创新失败。如果在文化上不去培育投资人与创业者的共生关系，政府对风险资本的补贴也不会产生效果。

创新最根本的是大学制度。当政府急着从海外挖回 1 000 个钱学森时，也不要忘记钱学森著名的发问：中国的大学，为什么总是培养不出杰出人才？当各级官员都在着急中国出不来乔布斯时，不要忘记出现乔布斯的文化与制度环境背景。

2012 年 6 月 25 日

华为终端与小米，哪个更创新

据 TrendForce 调查，2014 年第一季度，按照市场占有率，世界前十大手机公司中，中国占了 6 家，其中华为手机排名第 4，小米手机排名第 7。而根据另外一家市场调研机构 Counterpoint Technology 发布的统计数据，在中国内地，小米手机排名第 3，华为手机排名第 5。国产手机枭雄中，只有华为手机与小米之争，才会擦出火花，才会吸引那么多的关注。

最能引发争论的是，手机领域里小米模式对华为终端的挑战，进而在移动互联时代，未来属于哪家公司，谁是真正的创新者，如何更有效地创新？

2013 年年底，华为公司 CEO 任正非在 2013 年度干部工作会议上发表了题为“大公司如何做到‘不必然死亡’？”的讲话。他从特斯拉与宝马的汽车之争中提出对“创新”的认识，指出“我们只允许员工在主航道上发挥主观能动性与创造性，不能盲目创新，发散了公司的投资与力量……要防止盲目创新，四面八方都喊创新，就是我们的葬歌”。

2014 年年初，中欧创业营的李善友教授在一次题为“华为身处‘创新者的窘境’而浑然不觉”的演讲中提及任正非的这番讲话，并对比了华为手机与小米手机的成绩，认为华为公司在创新上存在战略失误。

对比一下华为与小米的成绩。华为是一家已成立20多年的企业，小米则是成立不久的手机公司。2013年，小米的出货量仅是华为出货量的36%，收入却是华为的60%，利润是华为的200%，净利润率是华为的350%。从这些数字能看得出来，华为手机虽然在销量上超过了小米手机，但在移动互联网时代，最有机会的业务已经被后来者追上了。

一篇题为《终端之战：小米模式不是华为的菜》的报道称：

华为公司创始人、总裁任正非在与华为消费者BG管理团队的午餐会上曾指出："华为消费者BG团队应该坚持走自己的路，我就是我！不要盲目对标苹果、三星、小米！我希望消费者BG团队不要在胜利之后就把自己泡沫化，不要走偏了。所以电商也不要说销售额，要说能做到多少利润。"

福布斯中文网转载了张利华[①]的文章《任正非给了谁一个大大的耳光？》，文中说：

未来5至8年，会爆发一场专利世界大战，华为必须对此有清醒的认识！任正非不仅在提醒华为，也在提醒所有的中国企业，同时给那些像小米这样从未走出过国门，特别是在欧美日发达国家和地区未实现过突破，只会关起门来觉得自己已超苹果的厂家们，一记响亮的耳光。

小米粉丝为数众多，华为大军坚强忠诚，争论不免有些激烈。福布斯中文网携手新加坡智慧芽公司（PATSNAP），通过分析小米和华为的专利池，对比了它们的创新能力。

据TrendForce的研究报告，2014年第一季度智能手机的全球市场占有率排名前三的分别是三星、苹果和并购摩托罗拉后的联想。华为和小米也入选前十（见图1-1）。

① 曾供职于华为公司，现从事研发管理与技术创新领域的培训及咨询业务。

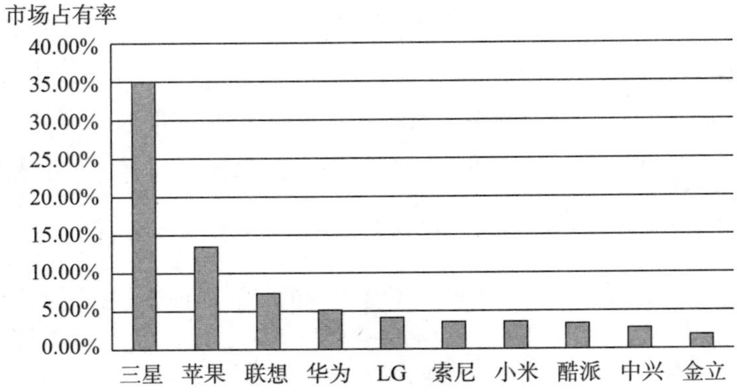

图 1-1　2014 年第一季度手机市场占比统计

来源：福布斯中文网。

下面我们通过比较小米、华为的专利状况，来分析前述争论是否符合实际。

我们看到，按照市场占有率，世界前十大手机公司中，中国占了 6 家，但只有华为手机与小米手机之争，才吸引了那么多的关注。因为华为在中国算得上是一个“老牌”的科技巨头，而小米公司只是一枝刚成立不久的新秀，是一家专注于高端智能手机、互联网电视自主研发的创新型科技企业，主要由曾供职于谷歌、微软、摩托罗拉、金山等知名公司的顶尖人才组建。

从小米的创始人团队构成（见图 1-2）可以看出，小米公司很有专利意识。

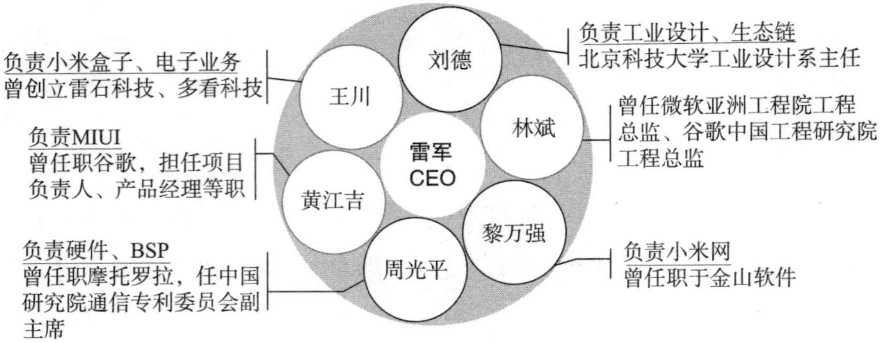

图 1-2　小米的创始人团队构成

来源：福布斯中文网。

2012 年，小米与微软前 CTO、高智原 COO 一起成立了北京智谷睿拓技术服务有限公司（见图 1-3），主要从事技术开发及技术转让、知识产权运营、技术服务、技术咨询、知识产权许可、知识产权咨询、培训及商业信息咨询等业务。截至 2014 年，智谷公司已公开专利 123 件，主要涉及移动通信、视频处理。

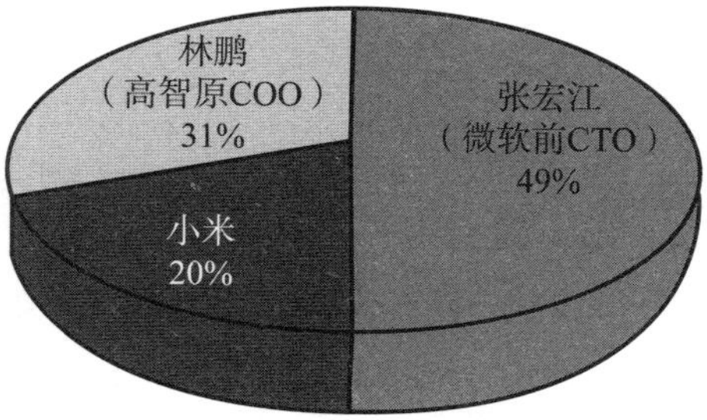

图 1-3　智谷睿拓的权属关系

来源：福布斯中文网。

小米公司于 2010 年 4 月成立，同年 12 月便提交了第一件专利申请，名称是“一种添加联系人信息的方法”。根据公开资料显示，小米科技在 4 年的时间内共提交了超过 1 000 件专利申请，分别涉及中国、美国、日本、韩国以及欧洲一些国家（见图 1-4）。

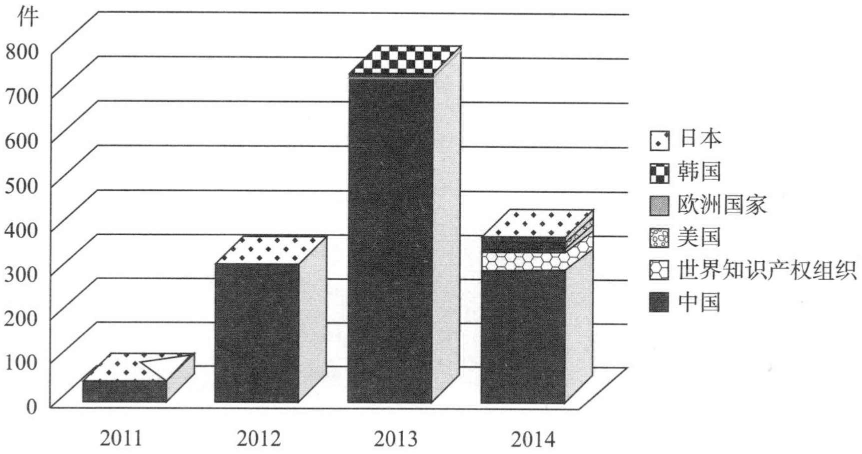

图 1-4　小米科技的专利公开趋势

数据来源：智慧芽公司。

小米公司在申请国外专利时，通常借由专利合作条约（Patent Cooperation Treaty，简称 PCT）进行。图 1-5 的申请实例中，同族专利从在中国提交申请到国外同族专利公开，经历了近 3 年的时间（从 2011 年 3 月到 2014 年年初）。

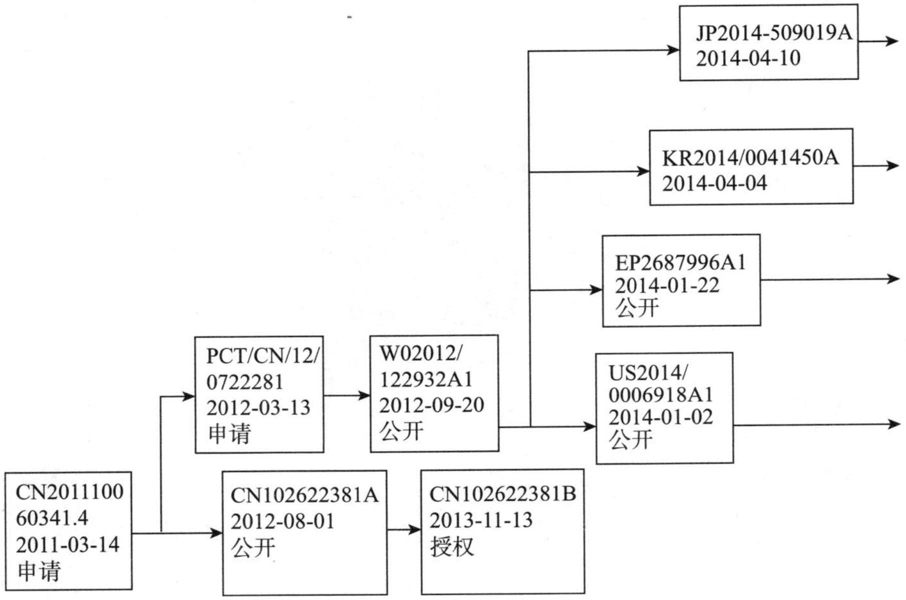

图 1-5　小米科技专利申请模式

数据来源：智慧芽公司。

我们以中国专利为代表，来分析一下小米专利的技术构成（见图 1-6）。

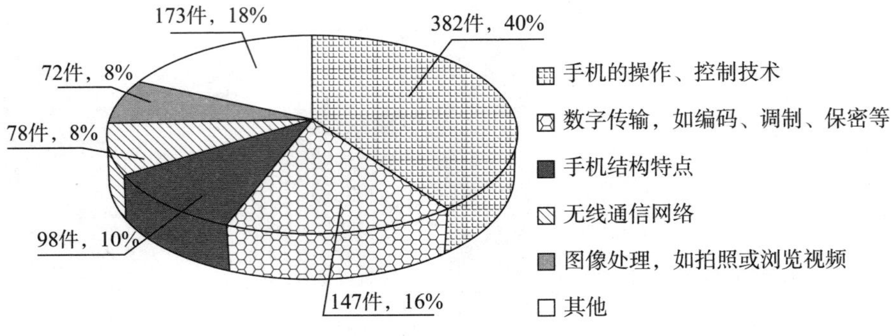

图 1-6　小米科技的专利技术

数据来源：智慧芽公司。

华为公司 1987 年成立，1995 年提交第一件专利申请“基于程控交换机的蜂窝式集群系统的通信方法和系统”，到 2003 年时，总申请量超过 1 000 件，至 2014 年已申请专利超过 9 万件（见图 1-7）。

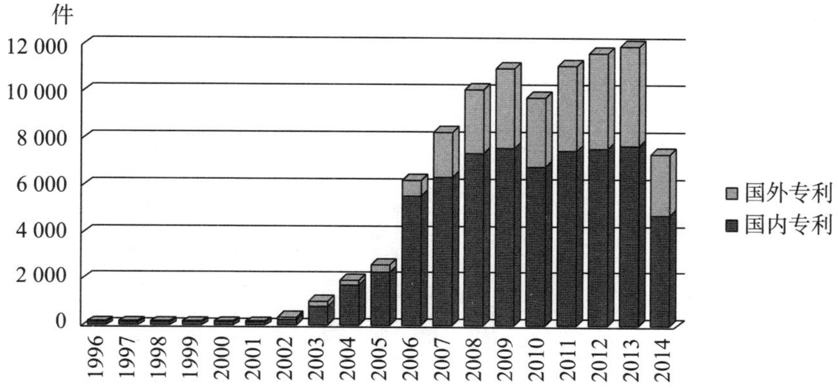

图 1-7 华为专利公开趋势

数据来源：智慧芽公司。

华为公司的国外专利申请途径主要是 PCT，其国外专利申请中，50% 是 PCT，之后再进入美、日、韩等国家以及欧洲地区。另外，华为公司在马来西亚、新加坡、澳大利亚等国家的专利布局较少，甚至没有（见图 1-8）。

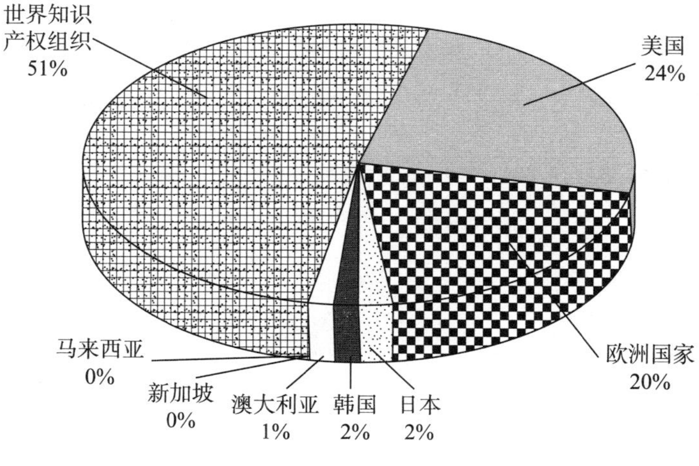

图 1-8 华为公司国外专利分布

数据来源：智慧芽公司。

在专利全文中限制“手机”“phone”等关键词及主要分类号后，华为公司在全球共有 8 500 件相关专利，年均公开 600 件。图 1-9 是它近年来的专利公开趋势。

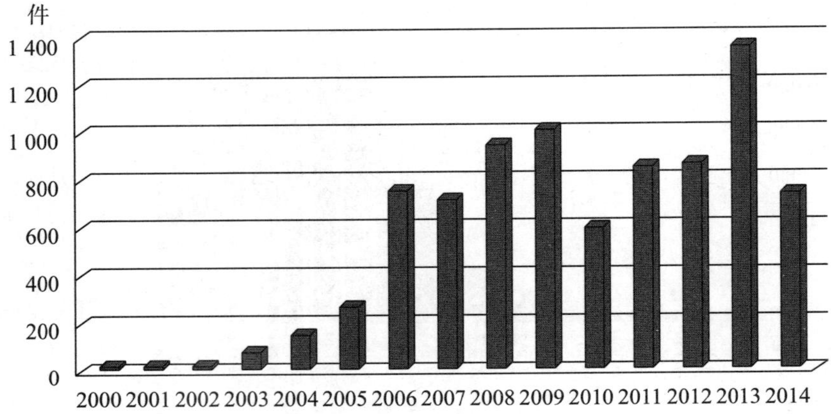

图 1-9　华为手机类专利公开趋势

数据来源：智慧芽公司。

华为公司 2013 年年报显示，其子公司华为终端有限公司、华为终端（香港）有限公司（以下简称“华为终端”）主要从事移动通信产品及电子产品的研发、生成、销售及售后服务。

华为终端申请的专利中，有一部分是与北京邮电大学、华中科技大学、中国科学技术大学、西安电子科技大学共同申请的。

小米和华为都是在 2010 年前后开始有专利公开，都主营移动通信产品和电子产品，因此在专利上具有可比性。我们接下来比较一下它们的专利申请趋势、国家分布、技术组成。

如图 1-10 所示，在公开数量上，华为终端的专利申请在 2010—2012 年之前都明显超出小米科技，但从 2013 年开始，两者的公开量差别显著缩小。一个重要的原因是华为终端在 2007—2009 年之前申请了 1 300 多件专利，这些专利会在 2010—2013 年相继公开（专利从申请到公开大约有 18 个月的保密期）。

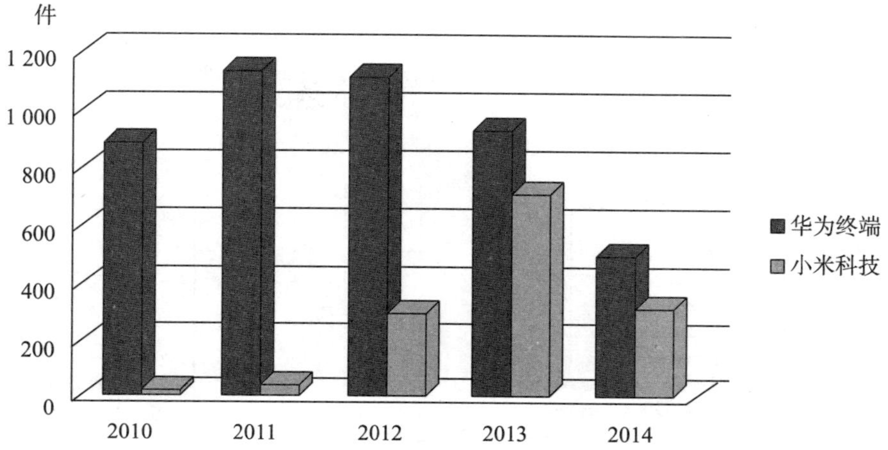

图 1-10　华为终端与小米科技的专利公开数量

数据来源：智慧芽公司。

同样，由于华为终端的专利申请早于小米科技，加上从国内申请到国外申请大约有 1 ~ 3 年的延迟公开，因此目前两者国外专利差距较大。但两者也存在相似的方面，比如都申请了较大比例的 PCT 专利，都是以美国和欧洲国家为专利申请国（见图 1-11）。

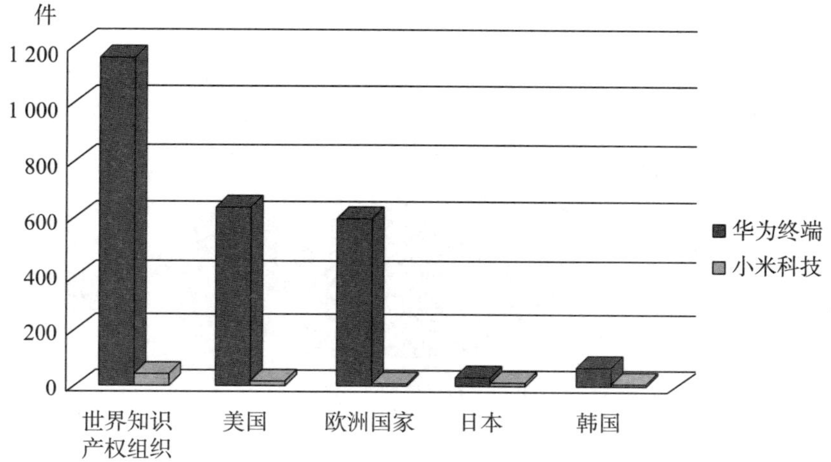

图 1-11　华为终端与小米科技的国外专利数量

数据来源：智慧芽公司。

图 1-12 是两家公司在主要技术类别上的比较。通过对比可见，华为终端的专利主要集中在通信技术上，例如无线网络、数据传输等，而小米科技在数据处理上的专利比重最大。

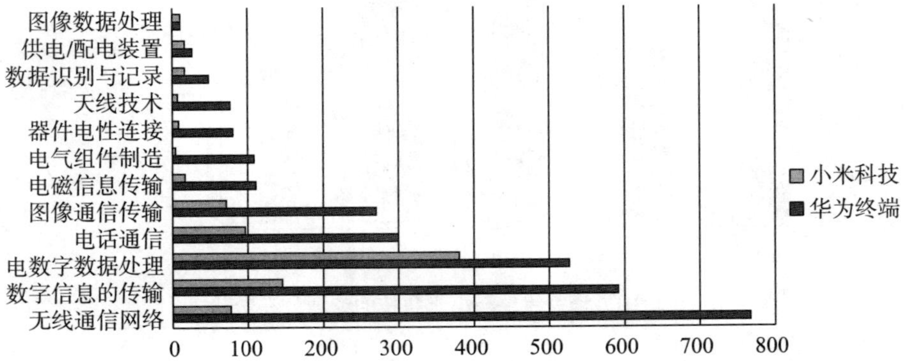

图 1-12　华为终端与小米科技的主要技术类别

数据来源：智慧芽公司。

更具体地，图 1-13 是华为终端所申请专利的主要技术组成图，可见其技术类别受到其网络设备专利的影响较大，主要是由网络设备向移动终端的技术扩展。

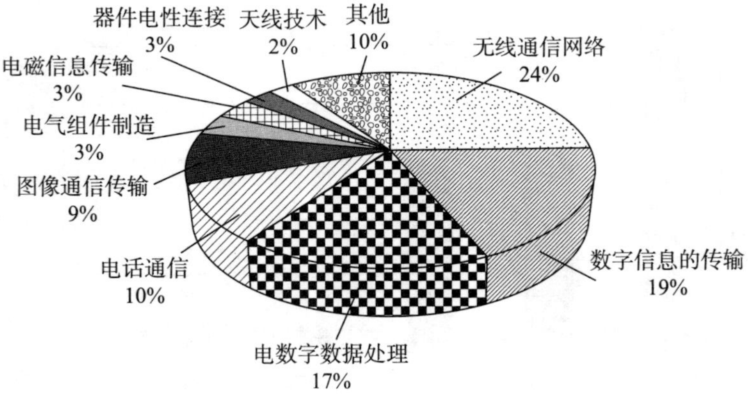

图 1-13　华为终端专利的技术组成

数据来源：智慧芽公司。

专利是衡量一家技术型公司创新能力的重要指标，尤其是在产品更新周期越来越快的智能手机时代，专利已成为打击竞争对手、维护自身市场地位的一种策略。

但专利数量并不完全说明创新能力。对比乔布斯末期的苹果与微软，2010 年，微软在美国获得专利 3 094 项，排名第 3 位，苹果获得专利 563 项，排名第 46 位。微软近年来平均每年花 90 亿美元研发或者收购技术，过去 10 年，花掉了 690 亿美元。但是，在此期间，只有苹果的产品创新取得了突破。苹果凭借 4 000 件专利，市值超过微软与英特尔之和，更于 2014 年 8 月初成为全球市值最大的公司。安卓系统也仅凭 600 项专利就在两年内占据了智能手机近一半的市场，而微软系统仅占 2.4%。

诺基亚、摩托罗拉、黑莓都是移动通信专利巨头，但都成为被颠覆的对象。

从三星与苹果的专利对比来看（见图 1-14），苹果公司以相对很少的专利数开创了智能手机行业，而三星则以更多的专利数实现了对苹果的赶超，并且能与苹果打一场旷日持久的专利战。

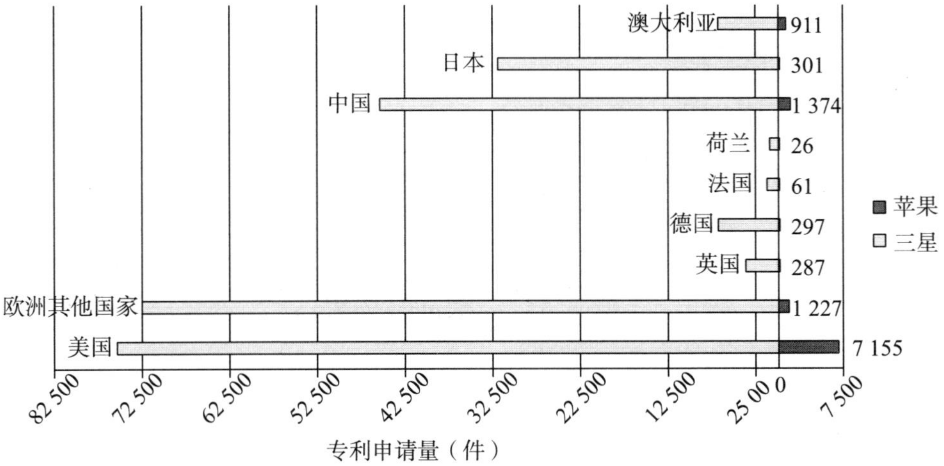

图 1-14　三星、苹果的专利国别对比

数据来源：智慧芽公司。

苹果与三星公司的专利主要在中国、美国、日本、澳大利亚、韩国以及欧洲国家申请，而在东南亚各国申请较少（见图 1-15）。

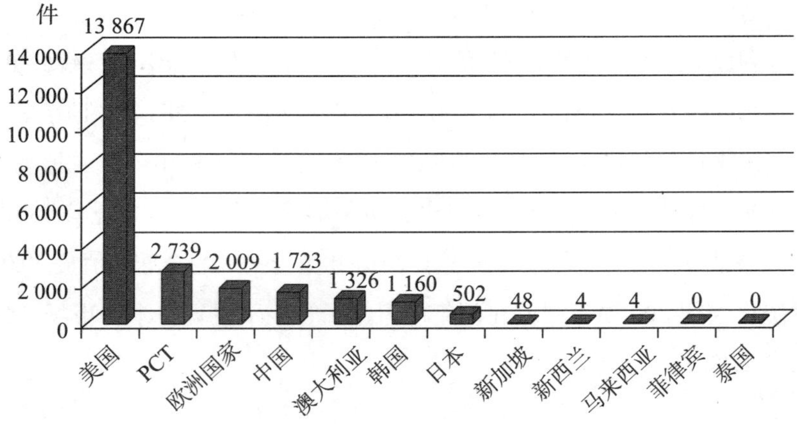

图 1-15 苹果公司专利分布

数据来源：智慧芽公司。

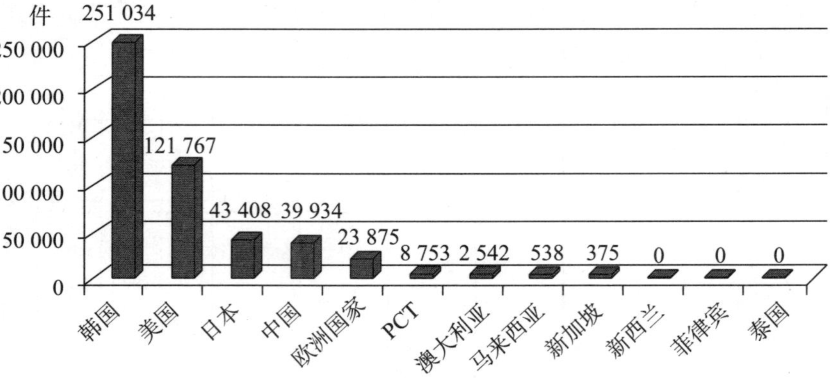

图 1-16 三星公司专利分布

数据来源：智慧芽公司。

总结华为终端与小米在专利上的对比，主要有下列几点不同：

- 与华为整体的专利数相比，小米仅相当于其零头，但如果拿华为终端与小米相比，从技术与产品的综合创新能力来看，小米已经领产品风骚，华为终端正以技术强势后发制人。

- 小米科技的初创团队多有谷歌、微软、摩托罗拉公司的履历，因此应该具有积极创新、专利保护的良好意识。
- 小米科技的专利申请量增长很快，基本与华为终端有限公司的申请量相接近。
- 华为终端、小米科技在专利申请的主要技术、主要途径、布局国家上相似，但华为终端的技术受其网络设备技术的影响较多，小米在数据处理的专利上比例较大。
- 小米科技除独自申请专利外，还参与组建了技术交易公司“北京智谷睿拓技术服务有限公司”，华为终端则与国内各大学有少量共同申请的专利。
- 当前看来，华为与小米在专利数量上差别巨大，但这不足以说明两者目前在创新能力上实力悬殊。
- 智能手机正在从 3G 向 4G，向 LTE 转变，华为的专利与技术优势有机会显示出来，看小米如何再次证明自己。

通过对比华为与小米的专利池，我们得出什么结论呢？首要一点是我们应如何理解创新。**其实创新的归宿不是技术本身，而是通过技术创造出优秀的产品与服务，实现商业价值的快速成长，尤其是能引发颠覆效应。**

华为终端与小米科技，都要好自为之。①

2014 年 7 月 3 日

① 本文数据支持：智慧芽公司首席专利分析师贾郡。

硬件制造与免费思维

许多人都在谈传统产业拥抱互联网，所谓传统产业，就是现在还没有互联网化的产业。互联网就像当年的电力一样，成了几乎一切产业的基础设施。但对于许多传统产业，尤其是制造业来说，拥抱互联网是一件相当痛苦的事情。

2014年，福布斯中文网在东莞松山湖举办了一场论坛，聚焦互联网与传统制造业的结合。奇虎360公司董事长周鸿祎从互联网的角度观察了硬件制造的创新，认为免费的方式可以帮助传统制造业与互联网结合：免费可以帮助企业迅速积累大量的用户，然后把这些用户变成客户，从而建立新的商业模式，把用户的价值跨界变现到其他产品或服务上，即所谓“羊毛出在猪身上”。

小米的硬件产品无限接近成本价，终极目标是成为互联网公司。就这个问题，我还与几位企业家展开了讨论。互联网企业在免费的背后有风投支持，快速烧钱积累海量用户，为找到商业模式提供了可能，但是对于许多利润已经相当微薄的制造业来说，恐怕难以如法炮制。免费是一柄双刃剑，弄不好，新的业务没有建立起来，还把现有的主业搞砸了。

话虽这么说，但如果把制造业拥抱互联网看成一个从制造向服务、从硬件向软件延伸的过程，就不能完全从以往的经验出发，而需要一些新思维，包括免费思维。

硬件免费，出售服务

硬件免费，可以出售耗材或外设。运营商免费提供手机，靠月租赚钱，打印机生产商靠出售耗材赚钱，剃须刀靠卖刀片赚钱，这些都是熟悉的例子，未必与互联网有关。雷柏科技机器人事业部的总经理邓邱伟告诉我，他们现在做互联网盒子，会用很低的成本卖出去，目的是刺激周边的无线外设以及游戏的销售。对于机器人业务，雷柏科技则是反向而动。很多人去找机器人集成商，要求先免费做方案，而雷柏科技是先收顾问费，“这样就可以让我甄别是不是有决心做这件事情”。

软件免费，出售硬件；服务免费，出售产品

家具电商公司尚品宅配从软件行业跨界进入家具制造，10 年前成为首家提供免费设计定制家具的企业。尚品宅配的 CEO 李嘉聪说，他们是先有用户才有客户。值得留意的是，他们实行免费的方式，“很多设计师在门店内有大量空闲时间，与其这样，不如给用户做设计，等用户满意之后，再让他变成客户”。这样，卖家具的企业进入购物中心，在门店内提供免费的咖啡、免费的休息设施、免费的 Wi-Fi、免费的儿童游乐场。其实免费是有成本的，但是带来的是客流量，使店面成为家具业务的入口。

软硬件结合定价

但在互联网与制造业天然结合的 3D 打印领域，免费却让人纠结。华曙高科的 CEO 许小曙认为，3D 打印无法建立起 2D 打印时代免费卖打印机、靠耗材赚钱的模式，因为 3D 打印的材料成千上万种，制造商无法控制用户建立起闭环，因此在很长一段时间内制约了美国 3D 打印的发展。“而我的材料是完全开放的，你可以使用任何一家公司的材料，所以我在材料和设备上都有利润，但都不是很高的利润。”

软硬件结合，硬件卖出高价

最成功的免费可能是软硬件的结合，制造与服务的结合，从而能让硬件卖出更高的价钱。苹果产品就是个典型的例子，而特斯拉也承诺向自己的电动车用户提供终身免费充电服务。因为软件附体，硬件获得了更好的体验，这是与免费完全相反的思路。奋达科技的 CEO 汪泽其一直对我强调，他公司的基因是硬件公司，但目前正追求软硬系统一体化。"这和纯互联网视角很不一样，任何东西如果做得越来越低端，不管你是什么思维，最后这个企业肯定是死路一条。"这家以生产电声器材起家的公司，目前正在进入智能硬件的领域，面对互联网时代硬件应该越来越便宜、越来越免费的定势，他们反其道而行之，"我们现在做的东西越来越高端、越来越昂贵，增长反而挺快的"。

平台模式

免费累积起了巨大而稳固的客户群，使得企业可以建立起平台。百度、阿里巴巴、腾讯都是典型的平台。尚品宅配发展的第三阶段就是把其他公司生产的床垫、沙发、床上用品，以很低的价格在自己的平台上销售，让更多的客户在买低价床垫、沙发时也可以买自家生产的家具等产品。

免费的目的是最终盈利，甚至是卖出更高的价钱。免费是商家玩了多年的招术，只是在互联网时代玩到了极致——免费与最终盈利可以长时间分离。制造业要实现与服务、软件的结合，往往需要打破常规，免费思维很有帮助。

2014 年 9 月 3 日

Free from anti-trust?
梯若尔可以帮助周鸿祎更深理解免费

奇虎 360 公司董事长周鸿祎写了本畅销书《周鸿祎自述：我的互联网方法论》，这应该是国内第一本由成功创业者讲述互联网思维与创业方法的著作。“免费”是周鸿祎最爱谈的一个话题，自然也成为他著作中的精髓。但是奇虎面前横着一个更大的免费玩家——腾讯。2014 年，持续 4 年的“3Q”大战画上了一个句号：奇虎 360 诉腾讯垄断一案，最高院二审判决奇虎败诉。

为什么腾讯的即时通信服务占据了中国 80% 的市场份额，却仍然能够“逍遥”反垄断调查之外，其中最重要的一个原因，QQ 及微信都是免费产品，而腾讯从其他产品赚钱，如游戏和广告等，因而形成了一个所谓的“双边市场”（two-sided），甚至“多边市场”。周鸿祎凭借免费杀毒软件，也成功地建立起了自己的双边市场，而且自 3Q 大战以来，其诸多免费产品在 PC 端和移动端形成了一定的市场力量，也开始遭遇初创的移动互联网公司的反垄断诉讼。我认为没有人会比周鸿祎更精于谈免费，直到法国人让 · 梯若尔（Jean Tirole）获得诺贝尔经济学奖。

梯若尔可以说是“21 世纪第一位经济学通才”，其成就之一是开创性地研究了双边市场的机制。2003 年他与人合著的《双边市场中的平台竞争》以及 2004 年他所著的《双边市场概述》，可能是迄今为止解释互联网经济最有力的理论，用这一套理论可以分析免费策略的定价结构和定价水平，也可以设计出复杂的双边甚至多边的平台策略。梯若尔参与开创的经济学图卢兹学派，成了双边市场研究的大本营。

但是在推崇梯若尔的同时，也不应该忽视戴维·埃文斯（David Evans），他与梯若尔等人同时研究双边市场，但这位芝加哥大学法学院的教授，更多从反垄断的角度来看待双边市场及平台竞争。在梯若尔之前，埃文斯发表了《双边市场的反垄断经济学》，他近年还专门研究双边市场中“免费”的那一边，发表过论文《免费的反垄断经济学》。埃文斯还做生意，创办了一家名为“全球经济学集团”的公司。他对中国也有强烈兴趣，与中国合作者帮助高科技公司在北京打了不少反垄断官司，其中包括引起很大争议的发改委对高通中国的反垄断调查，在3Q反垄断诉讼中受雇于腾讯。

高科技和互联网是双边市场理论的主要领域。双边市场通常会产生网络效应，随着网络规模的不断扩大，回报有时会以非线性的速度增长，因此进入双边市场的公司往往具有很强的创新性。各公司都会投入大量资源提升用户体验、研发新技术、快速迭代更新，激烈竞争的结果是，市场最终由少数甚至一家公司主宰。百度、阿里、腾讯分别成为搜索、电商、社交媒体的巨头，各自控制了所在市场80%左右的份额。但双边市场理论发展到现在，基本上不支持对互联网巨头发起反垄断调查。这是因为，首先，双边市场中有一边，而且是拥有最多用户的一边，提供的是免费产品和服务，传统的垄断理论无法解释；其次，双边市场是“羊毛出在猪身上”，特别是发展成为多边市场的平台之后，对市场的界定也带来了困难。进入互联网时代，定价、竞争、垄断等概念已经产生了新的意义，无法再用传统的垄断理论分析。奇虎360与腾讯为打这场官司，搜遍天下研究成果和业内权威，双方都仔细研究学习了这两位经济学家的有关论文，恶补双边市场理论。

互联网公司和软件公司的高市场占有率，甚至赢家通吃，已经成为这个行业的特征。风险资本也追求要么第一，要么什么都不是。从硅谷来看，其本上是几家巨头公司主导市场，其他中小型创业公司围绕周围形成生态系统。而那些巨头公司，因为在资本市场上估值高、现金流也充沛，随时可以收购初创公司和高成长期的公司，巩固其市场的支配地位。这些年中国互联网经济迅速发展，呈现出与美国同行不一样的特征，尤其是平台型网络公司，其多边市场的发展更加迅猛，商业模式的边界扩张得更快。其实百度、阿里、腾讯及中国的监管者，都应该加强对双边市场理论的研究，以应对在发展过程中遇到的竞争与垄断等市场机制问题。

从目前来看，双边市场的垄断性研究仍然处于争论之中，市场、用户及监管各方仍然以鼓励互联网公司的创新为主，包括建立在双边市场和多边市场上的商业模式创新。这样的环境为互联网公司扩展其商业边界带来了发展空间。值得一提的是，中国互联网巨头公司在多边市场的拓展创新方面，有些比美国的互联网公司进展更快、更大胆多样，提出了很多值得研究的课题。但这并不意味着有关经济学与法律方面的研究，会一直停留在有利于互联网巨头的阶段。

传统的反垄断分析一般以竞争性市场上价格趋向于边际成本为基准，任何偏离边际成本的价格都意味着市场权力。但这并不意味着传统的分析模式无法修正。如果公司在一种产品上免费，则一定会以高于边际成本的价格出售另一种关联产品。总体上看，公司仍然可以拥有市场权力，赚取超出市场水平的回报率。**其实互联网用户已经越来越清楚，免费是有代价的。比如，用户往往是在用自己的个人信息换取免费服务，巨头公司有可能会损害用户的隐私。在广告的收入模式下，主导市场的公司会放更多广告，这样会损害用户体验。免费产品并非真正的免费，它实际上来自收费产品的补贴。**

即使是埃文斯也承认：“基于网络的多边平台商业的持续发展，免费产品及服务日益流行，没有任何理由让其获得任何反垄断的豁免。”

2014年10月21日

摩尔定律与创业板狂飙突进

2015年5月，A股经历了一拨由创业板引领的牛市。5月26日，上证指数点突破4 900点，创业板指数突破3 600点。相比此轮牛市的起点，前者上涨了近200%，后者上涨了600%。而引领创业板摧枯拉朽般暴涨的，正是一批互联网概念的股票。随着互联网与产业的结合，投资者开始重新估值一些有互联网概念的传统行业。人们很容易根据2000年美国发生的互联网泡沫，线性地预言因为市盈率已经如此之高，泡沫肯定正在逼近破灭。或者人们心中仍然对上一次A股牛市崩盘留有余悸，认为越接近上一轮的高点，就越接近此轮的高点，泡沫正在一步步逼近破灭。“只要是泡沫，就会破灭”，这句话永远正确，但是不要忘记，这一次有何不同。

最近我在读《三位一体:英特尔传奇》[①]。1965年4月19日，美国《电子》杂志发表了戈登·摩尔（Gordon Moore）的一篇短文，分析未来10年半导体产业可能发生的变化。当时担任仙童半导体公司研发主管的摩尔预言，半导体上集成的晶体管和电阻数量每年会增加一倍，后来修正为每18个月增加一倍。50多年来，“摩尔定律惊人地准确预言了存储芯片、半导体业务、电子产业，甚至影响了现代文明的发展步伐”。

---

① 《三位一体：英特尔传奇》中文简体字版已由湛庐文化策划，浙江人民出版社出版。——编者注

摩尔定律“定义了历史上最伟大的人类创新和创造财富的时代”。我不知道这句话在多大程度上描述了我们正处于的这一轮牛市，但令我有些遗憾的是，人们可能太专注于炒股，而忘记花上一小会儿时间，来纪念一下这个伟大定律诞生50周年，以及它对于这一轮牛市意味着什么。

雷·库兹韦尔（Ray Kurzweil）①在《奇点临近》中提到超级摩尔定律，信息技术的进步会不断引发范式迁移，即“完成任务的方法和智能处理的过程发生了重要改变”。在加速成长的阶段，整个经济都在信息化，价值的表现形式也会越来越从以往的能源、大宗商品、工厂、设备、土地、高楼，而日益体现为数据、连接、网络和知识产权。

上一轮牛市，中国经济处于高速增长中，尤其是出口与投资旺盛，带动了大宗商品价格的上升。高速的城市化把地产不断推向新的高点，相关的钢铁、水泥、有色金属等受益颇丰，城市化初期的消费与零售也被带动起来，由于担心通胀，实物资产价格上升。人民币处于上升通道，流入的美元令货币当局大量发行基础货币，也成为推高资产和通胀的力量。

这一轮牛市，中国经济处于下降通道，大宗商品价格低迷，房地产全盛时期已过，出口速度下降，人民币有贬值压力，资本开始外流，经济正处于通缩的边缘。在所有这些现象背后，是中国经济正处于一个技术上的“范式迁移”过程中。人们把建立“新经济”的希望寄托在创业板上。

任何一场技术革命对经济底层的重构都会伴随着巨大的泡沫，没有泡沫就不会有变革，也不会有力量，这是技术进步和经济的范式迁移必然要经历的过程。当然，在历史上也发生过政府利用泡沫解决自身财政与债务危机的先例。泡沫是资本推动技术变革的必要条件，也可以说，泡沫破灭也是必须要付出的代价。

不管泡沫有多大，当投资者置身于一个“大众创业，万众创新”的环境中，

① 想了解雷·库兹韦尔的更多观点，推荐阅读由湛庐文化策划，浙江人民出版社出版的《人工智能的未来》。——编者注

接触到各种各样新奇的技术概念，从电商到游戏，从互联网金融到工业 4.0，从基因测序到 3D 打印，从新奇的食品饮料到无人机，他们就会对一个又一个最终由互联网（思维）定义的产业充满无限的向往。高估值使得互联网公司可以用期权激励和吸引优秀人才，可以进行并购。公司的创始人、高管和骨干在套现之后，可以通过天使投资或者风险投资等方式，投资那些更具颠覆性的初创公司。一家成功上市的互联网公司会带来人才与资金的效应，培育出更多的创业者，支持更多初创公司,从而进一步强化和扩大新一轮牛市投资者对未来技术“奇点”的预期。

当我们与美国相比时，不要忘记以下几个特点：

- 中国的“旧经济”与美国比，相当落后，所以给互联网留下的空间相当大。2013 年年底，我写过一篇文章《互联网在中国的颠覆性更强》，提到“互联网在中国的颠覆会更彻底，因为用户更多，因而机会更大。如果仅以国内市场相比，中国肯定会出现比美国更大的互联网公司，不只是因为中国的互联网人口超过了美国，更因为互联网对中国传统产业的改变更彻底”。
- 中国互联网用户人数最终可能是美国的 3 ~ 4 倍，根据梅特卡夫定律[①]，其网络价值可能是美国的 10 倍。这一轮互联网带来的机会在中国将会持续更长时间，可能支撑泡沫的时间也会更久。

如果你再读一读马化腾领衔撰写的《互联网 +》所说的“连接一切”的概念，就可能会理解，为什么在一个不开放的 A 股市场，互联网所引发的改变会爆发和持续一段时间。目前这一趋势在人为限制的创业板显得有些畸形。我们不要忘记，对创业板的估值已经受到风投的影响，成功的初创公司往往会是“幂律”成长（尽管创业板和新三板中夹杂着大量的“伪君子”），当风起来时，投资者会（故意）相信这意味着公司指数成长的速度会变得非常重要，从而在一定时间内放大其估值。我们也不要忘记，因为技术进步的加速，产品和商业模式的周期缩短，被替代和颠覆的速度也会加快。因为互联网形成平台和建立生态的能力，

---

① 由 3Com 公司的创始人、计算机网络先驱罗伯特 · 梅特卡夫提出，是指网络价值以用户数量的平方的速度增长。

在技术与产品迅速迭代变化的过程中，会阶段性地产生赢家通吃的巨头公司，这样的梦想会从创业者、资本家和投资者几个方面激发起强烈的“动物精神”。

泡沫何时破灭？我们知道就在某时，随着资本市场的注册制改革，新三板制度的完善，以及A股的日益开放，这股由互联网引发的变革力量，以及与泡沫共舞的时间，可能比我们用以往经验判断的更长久一些，但这些都无法摆脱地心引力法则，终将成为中国资本市场历史上令人难忘的一场狂飙突进。

2015年5月26日

连接创造新空间

互联网连接了人与人、人与服务、物与物。其实，还有一种基本的连接也在发生着改变，即居家与办公，或者说生活与工作。

从历史上看，居住场所与办公场所之间的连接，是随着经济和技术的发展而变化的，改变的力量是工业化、城市化、后工业化与互联网化。

在农耕时代，自给自足的经济使得人们的居住场所与劳动场所彼此不分，无论是种田、养殖还是手工，家庭本身就构成了农业经济的基本单位。

工业化时代，典型的工作场所是工厂，集中式、规模化的生产吸引了无数农民变成工人。工人们在工厂周围居住，住所与工作场所开始分离。最重要的原因是，资本家拥有机器、厂房等生产资料，工人们必须集中到工厂劳动。人与生产资料的结合，生产过程中所有的组织和协作，生产关系的建立，最初的分工，基本都在工厂中完成。

社会分工越来越细，城市规模越来越大，服务业超过了制造业，住所离工作场所越来越远。以美国城市为代表，城市一般都有一个中央商务区，企业、金融机构、专业机构、零售服务、文化设施都集中在此处。中产阶层居住在郊区，日常上下班，每天驾车或乘公共交通往返住所与办公室，构成了城市最基本的脉动。

因为距离和交通拥堵，住所与办公场所之间的连接变得困难起来。

这个问题在中国变得更加严重，并且成了痛点。中国城市的规模更大，人口更加稠密，汽车市场发展太快，严重拥堵从一线城市向二、三线城市蔓延。城市中心的高房价把人们，尤其是年轻的劳动者进一步赶到房价相对较低的郊区，不仅是距离，而且从耗费的时间来看，住所与工作场所的分离，都会进一步引发城市更多问题。

城市创造力的来源，是人与人之间的密切交往与连接。拥堵阻碍了有质量的交往。在一些世界级的城市，比如东京，发达高效的公共交通体系，特别是轨道交通，在一定程度上保证了人们在家与办公室之间的日常连接。总体来看，人们希望在住所与办公场所之间建立起新的连接，在办公室周围买房或租房，或者在住房周围找工作，又或者寻求便捷的交通。城市的规划者也会考虑设计生活与工作融为一体的社区。同时，人们也在探索新的办公方式与办公场所的分布。

我称这些新型办公方式为 H2O，即 Home to Office，互联网的普及正在改变住所与工作场所的连接，推动创造一种城市新连接。这种新连接的一个基本特征是，追求新型办公方式的劳动者和公司，多数出自互联网和科技领域，而且以后越来越多的公司业务都会基于互联网、云计算这些新的“生产资料”。创业者可以以低成本拥有，甚至免费使用生产资料，随时随地工作。人们通过互联网建立起组织和协作关系，部分取代办公室甚至工厂提供的功能，一些行业甚至提倡员工在家办公。

但是人们仍然需要住所以外的办公空间，需要新的组织与协作。当然，这不是为了完成流水线上的重复性任务，而是寻求产生和激发创意的场景。人们希望社会化关系不再是金字塔式的上下级关系，而是平等的交流和自由的组合。尤其是在互联网和移动互联网环境下成长起来的年轻一代，他们需要的工作空间，也会映射出其所沉浸的网络世界。

于是，我们看到新型办公空间雨后春笋般涌现。有孵化器，有创客空间，有咖啡馆，有集体办公，有集体居住办公，有移动办公，有即时办公。不管如何称呼，创业者们要形成社群。越是做与众不同事情的人，越是需要交流。

对于许多创业者来说，创业活动本身与雇佣关系不同，它不是一个职位，而是一项事业；不是交付任务，而是完成使命；不是获得报酬，而是自我实现。新型办公空间往往赋予一群创业者相同的存在感：与众不同，人性化，有趣。除了创业者群体，我们看到公司之间、行业之间的边界正在消弭。铁板一块的公司组织，从高层的职业经理人制到合伙制，从大兵团到小分队群，从内部官僚到内部创业，这种公司体系、公司体制的分化与重组，产业和产品创新的加速，都会体现在生产关系的重塑中，即更加开源、更加分布式。这种新型关系的载体就是新型的办公空间——分布式，网络化，响应灵活。

生活与工作，居家与办公，它们是两种不同的场景，也承载、容纳和进化着不同的社会交往关系。一种新的连接正在产生。

2015 年 4 月 14 日

乔布斯成功的人文基因

乔布斯去世后，苹果的股价继续攀升，从约 400 美元突破 600 美元。一些大胆的分析师甚至认为会升到 1 000 美元，市值也会达到 1 万亿美元。看来苹果的产品创新正在跨越乔布斯时代，这再一次激发了我对乔布斯成功的好奇。有一门学问叫“巴菲特学”（Buffetology），就是许多人研究价值投资，梦想复制巴菲特的成功。我想也应该有门学问叫“乔布斯学”（Jobsology），研究产品创新，努力复制乔布斯的成功。都说乔布斯是无法模仿的，没错，**乔布斯只有一个，但他产品创新的理念与方法却是可以研究总结的，并且给后人以启发借鉴意义。**

为什么苹果能成为全球性的品牌，受到世界不同种族、不同性别、不同年龄层、不同文化背景的消费者的喜爱？当然，苹果产品有先进的技术，但技术并不是唯一的原因，甚至不是决定性的因素。乔布斯连工程师都不是，有些美国人甚至还说他是个“二逼青年”。

我认为苹果产品的神奇性，深深地打上了乔布斯身上丰富多彩的人文烙印。

乔布斯是叙利亚人和美国人的后裔，他蓄起胡子的模样完全像是一名中东人；他又是 20 世纪六七十年代美国反叛一代在科技界的代表人物，听着鲍勃 · 迪伦的歌长大；他 19 岁时花了半年多的时间探寻印度教及个人启蒙，后来拜日本人为禅学师傅，影响了他极简的美学风格；创办苹果公司后不久，他就开始学习并接受欧洲以包豪斯为代表的设计风格；第一家苹果商店地板所用大理石的灵感，来自意大利的佛罗伦萨古老的街道；他从未到过中国内地，但他深深地相信供应链管理对中国的依赖。乔布斯所拥有的专利，从一体机造型、iPhone 的外壳，直到苹果商店的玻璃楼梯，基本上都来自设计与体验，而不是技术与发明。没有以上这些，难以想象能产生出苹果这样全球性的产品。

不难看出，乔布斯身上浓缩了全球多元文化。他在产品系统上是封闭的，但在吸收技术、设计、体验等理念时却是极其开放与多元的。令人困惑的是，所有这一切，似乎只有个人才能完成，因为这些产品更类似于一种人文创作的过程，为非常个人化的敏锐感受、直觉和顿悟所激发。技术主要服务于乔布斯对产品体验的追求，他能挖掘出最合适的技术，这个技术并不一定是最先进的技术，但一定是和他对产品的“先验”式的把握有机结合在一起的。

但我在这里更想强调的是，为什么许多人评价乔布斯时，会把他与米开朗基罗这样的艺术大师相提并论？的确，乔布斯对设计与体验的激情是产品创新的源动力，其背景是乔布斯身上丰富的人文因素，在一个尊重个性和多元的人文环境中得到了迸发。

人文为什么能成为创新的生命？因为我们处于一个生产与技术过剩的时代，竞争与创新的核心在于选择生产什么。最终是人文决定着技术的方向，决定着产品创新的方向。乔布斯不是一个技术极客，他更多是一名技术的体验者、想象者和悟道者，这使得他能站在硬件与软件、技术与艺术、科技与人文的汇点上创新，从而取得比那些纯技术的创新者更大的成就。人文对于产品创新的重要性，还在于它提供了创新的生态环境。目前越来越多的产品创新部门都致力于在公司内部打造创新的文化。

美国著名的产品与服务设计公司 IDEO 的创始人之一汤姆·凯利在《创新的 10 个面孔》中指出：如果只能选择一种角色，我会选“人类学家”。其中有两点对于创新来说是至关重要的。

- 人类学家奉行禅宗“无分别智”的原则，即他们心甘情愿地将自己所“知道的”一切放在一边，丢开传统，抛弃头脑中先入为主的观点。此时，他们的智慧就体现在能用完全开放的心态去观察，去发现。
- 人类学家包容人类行为中一切常规与非常规。他们不做判断，只是观察，他们用心去感受。人文如此重要，他甚至提出了“人因工程师”这个概念。

其他的 9 个面孔分别是试验家、嫁接能手、跨栏运动员、协调员、导演、用户体验设计师、布景师、照料者、故事家。

产品创新不仅仅是关于技术。那些不能多元、自由、开放、尊重个性的社会，是不可能产生世界级的产品创新的，尤其是在大众消费领域。

2012 年 5 月 30 日

02

从 0 到 1 的意志

中美年轻创业者的“7 条军规”

自从 2012 年《福布斯》中文版首次推出“30 Under 30”以来，我每年都带领团队与美国同事一道，在各自国家的各行各业中寻找年轻的创业者和未来的创新领袖。我们在发布这个 30 人的名单时，也会对中美年轻创业者进行比较。

30 岁已经成为标志人们成功的最重要的里程碑，中国有“三十而立”之说，在美国，互联网加上大量的风险资本，为人们更早创业提供了更好的条件，年轻人开始创业，成功的创业者也在向低龄化发展。中国正在出现同样的趋势。李彦宏在百度内部讲话时，就曾要求以后多提拔 30 岁以下的年轻人。

我们在中国首倡寻找 30 岁以下的创业者，在很大程度上相信，互联网时代，尤其是在中国，年轻一代在无法改变其他环境的情况下，实际上是在为他们自己的价值观创业，为自己的未来创业。

2014 年，有 3 位创业者引起了我特别的兴趣。

一位是刑帅，他是一个非常“本土化”的创业者，高中读了 7 年才考上一所二流大学，但在网络教育与培训领域取得了创业成功，足以令许多名师名校出身的互联网教育创业者进行深刻反思。大家都说这个市场非常巨大，但应该满足哪些需求，网络教育与线下课堂有何不同，以及如何建立商业模式，这些连硅谷创业者都没有很好解决的问题，在刑帅这里得到了初步的突破。

另一位是张添乙。这位祖籍上海、出生于香港、移民加拿大、回到上海受基础教育、到美国伯克利读大学、辍学后又到深圳做硬件创业的男孩，让我们看到一种非常国际化的经历，如何把人推到了早期创业的极致。另外，我们从他身上看到了几个未来创业的方向：从纯互联网向更加智能化的硬件发展，而在硬件创业方面，智能化定制是一个发展方向，硬件创业的天堂可能是深圳。

最后是在中国创业的美国人贾瑞德。他主要是代理中国优秀的游戏并推广到海外，同时在尝试自己研发游戏。我和同事在上海一处通常是金融机构使用的高档写字楼里采访了他。贾瑞德对中国文化的融入令我非常吃惊，这种融入使得他在中国赚到了第一桶金，并实现了创业梦想，收获了爱情。他有两位中国合伙人，这位顶级的游戏玩家说，他的中国合伙人比他还要“疯狂”。他们的业务增长很快，让他足以认为腾讯也奈何他不得。

透过贾瑞德，我们看到了中美创业者身上各自的优势与劣势，或者说北上广深的创业者与硅谷的创业者之间的对比。

这位自称 8 岁就开始做销售的美国俄亥俄州人，飙着一口湖南口音的普通话与我们侃侃而谈。的确，**中国的创业者比起硅谷的创业者，显得“苦逼”了一些，但他们乐于吃苦，善于学习，这是中国创业者最大的优势。美国创业者的原创性、国际化、全球性强于中国创业者，但中国创业者在取得成功的速度上已经接近美国创业者，而且中国创业者在模仿中寻求创新的能力正变得越来越突出，这种创新能力也足以令中国创业者推出有国际竞争力的产品与服务。**

以下是贾瑞德的几点总结，我称之为中美年轻创业者的“7 条军规”。

- 中国与美国的创业者都很拼，但中国创业者可以牺牲任何生活的平衡，可以不管老婆孩子，可以在办公室睡觉。
- 中国创业者善于找机会，美国创业者是创造机会。
- 中国创业公司需要具备国际化思维，要有全球化的想法。

- 硅谷的企业主文化比中国好，比如办公室环境更人性化。
- 在美国创业主要靠 VC、天使，不一定要靠自己的积蓄，也因此硅谷创业者要牺牲很大一部分股份给投资人，但中国创业者更有办法自己找筹钱。
- 中国的创业者学习能力强，创业公司决策快，因为董事会都是自己人和创业伙伴。
- 中国创业者可能不会率先提出好的概念和想法，但是能迅速将想法做大。中国公司学习一些海外的概念，但可以比海外做得好很多。

从贾瑞德身上，我们看到了另外一种创业的机会：跨文化的套利机会。

2014 年 3 月 4 日

同为小国，新加坡何以要向以色列学创业

2014 年，我在新加坡参加一个创业者大会期间，当地从事客服系统开发的创业公司 Zopim，以 3 000 万美元将自己卖给了旧金山的客户服务软件公司 Zendesk，而这家公司已经申请了在美国上市。Zopim 的成功退出，在新加坡当地创业圈内引起了一阵兴奋。

这桩并购案从金额来看，不只是在美国硅谷，在中国也不足大惊小怪。新加坡人之所以兴奋，在很大程度上是因为 Zopim 创业者来自新加坡大学，公司成长于当地的创业孵化器，而且早期投资是政府的种子基金，可以说是新加坡本土创业公司的典型代表。

新加坡的年轻人愿意创业吗？这个人口 500 多万的国家，以富裕、整洁、高效而闻名于世。这里的人彬彬有礼，墙上找不到任何涂鸦。我在想，年轻人受到良好教育，循规蹈矩，毕业后可以到政府当公务员，到金融机构当高级白领，在国有企业或跨国公司里找一份体面的工作，为什么要创业呢？而且新加坡的市场太小，哪个风投愿意在这么小的市场下注却不退出呢？

新加坡从政府到大学都已经意识到，自己缺乏创业与冒险精神。对比另一个小国以色列，新加坡各方面的条件要优越很多，但以色列表现出更强的创新能力。新加坡政府在研发及教育方面持续加大投入力度，期望尽快转型为创新型经济，

但将科研成果与专利商业化，需要一大批创新者、创业者与颠覆者。

针对新加坡的市场狭小，我请教了新加坡的一些企业家和教育家。我提出，新加坡可以学习以色列，为更大的市场创新，从更大的市场退出。比如，以色列就是硅谷研发的后院，风投主要来自硅谷，而退出主要是华尔街。时任新加坡国立大学常务副校长陈永财博士告诉我，以色列有特殊性，比如它们的创新机制与军方需求之间关系密切，以及犹太人在美国金融界甚至军政界有广泛的影响力。但两国有一点是共通的，就是市场都无法支撑一个独立的创新体系。正如在全球自由贸易时代新加坡成为转口贸易中心一样，在全球创新坐标上也必须寻求自己新的定位，成为更大市场的创新和创业的新枢纽。对于新加坡来说，中国应该是比美国更具前景的市场。新加坡国立大学已经在中国苏州建立了研究院，在这里进行针对中国市场的创新研发、技术转让及企业孵化。

新加坡在创业、创新领域多年不懈的投入开始结果，尤其是新加坡国立大学的企业机构（NUS Enterprise），创业教育与创新孵化持续多年，近几年陆续有一些小公司成功退出，正在迎来收获期。陈永财告诉我，企业机构 2002 年设立，到目前已经与 8 个海外创新中心城市的最著名大学建立了合作项目，包括硅谷、费城、上海、斯德哥尔摩、北京、特拉维夫、纽约等地。新加坡国立大学每年选取有明确创业计划的学生，向上述每个城市输送 20 名左右，让他们到当地大学学习，并且必须到当地的初创公司申请为期一年的带薪实习生职位。

这个项目被称为“体验式创业教育”，这些学生回到新加坡，就像一批创业与创新种子，经过优化之后，重新植入新加坡的创新土壤。他们把各地最新的创业文化、技术、商业模式以及梦想带回新加坡，形成了一个非常活跃的创新部落，不断有新的思想碰撞、相互激发，有一部分人很快就进入大学的孵化器。新加坡国立大学坚持十余年，已经渐成气候。负责企业机构项目的 CEO 曾莉莉女士，曾经是一位成果丰硕的医疗科学家和精力充沛的投资人，多年从事生物医药领域风险投资。她告诉我，企业机构总共培养了 1 500 名学生，从中产生了 180 家初创公司，其中约有 100 家目前还在成长。新加坡国立大学的企业机构现在已成为新加坡的创业“黄埔军校”。

新加坡政府正在加大创新投入的力度，为创业者提供更好的技术。许多创新企业针对东南亚周边大市场获得了成长空间，日本电商巨头乐天 2013 年就以 2 亿美元收购了新加坡视频网站 Viki。新加坡的通用语言有英语、中文、马来语，这使其创业人才具备了独特的文化优势。

新加坡被称为亚洲的瑞士，未来会成为亚洲的以色列吗？让我们拭目以待。

2014 年 5 月 6 日

遇到BAT，一定想想杀出“死亡之组”的哥斯达黎加

2014年，当人们为获得世界杯冠军的德国队欢呼时，别忘了另一个值得尊敬的团队——哥斯达黎加队，他们所处的小组被称为“死亡之组”，面对球星云集的三大巨头。根据福布斯中文网的统计，意大利、英格兰、乌拉圭在最有价值的世界杯参赛国家队中，价值分别为3.6亿欧元、3.5亿欧元和2.3亿欧元，而哥斯达黎加队只有3 200万欧元，相当于马里奥·巴洛特利（Mario Balotelli）一人的身价，不及埃丁森·卡瓦尼（Edison Cavani）身价的一半。

再看下这只球队进入八强的战绩：战胜了两支世界冠军队，战平一支世界冠军队，战胜一支欧洲冠军队，点球输给了无冕之王荷兰队。

再看下这支球队所属的国家：人口不足500万，人均GDP近10 000美元，不设军队，国家格言是“工作与和平万岁”。这是个世界上幸福感最强的国家，也是世界上盛产选美冠军的国家。哥斯达黎加有在世界杯上颠覆强队的传统，1990年他们在意大利世界杯小组赛中战胜了欧洲劲旅瑞典队和苏格兰队。他们遇到任何巨人都不惧怕，2002年日韩世界杯，他们与巴西、土耳其、中国分在一组，成为历史上仅有的三支在世界杯上战胜中国队的球队之一。时任意大利国家男子足球队教练切萨雷·普兰德利（Cesare Prandelli）认为，哥斯达黎加队组织得像欧洲人，球场上迸发得像美洲人。

中国的创业者都应该以哥斯达黎加队为榜样，不仅仅因为他们来自一个相当于中国三线城市人口的蕞尔小国。当你在创业时遇到了 BAT（百度、阿里巴巴、腾讯），就想象自己分到了一个死亡之组，面对的是三大足球巨头吧。

哥斯达黎加队是如何颠覆强大对手的？创业者可以从他们身上学到哪些品质呢？

- 团队。对于创业者来说，他们面前的对手总是很强大，组织起一个坚强的团队，永远比一个天才的创业者更有可能成功。
- 草根的自信。英雄不问出处，不管是来自北上广深等一线城市，还是来自斯坦福大学的海归天才，只要置身于创业竞技场上，都站在同一起跑线上。
- “死亡之组”精神。初创公司中 90% 以上是要失败的，所以任何一次创业，都是进入一个“死亡之组”，必须要抱定杀出血路的决心。
- 韧性求生，争取运气。首先建立起稳固的防守，能抗击强大对手的进攻，同时具备反击的能力，伺机颠覆。

2014 年 7 月 17 日

彼得·蒂尔：技术、创业、自由

硅谷著名投资者、创业家和思想者彼得·蒂尔的三观是二进制的，即 0 和 1，No 和 Yes，否和是。在他眼里，人活一世，要么独特与创新（1），要么什么都不是或走向衰落（0）。如果只是重复和模仿，从 1 到 N，不仅创业公司无法成功，最终陷入恶性竞争，而且人类也无法解决当下面临的一系列问题。

彼得·蒂尔毕业于斯坦福大学的法学院，创办过 PayPal、帕兰提尔等公司，天使投资过 Facebook、LinkedIn、SpaceX、Yelp 等，并形成了知名创投群体"PayPal 黑帮"。中国创业者和投资人需要硅谷创业偶像，也需要精神领袖。这两年风行创投圈的读物有凯文·凯利的《失控》、雷·库兹韦尔的《奇点临近》，以及蒂尔的《从 0 到 1》。

蒂尔会投资什么样的公司？他首先会从判断公司的价值入手，并且有一套自己的理论：那些早期没有利润和收入的公司，为什么会值那么多钱。如果说企业的价值是由在生命周期内创造的所有现金流衡量的，许多企业的财务状况目前看起来不错，但身处竞争越来越激烈的行业中，它们未来现金流的增长曲线是向下的。而有些公司因为拥有新技术，从而在一个细分市场领域内形成了垄断，未来很可能会实现超额现金流，增长曲线向上。风险资本往往给后者以很高的估值。

当然，蒂尔也不看好那些陷入恶性竞争的公司。这里所说的垄断并不是因为权力形成的垄断，而是在自由市场竞争环境和制度中形成的远超对手的优势，是因为技术发明、网络效应、规模经济、品牌优势而产生的主导市场的权力。借用马云的一句话，就是“用望远镜也看不到对手”。

需要强调一下，蒂尔最看重的是技术优势，而且标准很高，要优于市场上的替代品 10 倍，垄断地位可能保持长达 10 年，并且有可能从小市场向大市场扩展，形成规模。

对于一些流行的甚至权威的创业创新理论，蒂尔都表示了质疑：

- 破坏（颠覆）式创新：如果是真正的创新，你不必刻意去“破坏”什么，否则就是“透过旧企业的眼光来看待自身”的创新。
- 摩尔定律：其实“反摩尔定律”（Eroom's Law）也比比皆是。生物医药领域在过去 200 年取得了引人注目的进展，但在最近几十年进展缓慢。教育领域也是如此。
- 商界生态学说：媒体近来喜欢用生态系统中的生存，来类比在竞争市场中的企业生存，但创业者应该是对未来明确的乐观主义者，初创公司需要“有智慧的设计”，创业者“并不是一张被概率决定命运的彩票”。
- 精益创业：创造“最简化可实行产品”并不断地适应用户的需求，这样只能通过小的改变达到局部最大化，无法达到全球市场最大化。精益是一种方法，而不是目标。创业者需要长期规划，而不仅仅是被动地适应用户的需求。

中国经济目前正处于从 1 到 N 的困境当中，需要从 0 到 1 的突破。无论是在国际市场上，还是在国内市场上，中国企业仍然没有摆脱学习和模仿阶段，因此在国内和国际市场上都陷入了恶性的竞争。中国不仅需要自己创新，而且要成为全球创新的重要力量。

蒂尔把他的创业理论上升到哲学的层面，并对人类和社会有诸多思考。人类的未来、商业的未来和个体的未来，都基于从 0 到 1 的实现。那些平庸的公司、失败的创业者，甚至社会未解决的难题和人类面临的困境，都是因为无法摆脱 0

的处境，或者在实现 1 之后安于重复，失去了创新的动力。企业停留在 1 的阶段，会变成模仿性竞争，最终利润归零，变得没有价值。所有成功的企业，都是持续实现从 0 到 1 的组织，哪怕是局部实现，从而不断形成创造性垄断。

蒂尔信奉自由意志。这位在互联网领域成功的创业者和投资家，却担心创业者和社会资源过度沉湎于互联网用户的琐碎需求，而忽略了人类当下面临的许多挑战，如健康、能源、交通、冲突等。随着技术奇点的到来，人类有可能实现更大的自由。对自由束缚最大的是人类的寿命与所居住和繁衍的星球，但技术可以成倍地延长人类的寿命，可以让人类进入太空、融入宇宙。只有技术才能最终消除竞争的压力，但所有这些突破，都取决于当下实现从 0 到 1 的突破。

2015 年 3 月 20 日

约翰·斯卡利的 Moonshot

见到斯卡利时，他抱怨道："我没有炒乔布斯的鱿鱼，这简直是个谜。"2014年，在新加坡举办的福布斯全球 CEO 峰会上，这位苹果公司前 CEO 满头白发，穿着牛仔裤，脚蹬帆布鞋，精神抖擞，高挑漂亮的妻子形影不离。

很难找到一个人像斯卡利一样，在商业、创业、创新和投资领域有如此丰富多彩的经历：先后成为百事可乐和苹果两家顶级公司的 CEO，是许多创业者的导师，创办了一系列硅谷科技公司，还是多家亚洲科技公司的创始人，以及斯卡利家族办公室的管理合伙人。

在苹果担任 CEO 10 年，以及对乔布斯的洞察，成为斯卡利写作《探月》（*Moonshot!*）的灵感源泉之一。这本书全方位展现了斯卡利是如何使尽浑身解数热情拥抱一个创业与创新的大时代，并取得商业成功的：移动互联技术、崛起的新兴市场、颠覆式的商业模式、全球化市场人才与供应链的低成本整合、创造 10 亿美元级企业。

这位年愈古稀的老人如今还在努力攀登事业的新高峰，始终站在科技创业的最前线，一次又一次出发，实践着他的创业方法论，通向一个又一个 10 亿美元级的公司，包括大数据营销分析公司 Zeta、移动保健公司 Agamatrix、高科技供应链公司拐点、可穿戴产品公司 Misfit，等等。

斯卡利看中了移动互联网和物联网技术在新兴市场的历史性机会，他和武春山（Sonny Vu）共同创办了 Misfit 公司。斯卡利介绍说："武春山是越南裔，一位毕业于麻省理工学院的数学家和机器学习专家，而越南是全球第 6 大数学强国，那里有优秀的数据科学家团队。" Misfit 的产品设计在硅谷，制造在韩国，数据分析在越南，市场主要在中国。在斯卡利看来，Misfit 不仅是可穿戴产品公司，还是一个大数据分析公司，通过产品上的传感器收集人体数据，在分析数据的基础上提供健身和保健服务。

斯卡利的创业激情在 2014 年迎来了一次迸发，4 月份在印度推出了 Obi 手机。斯卡利称 Obi 的设计团队来自硅谷，由苹果前首席设计师罗伯特 · 布伦纳（Robert Brunner）领衔，供应链和制造在中国，他们为此收购了新加坡 IT 供应链及原始设计制造商 Dragon Technology。为了在印度建立分销渠道，他们收购了当地公司 Iris Computers。Obi 手机只在中国之外的新兴市场国家销售，比如印度、俄罗斯以及非洲、拉丁美洲、东南亚的一些国家。

继中国之后，印度正在成为智能手机的主战场，联想、中兴、小米等近年来大举进入印度，但只有小米在《探月》中被多次提及。斯卡利信奉"颠覆性定价"将重塑一个又一个行业，从而产生历史性的创业机会。新公司不必去复制将要颠覆的公司的全部基础设施，而是建立起一个完全基于互联网的用户体验商业模式。斯卡利将 Obi-Connect Smarter 定位为软硬件结合，主流机型价格在 100 美元左右，用户是印度 16 ~ 28 岁的年轻人，以颠覆性价格向这些买不起苹果手机和三星手机的用户提供相同的体验，同时通过手机向印度年轻人提供各种服务，目前以印度的板球和宝莱坞的娱乐为主。

Obi 手机显然与小米手机的模式非常近似。小米用 4 年时间创造了一个百亿美元价值的奇迹，给斯卡利留下了深刻的印象。他认为小米模式无论是进入国际市场，还是进入其他硬件产品领域，都有成功的可能。尽管 Obi 定位与小米非常接近，但斯卡利强调了印度市场的特点，并将利用在印度刚收购的公司，密集覆盖线下零售渠道。

当我问到苹果首席设计师乔纳森·伊夫（Jonathan Ive）对小米“模仿”苹果的批评时，斯卡利为小米做了辩护。他认为，小米在商业模式上是创新的，并且尤其称赞小米的电商营销手法。“小米是一个非常创新的公司，因为硬件的生产最终都会大宗商品化，它以成本价出售手机的概念，还能把这一模式用于其他产品领域，应该说这是与苹果非常不同的策略。小米在设计或者其他方面也许与苹果有相似之处，但小米想的远远比苹果要多，与苹果非常不同。”

斯卡利还不忘补充一句:“当初是我手下的设计师罗伯特·布伦纳把伊夫招进苹果的。”

此文首发于《福布斯》中文版 2014 年 10 月富豪专刊，原题为《斯卡利可能成为雷军的对手》。

2014 年 12 月 3 日

03

什么是真正的企业家精神

一家承诺不行贿的中国公司

行贿还是不行贿，在一些企业家眼里，正在成为一个问题。

我的朋友，广东浩和建筑股份有限公司 CEO 张奕晓，2011 年加入了世界经济论坛的“反腐败伙伴倡议”（Partnering Anti-Corruption Initiative，PACI）。一年半之后，他仍然是唯一一名中国企业成员。

张奕晓从事建筑工程生意，用他自己的话说，这个行业是“比较肮脏的”。2011 年，在世界经济论坛的雅加达会议上，他发现中国没有一家公司愿意加入 PACI，实际上，该组织和世界经济论坛在中国动员过许多企业加入。“因为我们公司不愿意沾染回扣和行贿，做的都是比较简单的生意，当时我说，我愿意做第一个。”在签署协议时，印度也没有一家企业加入。到 2013 年，印度已有数家企业加入，而中国仍然只有一家。这是一个自愿加入的组织，成员包括约 200 家世界各地的公司，既有欧美的跨国公司，也有新兴市场的大公司。

张奕晓表示，作为一家建筑及工程公司，浩和公司坚决不给人挂靠。他估计，中国 8 万多家建筑公司中，约 95% 都是挂靠的。所谓挂靠，是指一个施工企业允许他人在一定期间内使用自己企业的名义对外承接工程。“给人挂靠能收费，但你就很难控制诚信和品质，而寻求挂靠的公司基本上都是在做关系主导型的生意。”

张奕晓认为，挂靠已经成为中国建筑行业中一个系统性的问题，“这就是为什么中国会有那么多质量事故、安全事故，这是中国目前建筑行业最糟糕的一点，非常可怕，是一个灾难”。

尽管自愿加入PACI，并且保证公司绝对不以回扣和行贿获取工程，但张奕晓也承认，他们不能做到完美，在一些政府管制的基层，他们确实难以应付，有时没办法，也会请客送礼，但不送现金。“我是反对这样做的，但他们真的会让你停工，我们要生存，不能让我们的客户受到伤害。”他表示，政府管得太多了，各级政府叠床架屋的规章条例“简直让你觉得可怕。如果你诚信，会把你累到崩溃为止。国家的管制规范过多，你做不到的话，自然就会给权力寻租找到一些空间”。

坚持原则还是影响了张奕晓的生意，2011年可能错过的生意有70多亿元，有两个是国内企业的项目，一个60亿元，一个10亿元。“他们通过中间人找到我，知道我做得好，又是民营企业，比较好处理，就来谈这样的事情。我说对不起，我们不做这样的生意。”现在浩和公司面临着更大的挑战，一些跨国公司里也有人想吃回扣了，张奕晓透露，他们2011年遇到两家很大的跨国公司，“它们的外包经理直接‘要点数’，我说对不起，结果这些项目就投不中了”。

失之东隅，收之桑榆。张奕晓称越来越多的同行和客户知道他在做“阳光工程”，客户包括一批国内知名的地产公司、制造业公司以及一批跨国公司。在我看来，张奕晓承诺不行贿，将会为公司的长期发展带来一个很“现实”的好处，基于相同价值观，获得一批“志同道合”的潜在客户。在PACI的跨国公司名单上，我的确发现了浩和的客户。

据PACI的调查研究，反腐败有其商业逻辑。估计全球每年行贿的金额在1万亿美元左右，这使做生意的成本上升了10%。作为法人的公司以及CEO本人，都将会为属下员工的腐败行为付出越来越高的代价。**坚持不行贿的公司，在投标公共项目时，良好的公司背景会令人放心。诚信可以避免法律风险，避免政府反腐败的罚金与惩处，并且吸引和留住那些有原则、上进的员工以及在意商业伦理**

的投资者。

一旦腐败成为一种集体行为，就会扭曲市场、阻碍增长、破坏法治，大家都是输家。张奕晓的一番话给我留下了很深的印象：“现在建筑、食品、药品、质量等问题为何屡禁不止，就是因为出了问题就可以摆平，最终就是大家活着都没有价值。”

2012 年 12 月 6 日

税负痛苦指数

税负痛苦，痛有多深，恐怕眼下的中国中小企业主们最能感同身受。

《福布斯》亚太版曾经每年发布“税负痛苦指数”排行榜，中国大陆的税负痛苦指数在榜单所列的50个国家和地区中曾经名列第二，仅次于法国。该指数的计算方法是将企业所得税、个人所得税、财产税、雇主社会保险、雇员社会保险和增值税（或销售税）的最高法定税率进行加总，得出税负痛苦指数进行排序。

这个榜单曾经引起广泛的关注，甚至在官方与民间引发争议。[①]

在2014年3月26日举办的福布斯中国潜力企业论坛上，中国光大银行和国家会计学院联合发布了《中小企业税收发展报告：税收与企业成长性》。按企业支付的各项税费占税前利润的比例，我们可以看到，在以中小企业为主的新三板中，2012年企业综合税负达到了138.89%，表明企业所缴的各项税费（按现金流计算实际发生）远高于企业的税前利润，而且新三板的企业综合税负远高于企业规模较大的创业板（71.70%）和主板（120.45%）。

---

① 相关文章可参阅《回应〈人民日报〉有关“负税痛苦指数”文章》《中国税负问题何以争论不休？》《中国税负到底有多重？》。

从创业板来看，2010—2012 年，公司综合税负急剧上升 20%，表明中小企业负担逐渐加重。**请注意，企业税收负担最重的，以及近年来税收负担上升最快的，是中国中小企业中的创新精英。**

另外一项研究成果再一次证实了中国企业的税收遵从成本是累退的，即企业规模越小，单位销售额的税收遵从成本越高。

所谓遵从成本，是指纳税人为了依法纳税所花费的时间及货币成本，货币成本包括支付给报税人员的工资、第三方中介税务代理的费用以及购买报税设备所支付的金额等。它是纳税人在真金白银纳税之后额外付出的成本，对企业及社会资源完全是消耗。

其实，中国的税负无论在个人还是企业，都是累退的，越是低收入人群，越是中小企业，所承受的税负越重。考虑到整个社会中低收入人群以及中小企业占多数，目前的税制不仅没有起到公平化的作用，反而加剧了不公平，从而放大了税负痛苦。

但中国的创业者、企业家和投资人最诟病的并不是税率，而是中国税制的不透明、不一致，这些都构成了企业税负沉重的一部分。一位国际投行直投部的投资人告诉我：对税法的解读很多地方不明确，各地掌握政策不一样，合规成本非常高；在这样的税制下，你守法越认真，问题越复杂，就越没有答案，规范成本和寻租空间越上升。

一位来自香港地区的投资人告诉我，香港对工商业最大的吸引力之一就是简单、透明的低税率：企业只交所得税，不交流转税；中小企业税率低，大企业税率高，是累进的。他在内地投资企业多年，也习惯了许多未上市企业都有几本账：税局一本，融资时给银行或投资人一本，自己留一本。照章纳税，许多企业无法生存，为了活下去，企业不得不想方设法“不遵从”。

一位转做投资的原国有企业总经理告诉我，受欺负的都是中小企业，而且越穷的地方，对中小企业实际征税越高。中国又缺少对中小企业税收的第三方服务，结果是遵从成本太高，人们就不遵从。

一位海归创业者说：“中国税负最重，所以偷税漏税最严重。”其实，政府明明知道定那么高的税率，实际工作中根本无法征到，还会引发广泛的偷税漏税行为，为什么不考虑为中小企业减税和建立透明的税制，把工作重点放到严格执行方面呢？尽管政府正在推动营业税改增值税的改革，以减少企业的流转税率，但在实施中一些企业感到税负不降反增。该报告的起草者，国家会计学院的李旭红教授告诉我说：简化税制更重要。

经济学供应学派告诉我们，减税能刺激企业增长，扩大税源，最终能征到更多的税。其实不用讲这些大道理，把税率降下来、税制透明化，大家就会依法纳税。不仅该收的都收了上来，而且征管成本降低，这样算一算，政府反而能净收到更多。

中小企业税负沉重，并不是中国所独有，但近年来中国中小企业的经营环境恶化，如企业用工成本急速上升、出口环境恶化，等等，企业税负攀升更显突出。

这些年来中国兴起了创业浪潮，如果能通过税制改善和降低税率、减轻中小企业税负痛苦，那么在中国经济增长趋势下滑的背景下，将会保护和释放中小企业的成长空间和创新活力，经济转型代价会更小。

2014年4月21日

从企业社会责任到社会影响力投资

2016年，第一财经发布中国第九届“企业社会责任”榜，这个榜单已经成为这个领域持续时间最长、影响力最大的榜单。

现在流行的许多概念，比如现代企业制度，都是从西方传入中国的，企业社会责任（Corporate Social Responsibility，CSR）也是。中国加入WTO之后，大量跨国公司进入中国，带来了企业公民、企业经营以外的行为规范以及企业与社区、环境之间的关系等概念，加上联合国的推动，媒体报道宣传，很快在企业监管部门、上市公司以及更多的民营企业中推广开来。许多国企、跨国公司、上市和非上市民营企业，主动披露在CSR方面的理念与行为。

CSR本身是全球化的产物。欧美跨国公司在全球各地进行投资、生产，在人权、环境、劳工、教育、文化、社区等方面产生了很大的影响；在一些国际组织的推动下，以及在跨国公司主动和自律行为的带动下，企业在赚取利润的同时也要担负起公民的责任，这已成为国际惯例。

正如社会对公民的要求，企业首先也要成为一个守法的公民，合法经营、依法纳税、保护环境、遵守劳动法等，这是对CSR的起码要求。在这个基础上，企业创造就业、提供市场需求的产品和服务，就是对社会最大的“善”。CSR更高的层面是做出满足市场需求之外更多的贡献，如捐资助学、扶危济困、投资文化事业、开展公益项目，等等。

CSR 会给企业带来好的名声，许多企业都可以根据自己的特点灵活制定 CSR 策略。通常是规模越大的企业，越有意愿做 CSR，因为它们越需要美誉度，越需要“软实力”。目前越来越多的初创企业、科技创新类企业也重视用创新的方式做 CSR，以帮助自己找到定位和用户。

CSR 有时候也会带给我们一些困惑。比如，许多企业还没有做好一个“守法的公民”，就高调宣传 CSR。我看到国内有些公司，一方面向灾区捐赠、向贫困山区助学，老板博取了“首善”的美誉，但另一方面，企业又在向家乡的河流和湖泊排污。对于它们来说，CSR 可能就是一种提高声誉和信用的短期投资。

CSR 也被用来进行“良心的按摩”。全球化进程中，我们看到一些金融精英，他们所行的“高大上”的公益项目和慈善行为，为“金融创新”赢得了更大的贪婪尺度。这种尺度，既来自他们所获取的社会信任，也来自用奖杯和光环对自己良心的按摩。但我们知道，其中许多“创新”最终都导致了危机和灾难。

还有互联网公司，曾经被认为是最“干净”的公司，尤其是巨头，它们获取了数以亿计的用户及流量，赚取了成百上千亿美元的利润，但它们的平台上，虚假的流量、虚假的广告、虚假的商品、虚假的消息横行，用户的数据和个人隐私没有安全感。在虚拟世界如何做一名合格的企业公民，这些互联网巨头有责任给出答案。

CSR 被当作企业全球化的一种“政治正确”工具，一些国际组织中有关全球化的贸易与投资论坛，都会把 CSR 作为一项议题，但这无法阻止选民所表达的反全球化情绪。

但 CSR 仍然值得提倡，它仍然是企业向善和自律的力量。我们也主张企业主动把 CSR 融入价值观和战略中，与公司的长期发展结合起来。这是 CSR 的应有之义，企业不应该自我拔高，媒体也不应该对企业进行道德绑架。同时，企业成为守法公民的前提是，政府为企业提供一个公正的法治环境。当前中国的企业总体上处于困难时期，提供一个对企业负责任的法律监管与投资营商环境，与企业的责任同样重要。

现在出现了这样一批企业家和创业者，他们除了为市场提供产品和服务，也在考虑为社会提供产品和服务。我们把这种解决社会痛点而不仅仅是市场痛点的公司称为社会企业，企业家精神也相应地扩展为社会企业家精神。

越来越多的创业者梦想改变世界，而改变世界最好的一个方向是通过创新创业，用商业化的手段可持续地解决社会的痛点。那些既是市场失灵也是政府失灵的地方，存在着改变世界的广阔空间。许多天使投资与风险资本也在关注这些领域，它们所追求的是社会影响力，我们称这种投资为“社会影响力投资”。

这种社会企业或者社会影响力投资带来的激励是双重的，既有商业上的可持续性，也有社会影响力。互联网和新技术为社会企业开辟了一个新的空间。我们目前正面临着环境、能源、城市、人口、健康、贫困、教育、老龄化等方面的痛点，通过将移动互联、人工智能、云计算、大数据等技术与产业进行更深度、更高效的连接，会不断演变出新的企业形式和新经济形态，如共享经济，进而创造更大的社会价值。

2016 年 12 月 15 日

全民公决国美

2010年9月28日，国美股东大会的表决，影响力已经远远超出了一家上市公司内部的博弈，其意义将是历史性的，可能是一场对中国民营企业及公司制度的表决。

国美公司创始人黄光裕与时任董事长陈晓之间的较量，无论结果如何，国美都将不再是以前的那个国美。也许表决结果让国美、黄光裕、陈晓、贝恩资本都成不了赢家，但如果更多的企业家、管理者、创业者、投资人、股东能从自身利益的角度，集体观照这场透明、符合市场规则、与国际惯例一致却带有中国特色的博弈，参与辩论，并思考中国民营企业内部一些根本性的制度，一些道理将会越辩越明，中国的民营企业制度的整体进化将由此获益。

第一，家族企业必须向现代家族企业转变。黄光裕强势专断的作风，加上家族制的企业控制与管理模式，使得国美内部职业经理人处在一种不对称的委托-代理关系中。他们必然会寻求分享的机会，而且会寻求忠于分享股权的控制人。方太集团董事长茅理翔曾直率地指出，黄光裕对国美的控制方式，“不是现代家族企业制度”，随着企业的发展，“与职业经理人分享股权是不可避免的”。

如果从资本的角度来说，企业家最早投入的金钱、开创精神与管理才能并非企业得以发展的唯一资本，人力、技术、创新都是企业发展中不可或缺的要素，职业经理人甚至基层员工都参与贡献了这些要素，而且企业走得越远，最初资本的作用会递减，创业者不可能凭原始的资本而永远不与职业经理人分享股权。黄光裕锒铛入狱，让职业经理人看到了分享股权的机会，这不是借机“造反”，而是借助特殊的机会获得应有的权益。这件事已经深深地震撼了黄光裕，他在狱中不断传出的信息表明，他开始愿意分享。但如果黄光裕想长久保持其家族对公司的影响力，分享仅仅是建立现代家族企业制度的第一步。

第二，中国民营企业家迫切需要优秀的职业经理人，但职业经理人的发展落后于企业家的发展。中国传统上把职业经理人看成是“大管家”，他的首要品德应是忠诚。在现代企业制度中，职业经理人的操守并不意味着对某一家族忠诚，而是对全体股东忠诚，若再加上社会责任，那他应该对公司所有利益相关者忠诚。只有基于此，领导才能、管理经验、专业技能等才能成为推动企业不断发展的动力。鉴于第一代企业家需要职业经理人帮助接班人，企业要进入新的领域，企业要升级，企业要并购，企业要走出去和国际化，等等，中国民营企业家都不得不引入职业经理人。

然而，同时负担起创业者和职业经理人双重角色的中国第一代企业家，尤其是典型的家族企业，实际上对于职业经理人维护家族的利益、协调家族与全体股东的利益、妥善处理自身利益等方面，仍然抱有怀疑态度。从福布斯中文网发起的一项对中国家族企业的调查来看，许多中国民营企业是通过上市来完成改制、出让股权、引入职业经理人队伍的。民营企业家愿意出高价聘请职业经理人，但是在我们接触到的企业家中，多数对目前的职业经理人队伍不太满意，主要集中在诚信不足，过于看重短期利益，以及管理经验和专业技能跟不上企业的发展。目前民营企业家正在有意识地从跨国公司、商学院，甚至国有企业政府官员中吸引和培养职业经理人才。

第三，中国民营企业在股权分散化以及向职业经理人移交管理权的过程中，要警惕“门口的野蛮人”。以家族制为主的中国民营企业，尤其是那些在海外上市的公司，在走向股权分散化和建立委托 - 代理关系的过程中，可能会遇到怀有各种动机的投资者。这些投资者或来自同行业中的竞争者，或来自私募股权投资者，甚至杠杆收购者。后者进入的最终目的是为了退出套现，成为公司利益的捕获者，他们在短期内可能会采取一些提升公司市场价值的措施，但是否在意公司的长远价值很值得怀疑。

无论如何，黄光裕正接受国美已经发生的变化，高管团队的股权激励落实，贝恩资本进入，股权正走向分散化，黄光裕可能会想尽一切办法保住自己关键的1/3 股权。对于国美，一个到目前为止最不坏的结果，是股东大会在各方妥协的基础上，对公司章程做出修改，甚至可以考虑建立投票权与分红权分离的结构，保证黄光裕家族一定的投票权。

国美目前内部的斗争，以及此前卷入的与官员难以扯清的关系，集中体现了中国民营企业所处的生存与成长的外部环境，以及成长所需要的制度基础。如果社会相信“公司的力量”，那么就应该关心和思考国美应该有一个怎样的结局。

2010 年 9 月 8 日

苏宁正在变成一家什么公司

如果有这么一家公司，业务涉及建立硅谷研发中心、收购视频网站、申请银行牌照、开办小额贷款公司、申请虚拟电信运营商、成立保险销售公司，你能猜出这家公司是干什么的吗？

答案是苏宁。没错，中国的零售业巨头，苏宁。2013 年，在最热的互联网概念中，除了手机游戏，苏宁基本上全都沾了，直至进军硅谷，收官其全年令人眼花缭乱的动作。苏宁从头到脚越来越像一家科技公司。在互联网流行的“跨界”大片中，苏宁董事长张近东成为一名大师，从沃尔玛到亚马逊，从云计算到大数据，无所不混搭。苏宁在资本市场上重新成为主角。

所有这些动作背后的逻辑是什么？

仍然是零售。尽管苏宁这几年口号越来越高端大气科技感，给我印象最深的仍然是张近东反复强调的“零售”。他在 2012 年面对京东价格战时，提出要“回归零售的本质”，2013 年年底在斯坦福大学做演讲时提出做“互联网零售”。互联网与零售结合所释放的巨大能量，正在远远辐射出电商行业之外。

伴随着中国上一轮城市化高潮和房地产市场的繁荣，苏宁曾经创下了奇迹，成立了 1 700 多家连锁店，并豪言要做中国的沃尔玛。推出电商业务易购以后，又声称要做中国的亚马逊。

近年来，苏宁受到经济放缓和电商崛起的双重挤压，增速放慢，利润受到侵蚀。在2012年与京东打过一场价格战后，苏宁成功地奠定了国内电商第三的地位，但也加速了其线下业务的萎缩和电商新业务“烧钱”的速度。

苏宁最大的挑战是业绩不断下滑，2013年第3季度，上市后首次出现季度亏损。苏宁最直接的竞争对手京东2013年的销售额则是600亿元。另一个挑战是，在移动互联网方面动作迟缓，这些会影响其O2O战略的执行。

苏宁曾批评电商多数无法盈利，但自身也迫切需要电商部分的销售增长，以保住自己前三的位置。与此同时，苏宁定位O2O，试图把线上与线下结合起来，转型为一家虚实结合的零售公司，也就是互联网零售公司，重振在资本市场上的估值，为转型提供融资。

苏宁接下来的成长在哪里？首先仍然是把自营的零售做大，线上部分主要依靠并购扩张，寻求新的用户入口，比如2013年收购红孩子，2014年收购视频网站PPTV，把入口深入家庭。可以预见，苏宁为了线上部分做大规模，还会发动系列并购。

线下部分也仍然有成长空间。在一二线城市，苏宁可提升店面的服务档次；随着中国新一轮城市化的规划，三四线城市户籍对农村人口放开，对苏宁而言仍有开店扩张的空间。但是，苏宁在这一战场目前面临着新挑战。阿里已经牵手海尔集团的日日顺，正在向三四线城市渗透大家电的配送能力，马云还向包括格力在内的更多家电制造商摇动了橄榄枝。海尔是苏宁最大的国内供应商，一旦海尔的日日顺在阿里的帮助下向社会开放，将形成微妙的竞合关系。

苏宁成长的另一个动力来自开放平台，2014年开始推出平台战略，并且基于开放的平台，进入更多领域，如互联网金融和社会化物流。

应该说张近东的战略很清晰，决心很大，但这不仅仅是公司从线下做到线上，从零售做到电商，而是实际上创造一种全新的商业模式。面对这些，苏宁固然需要庞大的资金，但最大的瓶颈是人才。中国电商人才牢牢地掌控在几大电商巨头手中，而且苏宁不能采取与阿里和京东同样的打法。苏宁素以执行力强悍著称，但如果整个团队不向互联网“转基因”，传统业务做得越强，转型的成本会越高。

张近东于是转向创新的圣地硅谷“取经”。他明确表示，除了新技术和新商业模式，苏宁硅谷研发中心最重要的使命之一是人才，包括培训内部的人才，以及在当地招募更优秀的人才。张近东的下一个目标是到亚马逊的大本营西雅图建立研发中心。在我看来，苏宁硅谷研发中心的另一个使命是与当地科技公司建立合作，成为它们的新产品、新服务和新概念在中国的推广展示平台。

需要注意的是，苏宁还是一个隐形的商业地产巨头，从长远来说，苏宁是否有可能建立起一个互联网时代零售、地产、金融三位一体的帝国，而不是跟在既有电商巨头后面亦步亦趋，这是一个非常大的想象空间。

2014年1月6日

互联网公司可以基业长青吗

互联网公司可以基业长青吗？这个问题听起来有些不靠谱。互联网公司的历史不过短短 20 多年时间，而硅谷一些最成功的互联网公司，有的只有 10 年左右甚至更短的时间。这些公司基本上都掌握在创始人手中，而这些创始人都正处于青壮年，不存在传承问题。

不过，有人十多年前就提出了这个问题。我偶然读到美国著名管理学者吉姆·柯林斯（Jim Collins）的一篇文章《热门互联网公司很难基业长青》，写于 1999 年 5 月，时值互联网泡沫达到高潮。当时谷歌处于襁褓之中，Facebook 还没有诞生。

柯林斯认为互联网公司很难基业长青的原因有两个，一是那些成功的互联网公司，在很大程度上是因为在风险资本的帮助下，成功地驾驭了一个产品的周期，而随着公司的成长及竞争的加剧，将会因为管理不善而无法持续。另一个原因，互联网公司成长的动力很大程度上来源于股权激励，当公司上市或者退出时，优秀人才多数会套现走人。所以，柯林斯认为互联网公司的兴起，就像当年的淘金热一样，充满了短期的投机行为。

这些理论听起来已经过时，但仔细想想有些意思。柯林斯所著的《基业长青》出版于 1994 年，早已成为管理学中的经典。他于 20 世纪 90 年代写科技类文章时，屡次使用的反面教材就是苹果公司和乔布斯，当时正是乔布斯被自己一手创办的公司扫地出门之时，或者回到了苹果公司，但公司濒临破产，还没摆脱困境。彼时柯林斯认为，苹果的麦金塔电脑的成功，掩盖了糟糕的公司管理，甚至后来苹果公司变成了个人谋求声誉的平台，乔布斯热衷于做“报时人”而不是做“造钟师”。

乔布斯的前半生似乎印证了柯林斯的理论，但乔布斯的后半生却走向事业的巅峰，苹果公司也成为伟大的创新公司。那些一度被认为是基业长青的典型公司，如摩托罗拉已经被谷歌收购，惠普黯然失色，索尼陷入困境。而这些公司正是遇到了互联网和移动通信技术的强有力挑战。

我搜索柯林斯近年来对互联网公司的评论，但很难找到。的确，互联网公司与传统公司似乎是两种完全不同的产物：

- 互联网公司需要专注于一种好的产品，而基业长青公司的创始人往往经过数年的摸索和适应。
- 互联网公司创业和成长要快，期望卖个好价钱或者尽早上市，而基业长青公司早期需要夯实基础，尤其是公司的基本价值观要稳定。
- 互联网公司在快速成长阶段能不断得到风险资本，而基业长青公司可能更重视形成强大的生存能力和适应能力，以进行长久的进化。
- 互联网公司产品周期较短，处于经常性的颠覆和被颠覆的状态环境中，而基业长青公司所处的行业已经相对成熟和稳定。
- 互联网公司的创业者往往是报时者，在公司里处于相对独断的位置，而基业长青公司的领袖往往是造钟师，更重视机制的建设。
- 互联网公司是产品导向，而基业长青公司是管理导向，最好的产品就是公司本身。
- 互联网公司的创业者看重的是公司及个人的价值最终能够套现，甚至成为联环创业者，积极寻求退出途径，而基业长青公司则以公司的持续发展为唯一目标。
- 成功的互联网公司往往具有平台价值，追求范围经济，而基业长青公司追求垄断和形成规模经济。

是否可以说，互联网公司从实践到概念都颠覆了基业长青公司？问题没有那么简单。其实乔布斯是盛田昭夫的崇拜者，苹果公司追随了索尼的理念：“我们的计划是用新产品引导市场，而不是询问他们需要哪一种产品。”乔布斯去世后，苹果公司持续创新的机制问题立即暴露出来。

3M 是传统行业中能做到持续产品创新的一家公司，恐怕目前还没有一家互联网公司能够超越。3M 公司建立了一个保证持续创新的有效机制：员工有自由支配的时间，每个部门有新产品推出的业绩要求，内部建立创业机制，员工会获得分红，等等。这些机制启发了包括谷歌在内的许多硅谷的互联网公司。

持续创新仍然是互联网公司追求的目标和成功的标志。一些被认为可以基业长青的公司，能过得了互联网这道坎吗？那些基业长青的公司，能主动拥抱互联网和新技术，从而进一步延续其基业长青的神话吗？那些互联网公司，如谷歌、亚马逊、阿里、腾讯，在颠覆基业长青公司的同时，自身可以跻身基业长青公司之列吗？

2013 年 9 月 18 日

04

伟大的企业，从优秀到卓越

刘强东的“个人集权”与马云的“合伙人制”，孰优孰劣

从来没有任何一个国家像中国这样让电商引领产业风骚，而马云和刘强东又引领了电商风骚。阿里巴巴和京东 2014 年争先奔赴美国上市，诞生了两家市值分别为千亿美元级和数百亿美元级的公司，加上此前其他在美国上市的电商公司，如当当、唯品会、聚美优品等，标志着中国正成为全球最大的电商经济体。

看了阿里和京东的招股书，最感兴趣的还是其中披露的公司治理结构，这两个极富个性的中国互联网创业者，施加了不同的手段，各自实现了异国上市后仍能控制公司的目标。

马云称阿里的治理结构为“合伙人制”。上市之后，董事会将由 9 人组成。阿里的 28 名合伙人有权提名董事会简单多数，也就是 5 人，只要大股东软银保持 15% 以上的股份，将有权提名一名董事，其余的 3 名董事由董事会提名委员会提名。提名董事将在股东大会上由简单多数选举产生。

阿里已经与软银和雅虎之间达成协议，通过在股东大会上投票互相支持的方式，确保阿里不仅能够控制董事会，而且能够基本控制每年的股东大会的投票结果。目前这三方股份分别为：马云和蔡崇信持股 12.5%，软银持股 34.4%，雅虎持股 22.6%。这个架构的核心是确立了“马蔡体制”，其控制力的传导机制是马蔡—

28 位阿里小伙伴—董事会—软银雅虎—股东大会。加上反对兼并的条款，马云希望以阿里小伙伴文化防疫美国的职业经理人文化，并且阻吓来自华尔街任何“门口的野蛮人”。

刘强东采取了美国资本市场上典型的双层股权架构。根据招股书，京东上市后将有 5 名董事会成员：刘强东、刘炽平、黄明、李道葵和谢东萤。除刘强东和刘炽平之外，其余都是独立董事，京东管理层无一人进入董事会。显然，上市后的京东董事会基本上将是一个“二刘”双簧。另外一条规定是，只要刘强东担任董事长一职，如无其本人，董事会将无法构成法定最低人数以通过重大事项的决定。上市前夕，刘强东以 18.8% 的股权控制了 55.9% 的投票权。而根据招股书，上市之后刘强东的根据加权计算的投票权将达到 83.7%。

刘强东手中掌握绝对的控制权，主要通过两种方式实现。首先，他将两家海外注册公司持有股票转为 B 类股，即每股拥有 20 票投票权，而其余投资机构股票全部转为一股一票的 A 类股。其次，京东的主要投资机构通过协议，将手中 A 类股在主要事项上的投票权转给刘强东。

对比一下刘强东“赤裸裸”的个人集权与马云“集体领导”的合伙人制，哪个更好呢？这要结合具体的公司和创始人情况来看。双层股权结构，或者说创始人拥有超级投票权，在美国褒贬不一。美国的几项研究表明，公司创始人及管理团队股权集中有利于业绩表现，而超级投票权不利于业绩表现。例如，霍利斯特公司（Hollinger）董事长拥有 30% 股权，集董事长、CEO、70% 的投票权于一身，几乎掏空了上市公司。但伯克希尔 - 哈撒韦公司的超凡业绩如何解释呢？依美国的标准，刘强东的集权尚不算离谱。超级投票权较多存在于上市媒体公司和谷歌、Facebook 这类互联网公司中；福特家族以 4% 的股权控制了 40% 的投票权，还有公司创始人以 5% 的股权控制了 90% 的投票权。正如政治一样，过于集中的权力，令人担心滥权，但过于分散的权力，又令人担心失控低效。

阿里巴巴从一个 B2B 的小网站，发展到一家全球电商巨头，应该说马云用投资人的钱，把公司规模和影响力做到了极致，但也一度冒着失去控制权的风险。

马云既不会搞家族传承，也不喜欢经理人文化，而是选择了集体领导制。仔细看阿里的董事会（9人）及其合伙人（28人）架构，有些类似政治局常委（7人）与政治局（25人）的架构，这令我想起马云一直非常关注的几种组织形式：政党组织、天主教会和美国军队。

作为一名创业者，刘强东在融资、上市与控制权问题上表现出远见，融资控制两不误。不管怎么说，刘强东已经为上市后的京东公司，设计出了一个非常适于家族控制与传承的治理结构。

2014年5月22日

复杂的阿里，复杂的马云

英国物理学家霍金说过，21 世纪将是复杂性科学的世纪。对于一个想活 102 年的公司如阿里巴巴来说，其中 100 年是活在 21 世纪，它将不得不面对一个传统的公司组织远未能应付的复杂局面，尤其是在中国。

马云在 2014 年阿里巴巴最终版本的上市招股书中写了一封致投资者的信，其中出现频率最多的词是“生态系统”，其实背后隐含着马云和他的智囊团真正想表达的意思：“复杂性”。

> 互联网给了我们一个“千年一遇”的机会，让我们能在中国建立一个全新的商业生态系统……然而，这个复杂的生态系统注定了不会呈现简单的商业模式。同样，因为我们的复杂系统，也让竞争者不容易轻易模仿。
>
> 过去的十几年，我们走得并不容易，在一片的争议和挑战中，走到了今天。尽管天天如履薄冰，我们还是常常发现必须面对复杂局面，平衡与协调各方利益，并做出艰难选择……

在纽约上市意味着阿里正从中国走向世界，走向一个更大的江湖。阿里手握数百亿美元，并购对象可能是美国的互联网公司，扩展范围可能包括广阔的新兴市场，马云也会成为一个国际上响当当的中国企业家的名字，这个人将在全球权势精英的圈子里寻找到新的小伙伴。在许多国际投资者的眼里，阿里就是中国互联网经济的代名词。但阿里上市以后，马云说阿里并不是一个中概股公司，而是一个全球性公司。这也意味着阿里将有更大的风险敞口：除了商业与市场的风险，还会有价值观上的潜在冲突，甚至有政治、法律风险。正如马云曾坦承：

> 当一家来自东方文明古国的大型互联网公司闯入全球视野，其产生的文化、价值观、法律，甚至地缘政治等因素的冲撞，会导致很多问题复杂化。另外，我本人就是一个充满各种争议的创始人，围绕我也一定不会缺乏许多令人头痛的话题和争论。

阿里毕竟占据了中国电子商务交易量的八成以上，这是否有利于一个多样平衡的电商生态系统，它自身在中国市场上的份额是否正在逼近其临界值，这是值得阿里思考的。这意味着阿里必须着眼全球市场，扩大规模，而在国内市场，拓展商业范围可能比扩大规模更加重要。阿里在上市前进行了一系列玩杂耍般的并购，一些投资者开始越来越看不懂，质疑阿里是不是正在变成一个中国互联网经济的投资基金。阿里需要让投资者相信，建立一个日趋复杂的生态系统，可能会产生新的非线性增长的机会。

在中国这样一个异常复杂的环境里，阿里就是一个生存的奇迹，适应的奇迹，成长的奇迹，进化的奇迹。它也正变得越来越复杂：从小公司到大公司，从网站到平台，从公司组织到生态系统，直至成为一个巨大的“复杂性适应体系”（Complex Adaptive System, 简称 CAS）。1995 年，当互联网闪电进入中国这片土地时，只有极少数人看到了它可能带来的巨大改变和无限机会，现在马云实现了自己的梦想，但互联网经济演变的复杂程度，一定是他当初无法想象的。

互联网巨头公司面临的挑战往往并非技术创新和商业模式的创新，而是组织形式的创新，尤其是对于阿里这样一个自我定义为利用技术不断扩展商业边界的公司来说更是如此。阿里是一个互联网精神与中国文化结合的组织，在中国这样一个带有江湖气的政商环境中成长，与正统的公司化组织相比已经发生了一些“变异”。阿里建立了一个合伙人团队，试图避免上市后的大公司病，比如帝国思维、垄断组织的傲慢与僵化，或者最终成为公众甚至监管部门反垄断的讨伐对象。阿里内部正在探讨一切组织形式的可能性，以保持基础社会组织级的体系活力，甚至包括天主教会、政党组织、美国军队等一些非商业的组织平台。

2014 年 10 月 14 日

华为，从学习 IBM 到学习谷歌

当华为 2012 年开始做自己的手机品牌，从 B 端进入 C 端时，这个中国的科技巨人引起了一片喧哗。这家真正的科技公司颇为低调，与惯于营销的“科技”互联网公司有着完全不同的文化，于是，人们为华为强大的竞争能力点赞，也给它贴上了“没有互联网基因”的标签。

华为在成长过程中，曾经与世界上几乎所有领先的通信技术公司交过手，比如 AT&T、北方电讯、阿尔卡特、朗讯、诺基亚、西门子、爱立信等，它一路过关斩将，后来逐步进入 IT 领域，开始与思科等公司竞争，现在又进入了企业服务与消费终端领域，在国际市场上与三星和苹果竞争，在中国市场上与风头颇劲的小米竞争。

华为还有可能有更多“跨界”的动作，遇到新的竞争者。狼性十足的华为，它与谁竞争，从而也定义了它是谁。从全球视角来看，华为更像三星这样的公司，但它面临的真正挑战，还可能是新崛起的一批互联网巨头，比如谷歌、亚马逊，也许不久的将来，还会包括 BAT。

2014 年在新加坡举办的福布斯全球 CEO 论坛上，我有机会与华为首席科学家李三琦先生交流，问了他一个“苹果与橙”的问题：在互联网时代，华为与 BAT，技术领先与商业模式创新哪个更重要。李三琦认为，目前华为与 BAT 基本上还是不可比较的。华为是信息通信技术（ICT）公司，从事ICT的数字基础设施，而BAT是直接面对用户的互联网服务公司。华为覆盖了全球市场，BAT还在中国国内市场啃人口红利。华为主要客户、全球移动与固定运营商用户的人均收入可达到每月几十到上百美元，而BAT社交用户的人均收入每月最多也不到10美元。但BAT这些互联网巨头公司，商业模式非常成功，从增长前景来看，巨大的运营商市场面临很大的压力，华为要发展就必须扩展业务领域。

华为在运营商那里取得了成功，其秘诀就在于与运营商共同创新，帮助运营商实现商业模式转型。为此华为部署了一个由7.5万名工程师组成的军团。但是，与互联网公司相比，运营商动作迟缓，让华为着急。李三琦认为，技术创新总是领先商业几个时区，“对于运营商来说，技术推动的进步要缓慢一些，而互联网公司从无到有就能成长非常快”。如何把技术优势转化为商业模式的优势，在消费和企业应用市场上与互联网巨头展开竞争，将是华为目前努力的方向。

在技术创新方面，无论是与美国的巨头，还是与中国国内的巨头相比，华为都有自己的特色。华为不是一家上市公司，无法用股权等工具并购，而且现金流非常重要。再加上无法在美国并购技术，李三琦认为，华为在这方面的步子迈得比较谨慎，不过现在已经开始有所探索，在欧洲收购了一些小规模的技术公司。相比国内的BAT公司以及新兴的小米公司，华为已经建立了国际一流的专利组合，未来无论在国内还是在国际上竞争，都可以发挥作用。在手机和智能终端领域，“我们有芯片，有LTE技术，这是技术加产业链优势，成本会降下来”。此外，华为的专利组合，会不会在国际市场上用于对苹果和三星的防御，同时针对国内对手小米等进行狙击呢？李三琦没有回答这个问题。

尽管拥有这些优势，华为仍然迫切地感到转型的压力。李三琦认为，华为潜在的颠覆者是自己。在这样的形势下，华为引以为傲的研发模式需要改变，管理层已经决定要学习谷歌。这是华为研发的第二次变革，第一次是当年全面引入IBM的研发管理流程，帮助华为进入全球市场。

李三琦首次披露了华为是如何学习谷歌的：

华为一直在不断地摸索改进研发模式。尤其是在ICT软件方面，不断学习谷歌的创新开发模式；在相关开源社区方面加大投入，与业界共建产业链；在内部研发方面，引进大量自动化工具，从编程、测试、社区到集成、交付，以实现DevOps的新模式。华为内部研发管理层坚定不移地推动这方面的工作，并取得了有效的进展。在硬件及嵌入式软件方面，华为多年来摸索了一套相当成功的研发模式，不断利用新技术、新工具、新理念做持续创新。这几年华为一直在探索如何能够更好地学习谷歌，建立起一个云架构下的软件大平台，推动公司从做产品深度延伸到做解决方案、系统集成及管理服务。

2014年12月24日

任正非和乔布斯为什么都谈到死亡

2011年年底，华为CEO任正非在公司内部发表了一篇题为"一江春水向东流"的文章，67岁的他首次谈到接班人。读这篇文章的时候，我想起了乔布斯2005年在斯坦福大学毕业典礼上的演讲。

他们两人都回忆了各自的挫折：

乔布斯说："我被炒了鱿鱼。你怎么能被自己创办的公司炒鱿鱼呢？我在30岁的时候离开了，而且弄得人尽皆知。我成年后全部生活的重心不复存在，这对我是一个毁灭性的打击。"

任正非说："2002年，公司差点儿崩溃了。IT泡沫的破灭，公司内外矛盾的交集，我却无力控制这个公司。有半年时间都在做噩梦，梦醒时常常哭。"

他们都谈到自己得了癌症：

乔布斯说："大概在一年前，我被诊断出患有癌症。那天早晨七点半，我接受了一次扫描，结果清楚地显示我的胰腺里长了一个肿瘤。"

任正非说："大约在2003年前的几年时间，我累坏了，身体就是那时累垮的。身体有多项疾病，动过两次癌症手术。"

最重要的是，他们都谈到了死亡。

乔布斯说："死亡是我们共同的终点，从来没有人能够逃脱它。"

任正非说："死亡是会到来的，这是历史规律。"

但任正非对死亡的看法，与乔布斯相比有所不同。

乔布斯说："你的时间有限，别浪费生命过别人的生活。死亡很可能是生命最好的一项发明，它是生命变化的推动者，它清除老朽而为新生代开路。"

任正非说："我们的责任是应不断延长我们的生命。"

乔布斯追求的是，个体在有限的生命中实现自我。而任正非追求的是，企业的生命能够超越一代又一代个体的生命。

从乔布斯和任正非的讲话中，我得出三点感想：

- **伟大的创业者，都会把死亡看成自己创业道路上最重要的里程碑。**
- **伟大的创业者，都会把企业看作自己的生命，要么在有限的人生中把企业做到极致，要么渴望企业无限地发展下去。**
- **伟大的创业者，在颠覆性的创造中，都经历巨大的挫折，以及从灵魂到肉体的折磨。**

2011 年是华为开始 CEO 轮值的第一年。任正非对他的"接班人"们说："经济越来越不可控，如果金融危机进一步延伸爆炸，货币急剧贬值，外部社会动荡，我们会独善其身吗？我们有能力挽救自己吗？我们的员工会像韩国人卖掉金银首饰救国家一样，给我们行驶的航船集资买油吗？历史没有终结，繁荣会永恒吗？"

大江大河，汇入大海就终结了。但任正非说：千古兴亡多少事，一江春水向东流，流过太平洋，流过印度洋……不回头。他的梦想，让他的生命在华为延续，让华为成为一家真正的全球性公司。

2011 年 12 月 28 日

马云与王健林赌什么？商业地产！

在央视《对话》的一期节目上，我几乎一直在听马云拿王健林开玩笑。比如，他说“90后”很难骗，要骗就骗王建林这样的人。马云与王健林曾就传统零售业与电商谁将成为主导者有过一场争论，后来演变成一场公开的亿元“赌局”。

马云很得意，似乎以为王健林的脑子还没有转过弯来。他说：“很多人输就输在，对于新兴事物第一看不见，第二看不起，第三看不懂，第四来不及。”其实，作为全国最大、全球第二大商业地产商，王健林不会无视这一点，淘宝可能“创造性”破坏的不仅是传统零售业，最终还有商业地产。表面看来，这是一场关于零售业之争，但背后也是马云所代表的电子商务平台与王健林所代表的商业地产之间的较量。

淘宝电子商务平台就是一个虚拟的商业地产。一位商业地产的老板曾对淘宝天猫总裁张勇说：“你做的事情就是商业地产。因为天猫本身是不卖货的，而是做为一个网络平台，让所有的商家来卖货。这是一个虚拟的商业地产。”张勇认可了这种说法。

淘宝与天猫赚钱的方式五花八门，但可以统称为“想方设法收租金”。天猫不是号称要成为网上的第五大道和铜锣湾吗？这可是世界上租金最贵的两个地方。占据一个商圈并且越做越旺，做成购物天堂，相比在商圈里开店，是更好的商业模式。香港铜锣湾地区 2012 年租金上涨 34.9%，达到 28 310 美元 / 平方米，超过纽约第五大道的 27 777 美元 / 平方米。在价格战中血拼的零售商，不管是线上还是线下，哪家能做到？

成为租金最贵的虚拟商业地产，正是淘宝的愿景。2012 年上半年，阿里营收 19 亿美元，下半年涨势良好，全年营收达到 40.8 亿美元。据互联网数据机构 DCCI 的《2012 中国电子商务蓝皮书》，在 2012 年第三季度，阿里淘宝系的广告营销总体收入达 63 亿元，而百度该季度的营销收入约为 62 亿元，阿里淘宝系的广告营销收入单季度超过百度，成为网络广告营销第一平台。

马云说，“双 11”并不是一场电商大战，而是新商业模式与传统商业模式之间的大战。他还说，天猫不想成为一直消灭竞争对手的电商“职业杀手”，“我们也不知道跟谁战，其实也没什么可战的。消灭竞争对手未必会赢”。的确，对于天猫来说，干掉当当不好，而是要让当当到天猫地盘上开店，那些零售商、品牌都到“淘宝大道”或者“天猫湾”去开店，才是马云想要的“生态系统”。

许多人拿淘宝、天猫与沃尔玛、亚马逊，甚至京东、苏宁做对比，其实这是一个很大的误解。你会用南京路或义乌小商品城与一家商店对比吗？淘宝卖什么了吗？天猫卖什么了吗？

淘宝与天猫本质上不是零售业，而是商业地产开发商，是开发、出租和经营商铺。沃尔玛、亚马逊、苏宁和京东做的是零售。一个赚租金，一个赚差价。

中国的零售业与商业地产往往是结合起来的。如果淘宝颠覆了传统零售业，则商业地产也会受到影响。零售业是万达商业地产的支柱之一，万达不可能无视零售业受到冲击后对商业地产产生的影响。

淘宝和天猫不可能不考虑网店的盈利情况。

这跟资本市场一个道理，交易所赚的是交易费，与投资者的盈亏没有直接关系，但如果市场一直是熊市，投资者就会离场。同样，从长远来看，只有当淘宝与天猫上一定比例的商家赚到钱，才能保证在这个平台上开店的商家不断增长。

阿里巴巴集团副总裁李俊凌曾对我说，淘宝是要提供一个更有效率的市场，只要是在淘宝交易比线下更有效率，都可在这里交易。

淘宝似乎正在变成一个无所不卖的大市场，其边界在哪里？我认为应该是这个巨大的线上市场效率与线下市场中发生交易的效率达到均衡时。在淘宝上发生交易的另外一个边界是监管。

淘宝就是一个从跳蚤市场到摆地摊、到集市、到义乌小商品城、到南京路、到铜锣湾的一个日趋复杂的市场生态系统。即使是线下的商业地产模式，也在发生变化。从商圈的建设、开发、招商和运营，到与更多的产业，如文化、旅游、教育、休闲等结合。淘宝的虚拟商业地产模式也越来越复杂，未来要不断扩大“效率边界”，从数据、配送和供应链三个环节提升运营能力。

张勇认为虚拟商业地产与实体商业地产的区别完全在于数据：“第一，实体商业地产的辐射面是有限的，第二，为了区分定位，在实体商业地产里会分 A 座、B 座、C 座、D 座，还分为不同档次品牌区域。但虚拟商业地产不需要，你完全可以根据数据，知道每个消费者的偏好是什么，不同的消费者访问我们的网站，我们会让他看到不同的东西。更何况未来，随着手机和移动互联网的发展，我们很难分清电子商务和商务的区别。”

淘宝和天猫所产生的巨量而多样化的交易，正在引导产生柔性化的生产与供应链。马云举了个例子：“2012 年 9 月 29 日，海尔在我们这里卖出了 12 000 台洗衣机，一天拉断了海尔的几条流水线，而这只是我们‘聚划算’做的一个小项目而已。”对于生产者来说，今后可能出现这样一种方式：网上定制 + 生产。至于生产是采取规模化、批量化，还是个性化、定制化，甚至是分布式、开源式，一切皆有可能。

马云又举了一个例子：所有的零部件、采购都在互联网上完成，“我们的汽车节里，两个小伙子造了一辆跑车，除了壳是模仿法拉利以外，里面所有的零部件都是在淘宝上采购的。这辆车破 100 多迈一点儿问题都没有，还上了车展，最后以 140 万元卖掉了，人们叫它‘Made in Taobao’”。

阿里巴巴正在牵头斥资千亿元打造一个覆盖全国的配送体系，简称“地网”。无论是在线上还是在线下交易，货物在空间内的位移没有什么区别，区别只在于，是消费者自己去商场搬回家，还是快递员送上门。目前的配送方式相比线下并不利于产生规模效应。

网上交易要收获规模效应，必须建立一个高度智能化的物流体系。但更重要的是，地网淘宝天猫虚拟商业地产模式向线下的扩张：只负责从政府拿地、开发、管理，客户则是快递公司。而这些围绕电子商务交易的物流产业园区周围，将会诞生新的商业地产概念。

曾任阿里巴巴副总裁的李俊凌认为，越是偏离中心城市的地方，所提供的服务成本越高，例如零售。而电子商务降低了偏远地区的服务成本，淘宝与天猫为中国广袤的城镇地区向大都市的消费看齐提供了一种可能。

这是不是中国另一个意义上的城市化？也许吧。而且我想说，淘宝试图通过电商虚拟地产＋物流地产的策略，来实现商业地产从线上到线下、从虚拟到现实的一次“逆袭”。

你还认为马云和王健林仅仅是在赌电商和零售业吗？

2013年2月7日

马云、马化腾：为场景而战

大约在2012年，我去阿里巴巴调研，一位管理者告诉我，现在阿里、百度、腾讯各做各的，电商、搜索、社交和游戏，基本上谁也无法侵入对方领域。阿里当时对这种均衡状态很满意，因为他们认定电商还有更大的发展空间。到2013年，在阿里高层看来，中国互联网已是三分天下，格局已定，阿里独霸电商，互联网金融和菜鸟物流也已经布局妥当。阿里内部有员工告诉我，阿里许多年轻人都憧憬着上市后变成千万或亿万富翁，有些人想“睡五年觉”，马云也高调“退休”。

然而，在阿里可能连打盹的工夫都不会有。一位阿里的高层告诉我，2013年下半年，BAT格局演变成了比较混乱状态，阿里原来对未来3到5年看得比较清晰，现在又不清晰了。微信引发了格局之变，互联网正迅速向移动互联迁移，微信已经从时间和流量的入口变成“黑洞”，终于演变成向电商、支付等阿里核心利益挑战的态势。

游戏的规则也在改变。如果说互联网还是在争夺流量和入口，那么移动互联网就是在争夺场景。你能在2013年想象到阿里与腾讯会为出租车服务而鏖战吗？谁又能想象春节期间人们都在用微信发红包。支付宝一直说要消灭现金，但微信在一个最需要现金的场景下抢先消灭了现金。

微信的挑战是颠覆性的。马化腾曾说，只有移动互联网才是真正的互联网。阿里打造的“双 11”场景固然登峰造极，但微信可能在建立一个完全不同的场景，那是一种分散即时的、流淌不息的消费场景，去消融“双 11”集中等待的、毕其功于一役的场景。

场景与平台、入口、流量这些概念不同。手机以及正在崛起的可穿戴设备，使得人们的联网行为正趋向无处不在、无时不有。只要人们可能发生的行为，就可能与移动互联有关系，反之，人们的行为也越来越“移动互联化”。移动互联网日益与人类更基本的行为结合在一起，越来越成为个人举手投足的一部分。互联网服务与产品的意义，越来越取决于当下，如果错过此时此地，即错失价值。互联网的争夺，正在进入有意义的场景争夺的时代。

一些互联网分析师称阿里与腾讯之间正在爆发“世界大战”，这实在是用一种工业化时代的思维在解读这场竞争。它们之间的竞争表面上是对“地盘与人口”的争夺，但密集的并购之后，是对有价值的场景的争夺，或者说是场景创造力之争，也决定了巨头之间的竞争是线上线下结合的 O2O 的。如何评价最近风起云涌般的互联网并购？有一个标准，即整合与创造有意义的用户场景。

阿里与腾讯是两个极端：一个是把所有的流量都网罗进来发生交易，一个是把所有的流量都变现出去；一个是依靠强大的营销力量制造巨大的场景，如“双 11”，一个是依靠病毒式的产品力量渗透并改变人们的日常行为。

随着手机的速度越来越快，终端设备功能与智能越来越强大，从随身变得贴身，场景的价值会越来越大。场景不仅仅是物理上的空间，也会是虚拟与现实的结合，以及越来越深入到用户的情绪和心理上——市场上不是已经出现了一款能观察到用户接受信息时表情的应用了吗？

微信的力量，在于其颠覆、攫取、创造场景的诸多可能性。阿里的核心是交易，以及围绕交易产生的服务、物流。从表面上看，应对微信的挑战需要抢占许多平台、入口、流量，但实质上考验的是控制和创造场景的能力。移动互联时代，面向 C 端的需求将全部被场景化，C 端的需求将颠覆和重构 B 端。只有在场景上才能与微信对抗，阿里才能实现 C2B 的目标。

阿里对于腾讯做电商的弱点一直了然于心："腾讯一直是跟随战略，电商做了 7 年，市场占有率一直是 4%～5% 左右。感谢腾讯，让我们睡不着觉。"的确，经营传统意义上的 C2C 以及 B2C 电商，腾讯永远是阿里后面的追随者。但微信改变了用户的行为，产生了场景的能力，也就有了新的玩法。腾讯入股大众点评可谓天作之合，而入股京东，则是最大的双赢，能够携手京东共入移动场景时代。

腾讯要的是网络生活，阿里要的已经不能仅仅是网络交易，因为交易会融入生活中。

2014 年 2 月 28 日

05

财富的密码与创富的风向

中国与全球“财富微笑曲线”

从 2011 年福布斯全球富豪榜单中可以清楚地看到，涌现富豪最多的领域，以及财富增加最多的领域，要么提供最初级的产品，要么提供大宗产品或奢侈品。借用施振荣先生的“价值微笑曲线”（见图 5-1），我称其为中国所引发的“财富微笑曲线”（见图 5-2）。

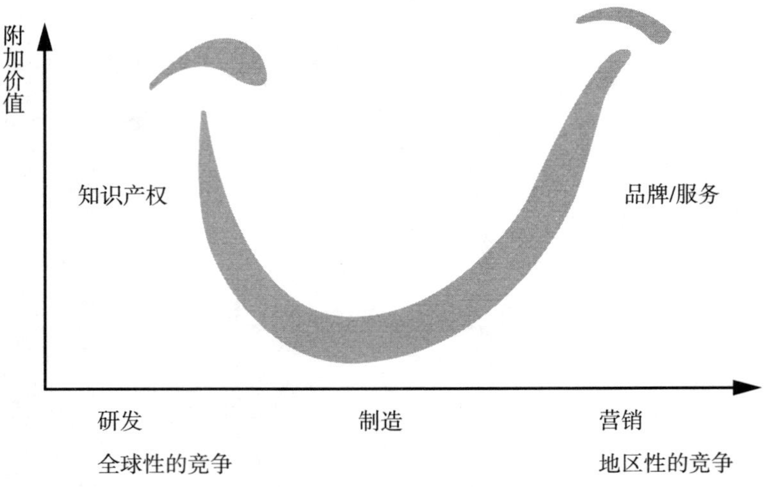

图 5-1　施振荣的价值微笑曲线

无论是这条曲线围绕的圆心，还是在坐标上的低点，都是中国。中国扮演的全球制造和加工中心的角色，及其正在经历的全球规模最大的城市化高峰期的发展阶段，造就了对最粗糙的产品及最精致的产品同时渴求的现象。施振荣先生的“价值微笑曲线”，典型地反映了中国与美国之间的产业分工，而“财富微笑曲线”，则反映出中国增长方式带来的全球财富效应。

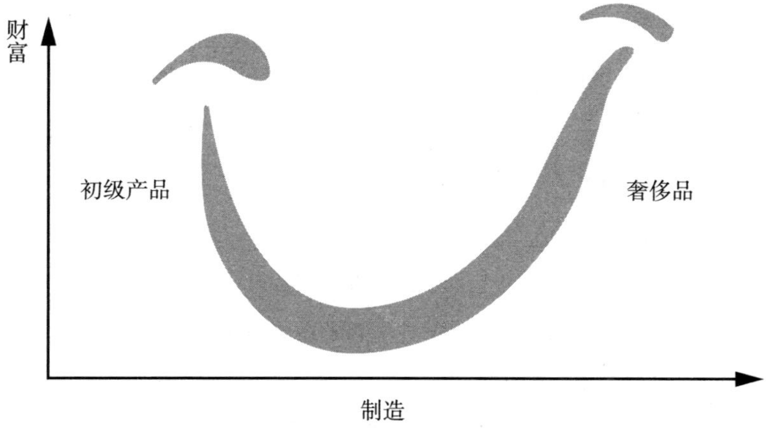

图 5-2　财富微笑曲线

我们看到，中国持续的增长，不仅在造就自己的富豪，也在造就全球富豪。2011 年的福布斯全球富豪榜（以 10 亿美元为门槛），达到了创纪录的 1 210 人，总财富达到 4.5 万亿美元。在 204 个新面孔中，中国、印度、巴西、俄罗斯金砖四国贡献了 108 个。中国的亿万富豪已经达到 115 位，居全球第二位。

先看“财富微笑曲线”的左侧：初级产品。

飙升的铁矿石、煤炭、金属、石油、农产品价格，让资源丰饶的南美洲、澳洲、加拿大、南非等国产生了巨大的财富效应，这些国家的货币大幅度升值。澳大利亚女首富吉娜·莱茵哈特（Gina Rinehart）2010 年身家从 70 亿美元升至 90 亿美元，主要获益于向中国出口的铁矿石和煤炭价格上涨。在澳大利亚富豪榜上，有一半的生意主要是向中国出口矿产资源。巴西首富埃克·巴蒂斯塔（Eike Batista）在里约热内卢北部投资 26 亿美元建一个超级的港口，停泊超级油轮。中石化和中海油都盯着他的 OGX 公司所控制的海洋油气资源。他在里约热内卢有一个中餐馆，他最近还在说服富士康在巴西建一条苹果产品生产线。他的父亲曾长期担任巴西矿业部长，曾经是世界最大的铁矿石公司淡水河谷的创办人和总裁。中国资本最喜欢这些资源国。中海油以 31 亿美元收购了阿根廷首富卡洛斯和亚历山德罗兄弟（Carlos and Alejandro Bulgheroni）的油气公司的一半股权。

再看“财富微笑曲线”的右侧：奢侈品。

债务危机缠身的西欧，奢侈品和高端消费品行业却因为亚洲市场而繁荣，成为 2011 年财富增长的最大来源。路威酩轩的伯纳德·阿诺特（Bernard Arnault）的个人财富，在 2010 年左右增长了 245 亿美元，蝉联欧洲首富；赖诺尔德·盖吉尔（Reinold Geiger）首次登上全球富豪榜，其护肤品公司欧舒丹（L’Occitane）成为首家在香港上市的法国公司，一半销售来自以中国为主的亚洲市场。由于亚洲市场对奢侈品需求剧增，欧洲一些老品牌正考虑在香港上市。普拉达选择香港为唯一的上市地，预计上市将有助于掌门人缪西娅·普拉达（Miuccia Prada）重返全球亿万富豪榜之列。从 73 岁的阿玛尼到 57 岁的迪雅哥·迪拉·维利（Diego Della Valle），中国消费者让他们重新焕发了青春。

在亚洲消费市场的带领下，欧洲的 300 位亿万富豪身家暴涨 29%，达到了前所未有的 1.3 万亿美元，而 2010 年欧洲经济仅增长了 1.8%。相比之下，意大利另外一家时装公司伯内顿（Luciano Benetton）家族，因为服装业务没有在中国和亚洲其他国家发展，股价下跌了 20%。

在当前的发展阶段和发展模式下，中国将持续牵动这两条“微笑曲线”，进而牵动全球财富的流向。

2011 年 3 月 31 日

电商崛起，开启新零售时代

福布斯全球富豪榜已被许多媒体、研究人员和有关机构视为经济与产业的风向标。我和我的一名研究助理对 2013 年榜单上的 1 426 名净资产在 10 亿美元以上的富豪进行了分析，主要是寻找当今世界上创造最多富豪的领域，并且制作了一份榜单（见表 5-1）。

我们可以看到零售是第一造富行业，不仅产生最多亿万富豪，而且这些富豪们的财富总值远远超过其他行业，包括位居第二位的房地产行业。需要提出的是，这里还包括了电子商务中的零售，如亚马逊公司。由于电商的崛起，以及对传统零售业的颠覆与改造，可以预计这一全球最大造富领域将会上演无数财富故事，尤其是在中国。

正如历年福布斯全球富豪榜、华人富豪榜、中国富豪榜等所显示的，房地产在中国乃至亚洲都是最大的造富领域，但放眼全球，它远远不及零售业，而且在美国和欧洲这些发达的经济体中，房地产已经几乎不再是创业与创富的主要领域了。

我们还可以看到一些有意思的现象，如传媒领域（泛指整个娱乐行业，或者如中国所称的文化产业），是一个比石油、银行等更大的创富领域。但在中国，这个领域的潜力还远远没有发挥出来，主要是因为政府的严厉管制以及版权制度不健全等。

其他的一些领域，如石油开采及炼化、通信服务、银行及金融服务等，都是产生世界级企业家的领域，但在中国，这些领域目前基本上是排斥民营企业的。

此外，信息技术创富的势头仍在延续。如计算机应用（2 653 亿美元）、网络服务（2 378 亿美元）都已经相当庞大，但如果考虑到信息技术和互联网与传统行业的结合，其创富的潜力可能才发挥出一半。

与“吃”有关的造富行业分布在不同的环节，餐饮（292 亿美元）、农业（563.5 亿美元）、饮料（1 456.5 亿美元）、食品加工（2 793.5 亿美元），哪个环节创造财富的空间更大，一目了然。

如果综合来看这 24 个行业，直接面向消费或者 B2C 的行业占了压倒性优势。创造财富，还需直接与消费者打交道，让他们有最好的体验，并且建立品牌。

福布斯全球富豪榜自创立以来，在房地产、计算机应用、金融投资、电信服务等领域先后出现过世界首富，未来还会有哪些新的领域呢？

表 5-1　　全球造富行业排行榜

行业	总净资产（亿美元）	人数	行业	总净资产（亿美元）	人数
零售	8 559.5	167	建筑建材	1 887	65
房地产开发	4 716.6	163	矿业	1 621	37
金融，投资	4 207.5	111	钢铁	1 546	25
多元化经营	4 125.5	89	饮料制造	1 456.5	32
传媒	3 338	85	化学制药	1 288	50
石油（石油开采，石油化工）	3 088.5	70	设备（非汽车类交通运输，专用设备，通信，医疗）	1 207.6	47

续表

行业	总净资产（亿美元）	人数	行业	总净资产（亿美元）	人数
化学（制药，日用品，化学制品）	3 045	94	汽车	990	28
食品加工制造	2 793.5	70	医疗服务、器械（含医药商业）	604	22
计算机应用	2 653	37	煤炭开采	591	19
网络服务	2 378	43	农业综合，农产品加工	563.5	25
银行	2 365.5	64	机械	450.6	18
通信运营	2 236.5	35	餐饮	292	12

注：1. 数据全部来自福布斯 2013 年全球富豪榜。

2. 各行业都包括了主业及包含该业务的多元化经营的净值，但由于数据不足，没有在多元化业务中单独计算该业务。

3. 在此列举的各行业有交叉的部分。

《福布斯》中文版副研究员李虹对此文也有贡献。

2013 年 3 月 5 日

成就富豪的 7 条“行为准则”

如果有人对你说他可以帮助你成为富豪，你相信吗？

我的朋友罗斯·艾伦·普林斯（Russ Alan Prince）在美国就从事这样的职业。他研究富豪超过 10 年，试图总结出那些成功者共同的想法和行为特征。譬如，他的统计表明，积累财富最有效的方式是拥有股权。所以，要想成为富豪，必须进行创业与投资。他还总结出富豪的 7 条行为准则，我尝试解释如下：

- 以创富为使命。赚钱能达到使命的高度吗？赚钱与任何其他事业一样，需要付出许多。每个人都想发财，但绝大多数人并不愿意为创造财富付出相应的努力。其实，创造财富，也意味着个人放弃许多，甚至做出某些牺牲。
- 开明利己。正如比尔·盖茨所说：“生意上，没有你应得的，只有你争得的。”那些生意上非常成功的人，往往追求利己的局面，甚至利用对手的弱点，而在面对众人追求的皆大欢喜的结果时，他们的内心是不为所动的。为了实现目标，需要提前谋求自己的优势。
- 与财富保持一致，即始终与金钱保持密切关系。例如，如果想赚钱，就要尽量在华尔街工作，尽量把自己的技能用于能赚得高回报的事业中。另外，成为富豪意味着你要始终拥有股权，这样才能在企业成长过程中获得财富的倍数效应。

- 乐于分享。那些成为富豪的人，永远不会认为团队成员会乐于奉献，他们总是为伙伴安排优厚的回报，采用现金、股权或者用其他“社会货币”的方式，这样才能实现持续创富的长远目标。
- 人脉以回报及结果为导向。维护一个精炼但深厚的人脉网，其目的并不是单纯为了友谊，而是为了获取权力和影响力。特别是要结交占据要害结点上的关系，从而让成功者最有效地分配其时间和精力，在以后的成长中产生杠杆效应。
- 从失败中改善并继续追求目标。在创富的过程中，失败是不可避免的，所以富豪们并不刻意回避。相反，他们会坚韧不拔，“利用”失败，尤其是在遇到重大挫折时，富豪们会表现出意志力，不会退缩。许多富豪都喜欢尼采的一句话：“杀不死我的必使我强大。”
- 高度专注。尤其是那些白手起家的富豪，他们会非常专注于一些核心的事情，而把其他事情尽可能交给其他人负责。

普林斯又称这 7 条准则为“金钱法则”，并据此发展出一套方法、工具和技巧，帮助一些富人变得更加富有。普林斯称自己的客户为“财富精英”（Financial Elite）。按照他的定义，财产在 100 万美元到 2 000 万美元之间的可称为中产百万富翁，超过 2 000 万美元可称为财富精英。在财富精英中，2 000 万美元到 5 亿美元之间称为富人（Ultra-affluent），5 亿美元以上可称为富豪（Super Rich）。

在普林斯的客户中，有音乐名星过着奢华生活、千金散尽，有对冲基金经理在金融危机中输个精光，有经营小投资银行的银行家急迫地想完成创富目标，有音乐制作人看到那些才华不如自己的朋友们纷纷购买了私人飞机和大别墅，有企业主梦想创造更多财富以资助研究曾经夺去儿子生命的癌症。显然，富人们对于财富管理的需求，越来越个人化。

普林斯称自己所提供的服务为“个人创富计划”（Personal Wealth Creation Program），方法灵验吗？显然，他对效果似乎相当满意，在帮助客户沿着财富的阶梯不断向上攀升的过程中，他称自己所受到的赞扬要“多于应得的”。最近，普林斯和他的 3 位朋友合著《家庭办公室：咨询财富精英》，详细讲述了对财富精英阶层的调查和分析结果，富豪们对家庭办公室真正的需求在哪里，以及如何建立家庭办公室。

值得关注的是，家庭办公室，以及越来越个人化的财富管理方式，也开始在中国出现了。

2012年4月24日

“金砖四国”变成“板砖四国”

每年福布斯发布全球富豪榜，我最大的兴趣是从这些财富数据的变动中，找寻财富的密码、创富的风向。2014 年，我选择榜单上 50 位最大的赢家和 50 位最大的输家，从中发现了许多有价值的信息。①

在 50 位财富增长最快的富豪中，有 26 位来自美国，所处行业主要是互联网，要么投资互联网公司，要么在互联网领域创业。财富增长第二快的领域是零售，第三快的领域是金融投资。有 6 位富豪来自中国，内地的马云、马化腾、李彦宏、王健林、何享健和香港的吕志和。中国财富暴涨领域主要是互联网、房地产和消费。其余富豪分布在印度、日本、意大利、法国等国家，所处行业基本上是互联网、消费、零售、奢侈品等。

2014 年财富增长最多的当属马克 · 扎克伯格，随着 Facebook 股价的飙升，其净资产猛增 152 亿美元，达 285 亿美元。首席运营官雪莉 · 桑德伯格（Sheryl Sandberg）首次跻身亿万富豪之列，同样首次晋级的还有资深副总裁杰夫 · 罗斯柴尔德（Jeff Rothschild）。WhatsApp 两位创始人扬 · 库姆（Jan Koum）和布莱恩 · 阿克顿（Brian Acton）也以史上最快的速度，首次加入了硅谷顶级富豪之列。包括上述 4 位在内，2014 年共有 26 名新晋富豪来自科技领域，其中

① 50 位财富增长最快和 50 位财富缩水最多的富豪名单以及详细数据，见福布斯中文网。

10位为美国人，包括Dropbox首席执行官德鲁·豪斯顿（Drew Houston）以及Workday联合创始人安尼尔·布斯里（Aneel Bhusri）。互联网造富的速度现在越来越快，富豪也越来越年轻，可谓财富与泡沫共舞。

这50位大赢家告诉我们，美国经济在复苏，股市将迎来一波大牛市，除了传统的消费、地产等复苏领域，财富在向互联网及金融投资两大领域集中。

我们再看一下50位输家，主要来自一度风光无限的"金砖四国"以及明星般的新兴市场国家，如墨西哥、土耳其、智利等。先不论行业，首先是由于美国量化宽松政策的退出，这些国家的货币贬值、股市下跌、资产价格缩水，许多依靠出口的国家大宗商品价格仍然低迷、制造业陷入困境。

由于经济增长速度下降，这些国家的消费与零售等行业也不景气，房地产价格也有下降。中国的情况好一些，但一度是中国首富的梁稳根资产缩水30亿美元。除了榜上输家，土耳其还有19位富豪落榜、印尼8位富豪落榜。

这份榜单告诉我们什么？美国经济的自我适应、自我修复，以及创新造富的能力在恢复，依然可以引领世界。而"金砖四国"正在变成"板砖四国"，他们依然依赖大宗商品、原材料的出口，依赖比较低端的制造业，依赖欧美资本。当美国经济复苏，货币政策收紧时，其金融与经济进入收缩期。

再看中国，许多人认为中国不是一个典型的"金砖国家"，而是既有新兴市场国家的特点，也开始出现一些创新升级的特点。其实这完全取决于企业家创业的方向选择，以及中国政策及制度环境的引导。我们可以看到中国已经产生了一批竞争力强的民营企业开始进行海外并购，中国也开始出现互联网巨头公司，中国的地产商正在朝着多元化发展。

显然，**如果中国不想从"金砖"变成"板砖"，就需要企业家们更坚定转型决心，以及采取更大胆的创新举动，也需要建设一个更加鼓励创新的市场与法治环境。**

2014年3月17日

财富的虚拟现实

财富永远都是放在时间的维度上才有意义。从长远来看，无论是穷人还是富人，都是要死的。

那么，就看看财富的当下状态。

先引用一些数据。据申万宏源首席经济学家杨成长的估算，目前中国实体财富的总价值大约 380 万亿元，包括 160 万亿元左右的房地产资产、150 万亿元的企业非金融性资产、60 万亿元的土地和资源性资产，以及近 10 万亿元的汽车资产等。

相比之下，中国金融资产的规模已经达到了近 450 万亿元（不含衍生品），差不多是 GDP 的 7 倍，包括 200 多万亿元的银行货币资产、近 100 万亿元的标准和非标准债券，以及 100 多万亿元的各类资产管理性资产。需要指出的是，金融资产并非真实财富，而是全社会的债权债务关系。近年来金融资产以每年 30 万亿元～40 万亿元的速度在增长。金融投资规模也在快速增长，各类资产管理平台在不到 5 年的时间里，从不足 18 万亿元规模快速扩张到超过 100 万亿元的水平。

这几年迅速膨胀的资产规模，尤其是金融资产规模，对应的是增速不断下滑的实体经济。

最近公布的一系列宏观数据似乎证明经济正在复苏，但摩根士丹利亚洲首席经济学家陈艾亚（Chetan Ahya）估算，中国一年来的复苏是由新一轮债务放松推动的。2016 年，中国的债务规模增长了 4.5 万亿美元，超过美国、欧洲和日本新增债务的总和。

中国的专家估算，中国实体经济中的债务达到了 300 万亿元，如果按照多年来中国人民银行使用的人民币贷款加权平均利率基本在 6% ~ 7% 之间的话，一年需要支付的利息就应该超过 20 万亿元，而 2016 年全年工业企业利润估计也就是 6 万亿元到 7 万亿元。

货币无法进入仍在探底的实体经济，却带来了空前的金融理财的繁荣。名目繁多的金融创新、理财产品、融资工具、资产类型充斥在周围。动辄千亿元规模的各种投资基金和保险基金，如饥似渴地在中国和全世界寻找收购对象。而那些普通的生产资料和消费品，比如大蒜，也都带上了金融的属性，被用来炒作以获取短期收益。

实体经济的投资回报不及融资成本，于是货币玩起了追逐金融资产的游戏。因为预期为了保增长会有更大规模的社会融资，资产的价格还会上涨，于是更多的资金预期这个游戏可以一直玩下去。

不要说总会有一个时刻到来，最好忘掉真实的时间，也许我们正在进入一个虚拟现实的时代。

2016 年 11 月 24 日

巴菲特的情商

所有的投资者都梦想像巴菲特那样赚钱，许多专业和业余的投资专家也在模仿巴菲特的投资理念和技术，但是在我看来，正在乐观地走完财富一生的巴菲特，他最成功，也是其他人模仿不来的技巧，就是将投资理念与情商完美结合起来。

2010 年 9 月 27 日至 30 日，巴菲特、芒格、盖茨以及伯克希尔 - 哈撒韦公司的其他两名董事会成员等一行人访问了中国。在媒体一片“劝捐”的聒噪中，80 岁的巴菲特和 86 岁的芒格，兴致盎然地沉浸于他们一生都最感过瘾的事情：实地考察自己投资的公司，寻找赚钱机会。

我全程跟随了这个决策团队在深圳、惠州、北京、长沙的整个考察过程，陪同他们一起参观了从电池、薄膜、储能、汽车造型到电动巴士的生产和研发。过程中基本上都是比亚迪董事长王传福亲自讲解，也使得我深入了解了比亚迪不为人知的一面，同时得以近距离观察巴菲特和他的团队是如何了解一个公司的。

巴菲特给我的最深印象，并不是他不断被人请教，又不断地讲如何进行价值投资，而是他能在任何场合下让周围的人感到愉快。无论是在电梯间、车间，还是在酒店里面对上千名经销商、在礼堂里面对 3 000 名员工，巴菲特最大的本事，就是让在场的所有人感到愉快。他会讲一些轶事，会进行机敏的评论，会弹奏夏威夷四弦琴，或者与芒格调侃几句，这些总能让周围充满愉快和轻松的气氛。他会热情地拥抱深圳驾驶电动出租车的司机，给比亚迪的女员工签名、合影，甚至摆出他著名的赠送钱包的动作。他享受眼下的每一刻，而且非常善于让周围的人一起享受同处的时光。他不懂那些技术，但他懂人，包括那些不同文化背景的人。

这就不难理解为什么他能与长他6岁、性格掘强的芒格有长达51年的成功合作；与比尔·盖茨有长达19年的“忘年交”，并邀请他进入自己的董事会，把一生所获财富的绝大部分交给了盖茨基金会。值得一提的是，巴菲特无论是与芒格还是与盖茨初次相见，都立刻有遇见知音之感，陷入难以自拔的思想交流。

关于芒格如何说服巴菲特投资比亚迪，巴菲特在中国之行的不同场合，至少即兴演绎了三个不同的版本，但以下这个版本我最喜欢：

> 芒格第一次向我推荐王传福时，说遇到了另一个亨利·福特，我说回去研究研究；第二次向我推荐时，说我将错过另一个爱迪生，我只是感到有点儿意思；第三次他对我说，如果还不买的话，将错过另一个比尔·盖茨，于是我就说，那咱们就买吧。

显然他即兴发挥了其中关于盖茨的情节，但更重要的是，他让在场的芒格、盖茨、王传福，以及比亚迪的3 000名员工，都捧腹大笑。

巴菲特对智商很不在乎，他经常说，如果你的智商达到150，可以卖掉其中的30，剩下的足以做好投资赚钱。他认为自己投资成功，除了运气，最重要的一点是情绪的稳定。

2010年11月13日

书中的世界

深圳悖论：模仿与创新

读完了同事尹生写的《逆流而上：中兴通讯在行业冬天中的崛起》，我的脑海里翻腾着一连串问题：从后发者崛起与赶超的角度来看，中国的电信设备制造业未来能否像日本的汽车业那样成功？中国的电信设备制造业主要由国家主导并进行大规模投资，为什么还能在这个领域产生有国际竞争力的公司？这些公司都只有短短二十几年的历史，能基业常青吗？在全球电信、移动通信、互联网以及终端日益融合的大变局下，中兴通讯能否应对？

《逆流而上》这本书启发了我对创新的一般规律的思考。中国制造业这些年的成长经历，大致是沿着贸易、代工、模仿及授权生产、开发、创新这样一个顺序拾级而上，而中国制造业中比较有竞争力的公司，也大致沿着这样一个轨迹发展。

由代工向创新升级的过程中，模仿和授权生产环节起到了桥梁作用。中国制造业目前虽处于升级的过程中，但主要还是处于模仿及授权生产阶段。在这样一个转型期，“创新”成了一个时髦的词汇，从政府官员到企业家，都喜欢说“从

‘中国制造’到‘中国创造’”，喜欢谈“拥有自主知识产权”。从长远来看，这无疑是正确的发展方向，因为中国目前粗放低效的增长方式已经难以为继。

但是，**创新本身并不是目的，创新是为了推动经济发展。而选择创新的方向，以及如何将创新与其他产业结合，决定了创新能在多大程度上推动经济及提升国家的整体竞争力。**比如，美国的“金融创新”曾一度推动了美国经济的发展，但创新终结于一场金融危机，它已经损害了美国经济整体的竞争力。而创新本身又是高风险的，有时候要付出极高的代价，比如20世纪90年代是高科技创新的黄金时期，但是经历了一场互联网泡沫崩溃。

一个产业在崛起阶段也并不是主要依靠创新，而是依靠在竞争中摸索出来的有效商业模式。我们看到，中国一些成功的企业，大都经过了这样一个过程：代理外国产品、自己代工、仿制或者改制、成为某些标准的授权生产商、将一些现有技术进行集成，直至创新。每上升一个台阶，都或多或少地需要研发，需要累积式的创新，而所有这些都是市场竞争的结果。创新与研发也不能画等号。将别人已经有的技术、标准拿过来，生产适合市场与客户需求的产品，不需要创新，但往往要经过研发。

从代工到创新，直至掌握知识产权（专利、商标和标准），是一个沿着价值链攀升的过程，那些向上攀升的公司，动力来自商业竞争的加剧：过多的代理商令贸易的利润趋零，于是向代工进军；过多的代工者令利润趋零，于是向仿制进军；过多的模仿者令利润趋零，于是向创新和品牌进军。每向上攀一级，研发的成本就会成倍放大，商业风险也相应放大，而一旦成功，将会获得垄断地位。

凭借知识产权所获得垄断地位的期限，决定了创新的回报。如果在专利期内能获得更大的收益，高投入的研发所支撑的创新是可以成为一个好的商业模式的。但是，在全球化与互联网时代，创新的风险端在不断放大，而收益端在不断缩小。这是因为模仿的壁垒降低了，仿制的速度更快，成本更低。而更重要的是，模仿者在掌握了模仿的技术和产品之后，也能迅速从模仿进入创新阶段。

深圳是中国的模仿大本营和最重要的发源地，但也是中国最早与最成功的创新型企业不断涌现的地方。这里虽然没有名牌大学和国家研究所，但创新被当成一种用于竞争的商业模式，于是从制造到创造，再到品牌、设计，深圳所取得的商业成就都领先全国其他城市，而且成功进入国际市场。深圳集模仿和创新于一身，这两者之间的联系难道是巧合吗？

我记得一位企业家说过，创新都是被迫的。是的，中国有太多的同质化竞争，以至于很快就生产过剩，很快就将价格压到无利可图，于是那些条件比较好的企业，唯有通过创新来产生壁垒，形成垄断，从而获取更高的利润。而中兴通讯和它的老对手华为在深圳的崛起，都以研发为驱动力，顺应了产业从模仿到创新这样一个规律，并且是模仿中有创新，创新中有模仿。

我后来读到俄亥俄州立大学商学院教授石家安博士（Oded Shenkar）的著作《模仿的力量：聪明企业如何模仿以赢得战略优势》，他认为，美国是当今世界最大的创新者，而中国是模仿者，相比之下中国更具竞争力。相反，美国的模仿能力却在退化。“要想成功，你必须模仿与创新二者兼备。”石家安创造了“创新模仿者”（imovators）这个词：**那些最成功的公司，既不是绝对的模仿者，也不是纯粹的创新者，而往往是集创新与模仿于一体的公司。**

尹生的这本书，还为我们揭示了中兴通讯与中国电信设备业成功的宏观经济和产业背景，尤其是两次金融危机如何让中兴能够迅速在国内市场做大做强，并且进军国际市场的。中兴通讯从中国友好国家开始，进入广袤的新兴市场，进而成为欧美电信设备业巨头“门口的野蛮人”，它的成功带给我们最大的启示是，在中国这样的国家，创新只有与中国制造原有的优势结合起来才是可行的。

———

2010 年 11 月 10 日

奋斗者，创业者，联盟者

最近读了三本书，恰好都是谈人力资源管理的：一本写华为——《以奋斗者为本》，一本写谷歌——《谁是谷歌想要的人才？》①，一本是写以 LinkedIn 为代表的硅谷互联网公司——《联盟》。

人与组织或者说人与公司的关系，是一切管理的核心，最终也是一切商业的核心。

《以奋斗者为本》是一本资料汇编，包括任正非的讲话及华为重要的会议纪录、内部文件，从中可以看到华为人力资源管理的思想和方法演变。其中，选自2000 年一份内部管理文件中的一段话给我留下了很深的印象：

> 华为是一个“英雄”创造历史的小公司，现在正逐渐演变为一个职业化管理的具有一定规模的公司。淡化英雄色彩，特别是淡化领导者、创业者们的个人色彩，是实现职业化管理的必然之路。

① 《谁是谷歌想要的人才？》中文简体字版已由湛庐文化策划，浙江人民出版社出版。——编者注

还有一点也令我有些意外，就是华为所坚持的“管理第一，技术第二”原则。任正非 2007 年时认为“领袖不要太懂技术，但要懂方向，要看清商业目标，要有战略思维能力，要跳出技术思维圈子”。华为拥有跨国公司中最庞大的工程师团队之一，但任正非在 2012 年时强调了“工程师执政”的害处。

这些观念与我们对成功的互联网公司的理解似乎完全相反。一方面，在互联网公司，创始人的作用一般都非常突出。在公司上市、形成规模后，为了保持活力，会强调内部创业团队及内部创新者，腾讯的张小龙就是一个典型的例子。另一方面，我们看硅谷的创新能力都是建立在技术的指数级进步之上，摩尔定律已经渗透到几乎所有成功的商业模式之中了。

谷歌重视员工个体的自由发挥，2013 年以前曾允许工程师用 20% 的时间开发自己感兴趣的项目，这是因为谷歌相信，把那些世界上最聪明的人招到公司，就是为了让他们“做最好的自己”。《谁是谷歌想要的人才？》揭开了谷歌招聘人才的谜底，面试官用看似稀奇古怪的“脑筋急转弯”式的选题，让应聘者陷入永远没有绝对“正确答案”的种种假设和分析中，从而试图窥到应聘者的发明创造的天赋。“想象力比知识更重要”，对于谷歌来说，创造力是一个人力资源的概念。

谷歌前任 CEO 施密特在《重新定义公司》一书中指出，互联网时代正在经历一场权力的转移。在公司外部，权力正从公司转向消费者，在公司内部，权力正从公司转向有创造力的个人和小组，他们可能会创造出世界级的产品，从而产生巨大的影响力。这一点在美国和中国最成功的互联网公司中得到了验证。

对于谷歌来说，公司成功的关键在于吸引聪明的创意者，施密特甚至认为，今天公司成功的唯一方式就是吸引聪明的创意者，并且创造一个环境做大。为此，人力资源的管理要改变，公司的组织管理也要发生改变。谷歌热衷于形成小团队，创造偶遇的连接，激发合作与创意的不断涌现。相比之下，谷歌似乎在营造一个生态组织，而华为在打造一个军团。谷歌在偶然中追求必然的进化，而华为在必然中拓展生存发展的空间。谷歌是通过独特的技术洞察创造卓越的产品，追求的是最优化用户增长而不是销售额，同时了解竞争，但不跟从竞争。而华为追求的是财务数据的增长，并强烈希望赢得任何竞争，哪怕开始是一个跟随者。

正是因为开创型员工在科技公司中如此重要，吸引和留住这些优秀人才就成为硅谷公司，也成为中国互联网公司最核心的人力资源命题。《联盟》认为，“硅谷的成功来自于这里的公司与员工建立联盟的方式”。由于公司权力发生转移，在一个技术驱动的多变商业环境下，为了适应快速的创新，优秀人才在不断涌现的初创公司之间快速流动，那些成功的公司往往形成了自己的社群，包括潜在的、在职的和离职的人才。

所以，**对于谷歌来说，创新的源泉是给予创新者以创新的自由，去思考那些不可想象的事情，从而创造需求。对于华为来说，是用创新的方式，在确定的市场上去满足客户的需求**。谷歌与华为相比，很难说谁更高明，因为最高明的都是找到最适合、最有效的方法。毕竟华为曾经最有效地利用了中国的比较优势，即“实行普遍教育的人口大国下的规模化研发低成本”。

谷歌和华为的人力资源方法都不可能是一成不变的。华为已经开始重视前瞻性的技术研发，正在拥抱互联网，从 B2B 到 B2C，也许会重新思考小公司时期的美丽动人之处。

2015 年 5 月 5 日

伟大的公司创造需求

这些年来，中国涌现出了越来越多的优秀公司，而一些伟大的公司也在呼之欲出。

我一直在想，优秀公司与伟大公司之间的区别在哪里？最终找到答案：前者满足需求，后者创造需求！中国有许多公司能满足“人民群众日益提高的物质文化需求”，但仍然缺乏创造需求的公司。回顾中国企业发展的历程，基本上是在追随国际产品、服务、品牌的过程中满足中国市场的需求，但几乎难以找到源自中国的产品和服务风靡国际市场。在我看来，衡量伟大公司的重要标准之一，就是看它能否提供在国际上风行的产品和服务，并且持续地创造需求。

能够想到这些，我深受美国管理学者亚德里安·斯莱沃斯基（Adrian J. Slywotzky）的启发，他的著作《需求》（*Demand*）[①]，提炼出了一个简洁明晰的理念，关乎一切商业活动的原旨：“人所欲之先，创造其所爱”，实际上这也是著作的原

① 《需求》中文简体字版已由湛庐文化策划，浙江人民出版社出版。——编者注

英文书名的直译。

这方面最著名的例子有，福特向家庭推广汽车，乔布斯推出的一系列苹果产品，它们都有一个共同特点：产品点燃了消费者的需求，而不是相反。斯莱沃斯基提出了成功创造需求的6大关键因素：

- 魔力：创造无法割舍的情感共鸣
- 麻烦：解决顾客没开口告诉你的困扰
- 背景因素：看似无关的因素左右产品成败
- 激发力：让“潜在”需求变成“真正”需求
- 45度精进曲线：缓慢的改进就等于平庸
- 去平均化：一次增加一类顾客

从互联网公司中的亚马逊、奈飞到传统零售业中的魏格曼超市，从高科技的苹果产品到普通的咖啡机Nespresso，从跨国公司到交响乐队，凡是能为用户和顾客创造需求，都具备了以上的全部或者数项关键因素。斯莱沃斯基进而断言：科技创新正是创造需求的根基。

但事情并不是那么简单。技术创新并不必然带来需求，即使那些最终导致需求创造的科技创新，一般都要经过漫长、曲折，而且往往是“随机”的演变过程。一个经典的例子就是电子阅读器的历史。

20世纪70年代，施乐公司帕洛阿尔托研究中心（PARC）的科学家，利用嵌入液体之中的微观小球，生成了高对比度、无闪烁的可辩认图像。但施乐并没有应用这项技术。20世纪90年代中期，麻省理工学院媒体实验室的科学家对PARC的技术进行完善。他们成立了一家新公司，开始为电子墨水公司开发纸感电子显示器样机，并从当时的顶级电子公司获得了1.5亿美元的创业基金。他们至少花了4年才完善了电子阅读器的硬件与软件系统，但仍然需要实现批量生产的成本控制。2004年，索尼公司用电子墨水技术开发了Librie电子阅读器，但受到了日本主要出版商的暗中抵制，图书种类有限，版权使用时间很短，而且要通过个人电脑下载。当亚马逊 2008 年推出 Kindle 时，无线网络技术成熟，背后有稳固的出版商关系，有庞大而便捷的在线书店，以及个性化的图书推荐。经过 30 年的发展，电子阅读技术“最终触动了需求的主脉”。

这听起来令人有些沮丧，电子阅读器从技术开发到产品问世要花 30 年的时间。但它并不是在一家公司内部完成的，而是一个不间断的科技创新与产品竞争的演进过程，不同的阶段有不同的公司与机构参与进来，最终成就了亚马逊这个需求的创造者。所以，那些伟大的公司往往并不是最早实现科技创新的公司，也不是最早推出产品的公司，而是最终赋予该产品以“魔力”，从而撬动起一个市场的公司。

我们也可以看到，创造需求的公司，往往又是能够发现并解决人们遇到的“麻烦”，从中发现潜在需求，进而推出“杀手应用”式产品的公司。而所有这一切，都必须在一个充满竞争的自由市场环境下才能实现，在开放的市场上，往往意味着国际化的竞争。在科学技术的某些领域，是可以通过政府的干预实现突破，可以推出一些新的产品，甚至可能通过垄断与补贴在短时间内带来一些需求，但是真正创造需求的公司，一定是在开放市场中进步、在自由竞争中创新的伟大的公司。

2013 年 9 月 4 日

为什么你拒绝成为巴菲特

最近几年市面上关于投资理财的著作多起来了，但鱼龙混杂。我一直迫切期望，能有一册书把理财的道理讲透，终结那些流行的谬误。直到黄凡先生终于下笔，写出《淡定，才能富足》。黄凡先生担任德意志银行（中国）私人银行部副总裁，把专业与通俗、传道与可读、理论与工具比较完美地结合了起来。这本简洁透彻的著作，能教会人们战胜自己的种种弱点，通过价值投资和稳健理财的方法，实现财富的安全及稳步增长，为规划幸福人生打下坚实的基础。

顺便说一下，认识黄凡先生，源于《福布斯》中文版与富国基金管理有限公司合办的中国优选理财师评选。举办 4 届，他已经连续 3 年担任评委，诚信公正、点评专业、通俗有趣，深受年轻理财师们的尊敬与喜爱。

中国在经历了一轮快速的造富阶段之后，创富与理财的结合、高风险与低风险的均衡，实乃理财的第一要义。这个道理的重要性实际上被许多人低估了，尤其是那些企业家，他们进行创业和经营企业已经算是高风险行为，其中还不乏一些人，把辛苦赚来的钱用于比经营企业风险更高的炒期货、炒房、炒股票，甚至赌博。我认识的人中，有的甚至把本钱都输光。所以，理财首先是从较高风险的创富，到较低风险的“添富”。

理财就是用小成功换大概率，而不是用大成功换小概率，我认为这是本书的精髓。几乎每位投资者内心都有一个“股神”情结，因为他们相信可以抓住短期的波动。从理论上讲，如果能抓住市场价格曲线每一瞬间的波动，可以获取回报的能力几乎是无限的，这对投资者产生了极大的诱惑。但是，如果有人真的这样做的话，赢的概率也是无限小的，从而付出的代价更是无限大的。书中有个段子戳穿了那些装扮的“股神”，是如何通过以偏概全骗取股民相信其预言的。

人们是因为过于自信而变得贪婪，还是因为贪婪而变得过于自信？无论如何，过分自信都是投资理财的头号敌人。作者在书中列举了一个著名的电影人物阿甘，假如智商仅为75的阿甘投资，他会怎么办？他只会做一件事：认准价值中枢，高卖低买，心无旁骛，持之以恒，就能以很大的概率取得不俗的回报。

的确，人不需要很高的智商就可以赚钱，但现实中人们一旦沾上投资理财，动物精神迟早会膨胀。巴菲特曾说过，如果你有高达150的智商，卖掉其中的30吧。他的终生投资搭档芒格说得更明白：如果你说你的智商是160，但你实际上只有150，那你就是个灾难。你的智商达到130，你自我感觉是120，那最好不过。

为什么真正的股神只有一个？因为人人都拒绝成为巴菲特。淡定下来，再加上书中精要介绍的各种投资方法，你也可能成为巴菲特。

此文是给黄凡著作《淡定，才能富足》写的推荐序，略有改动。
2013年3月14日

无处安放的金钱

8 年前，我邀请“好买财富”的创始人杨文斌在《福布斯》中文版杂志上撰写文章，后来几乎每个月 15 号左右，我的邮箱都能准时收到他的来稿，直到 2015 年我离开原先的工作岗位。

这些文章被集结成《财富管理的那些事》。好买财富是站在第三方，研究和销售基金及各种理财产品和工具，帮助人们管理好自己的财富。公司一开始就做得很扎实，这些年成长很快，乘上移动互联网的东风，获得了腾讯的投资，还上了新三板。文斌兄，一名创业者，能在日理万机之中静下心来写文章，每年还到异国深度旅游一次，把摄影作品精制成年历赠送给朋友分享，我感到他与所处行业的喧嚣浮躁保持了一定距离。

这些年我们看到了中国中产阶层的崛起，他们中许多人不仅在城市至少拥有一套住房，至少更换了一辆汽车，还把子女送到了国外读书。这些年他们消费升级了，用着世界上最酷的手机，整天刷屏、看片、网购，还不时到海外扫货。创造中国经济奇迹的一代劳动者，正在渐离其创造力旺盛的壮年时期，他们需要金融资产，为住房，为养老，为子女教育，为生活质量。还有在中国城市化进程中成长起来的一代年轻中产阶层，对于他们来说，人生幸福很大程度上同样取决于自己的财富与不同阶段生活目标的匹配，以及与未来预期生活的匹配。

但管好自己的财富并不是一件简单的事情。这些年我读文斌兄的文章，感知更多的是金融江湖上的兴风作浪。从私募基金的崛起，到影子银行的凶猛；信托刚性兑付，理财无孔不入；既经历了钱荒，也遭遇了股灾；互联网让金融创新，于是骗子更创新；房价暴涨，人民币贬值；一地鸡毛之后，又吹起了区块链、金融科技和人工智能的风口……金融变得越来越复杂，变化越来越快，何处安置财富，再度规划人生，成了一代中国中产阶层的困惑与焦虑。

所以，资产配置越来越重要。《财富管理的那些事》可以说是历经 6 年而成。文斌兄曾经是中国最早的一批基金经理，他对许多问题有冷静的思考。通读下来，这本书对投资领域的大事进行了举重若轻的分析，将晦涩装腔的概念变成了明白晓畅的道理，读者也可以从中发现一家财富管理公司从售卖理财产品向提供资产配置服务演变的历程。

感谢文斌兄这几年与我们曾经的读者分享他的感悟，一切历历在目。也感谢他在我担任《福布斯》中文版总编辑期间，自始至终的支持。

2016 年 10 月 18 日

第二部分

新与旧的大碰撞

新事物与旧事物的不断碰撞，带来了人类进化史中的数次脱胎换骨。想要跨越巨变，就要在新生态下建立起可持续的商业模式。

06

旧媒体与大革命

主编之死之一

我干的就是主编的活儿。

近年来，唱衰传统媒体的声音一阵紧似一阵。诅咒纸媒的声音已经不新鲜了，2013 年春节这一回，是为等级制、集中式的传统媒体组织机构敲响丧钟。

媒体发展和大众传播的历史，就是一部技术变革的历史，无须赘言。回顾一下互联网对媒体的影响，把新闻从报纸上搬到网站上，传统媒体就开始走上了一条自我颠覆的不归路。

互联网赋予读者进行内容创造、分享与传播的权利，于是出现了一批用户产生内容的网站，与记者、编辑竞争。社交媒体更是从规则和机制上“消灭”了传统媒体中的记者和编辑，以至主编。微博就是用户与作者完全融为一体的平台。

随着移动互联网技术的普及，目前出现了较多聚合类的产品。一种是传统媒体新闻从业人员出来做的博客，就是用传统的编辑手法，对现成的内容进行再加工，然后放回社交平台上传播。另外一种比较激进，是用技术手段对信息进行处理，如手机上出现的大量聚合类新闻，不仅量大、速度快，而且有些已经开始实现定制化、个性化。一些投资类网站，在处理海量金融信息方面更显出独到的优势。未来还会有更多技术被用作信息处理，如机器学习、数据库知识发现，以及已经变得通俗了的数据挖掘，所有这些，都将进一步重新定义新闻和内容，以及媒体本身。

内容的价值是永恒的，但是内容本身如何演变？内容由何产生？谁拥有内容的价值？传统的媒体组织越来越“失控”。在我看来，**直接受到冲击的并不是媒体、内容甚至新闻本身，而是媒体组织的变革。**

象征传统媒体的莫过于主编职位了，它位居传统媒体等级制度中最高的一层。正如为什么巴菲特曾经一度对收购报纸那么着迷，因为它能“传道、扮演警察，同时又能像收银员一样收钱。而这个完美的事业就是报纸”。

显然，这个“完美的事业”正在被摧毁，而首当其冲的是不是主编这个位置？

2013 年春节期间，一位创业者通过微信与我交流自媒体和媒体博客对传统媒体的冲击。如今，传统的报纸和杂志媒体也做网站、玩微博和微信、利用移动终端，却仍然无法摆脱传统守旧的形象。

知名电视人杨锦麟在辞去香港卫视执行台长的职位后，加盟腾讯视频推出自己的节目群。这是什么精神？自媒体精神。显然，台长（主编）贬值了。

还有，华尔街日报的科技博客 AllThingsD，在华尔街日报内部孵化长大，但创始人卡拉·斯韦什（Kara Swisher）和沃尔特·莫斯伯格（Walt Mossberg）却有很大的自主权，甚至与公司签订合约，如果华尔街日报的母公司新闻集团要出售这个知名博客的话，需要博客写手的同意。在这里，我们已经看不到报纸主编的影响力了。

在传统媒体组织中，个人的权利在逐渐增长，越来越多的价值来自个人，而不是媒体机构。不仅是科技博客（主要是 TMT 领域），如果有写作技能与权威行业信源，政治博客、体育博客、娱乐博客等都会兴起。我们看到，这些媒体资产的价值与个人的关系已超过了与其所属媒体机构的关系。

传统媒体集中式的生产与传播方式，已走向分散化与分布式。掌管传统媒体的内容的主编，集中式管理采访、写作、发布过程的主编，正在变得名存实亡。

我的同事，《福布斯》美国版的刘易斯·德沃金（Lewis D'Vokin），是再造《福布斯》杂志与电子媒体的颠覆者，他已经不再称自己为主编，而是首席产品官。

如果固守纸媒时代的集中式内容生产方式，或者把这种组织方式延伸到新媒体，一大批主编将无法生存。不在新的媒体环境下与时俱进，一批主编将会死去，披着主编的外衣在新媒体时代活下来的，迟早也是"皇帝的新衣"。

2013年2月22日

主编之死之二

主编如何生存?

我以前一直以为，中国的传统媒体市场一直没有真正发育成熟，在中国这样的特殊市场与监管环境下，纸媒还有生存的理由和空间。我在几年前曾写过一篇文章《报纸不会有末日》，报纸是“一种代表了公民、社区、文化、文明、民主的产品”，只要社会还在进步，报纸就会有生存的空间。

但是技术改变了这一切。在比特世界里，技术想要那样一种产品。结果，中国的报纸在原子世界里还没有发育成熟的时候，已经面临生存危机。传统的媒体组织方式开始消解。

主编需要被重新定义。他们仍然会扮演意识的灌输者、稿件的枪毙者、内容的审查者，但会越来越困难。他们不能决定头条，因为权力已经被用户剥夺了。他们甚至也不能决定栏目的设置，因为读者可以用智能手机和算法为自己定制。用户手中握有更多的“投票权”，即是否在社交媒体平台上转发。越来越智能化的机器可能是更好的主编，它将能发现每一位读者在不同情境下所需要的不同内容。

读者转为用户，介质变得智能，写作结合编程，主编的一些技能已经算法化了。也许将来有一天，主编的工作方式可能不再单纯地使用文字，而是学会驾驭代码来制作新形式的内容，管理信息流。

在新的媒体生态环境下，尤其是在迅速的变化中，好的主编要成为好的产品经理。在社交媒体和移动互联网盛行的今天，要传递好的用户体验，主编需要具备产品经理的思维和部分技能。

好的主编是“协助人们讲述自己的故事”，好的媒体将成为信息的集成者与管理者，也就是利用各种社交、搜索、移动的工具与平台，以及强大的计算能力实现针对读者的个性化与定制化需求。

总的趋势是媒体内容及价值日益向众包式、分享式、分布式演变，而技术为这一进程提供可能，以及不断拓展新的边界。

传统的媒体人仍有可能是最有价值的信息流的节点。新的媒体生态环境，并不意味着彻底埋葬传统媒体的一些最基本的准则，而是寻求与社交、移动、智能的融合。

假如缺乏传统媒体成熟发展的环境与条件，尤其是基本的制度和专业不完善，媒体从原子世界跨入比特世界，将会给它们新的商业模式和价值创造带来风险。许多新媒体尽管花哨和极客，可以哗众取宠一时，但终将无法获得真正的价值。

为传播而传播的媒体将泡沫化、混沌化、沉渣化。那些能实现传播的可溯源，核实与判断信息的真伪，尊重信源、原创与版权的媒体精神，才是媒体的价值。技术应帮助更好地实现这些精神，而不是摧残它们。来源不明的信息是没有价值的，这一点可以借鉴维基百科，它把每条信息的来源都标注得清清楚楚。

新的媒体生态已经形成，媒体组织要么进化，要么被淘汰。一些主编会死去，但“那些杀不死他们的，必使他们更强大”。

2013 年 2 月 25 日

中国纸媒正迎来至少 3 年剧痛期

2013 年年初曾有一波唱衰纸媒的声音，这之后，时断时续，特别是一些纸媒界代表开始自己唱衰自己。紧接着，一批知名的纸媒人在 2013 年年中陆续离开，颇有壮士断腕之感。眼见着行情继续下跌，想必他们内心在感到庆幸吧。

唱衰纸媒，成为媒体人自编自导的一个热点，尤其是纸媒人跑到网络上唱衰自己。随着上海两大报业集团合并，又一轮唱衰开始了。2013 年真是一波三折。

我们先来看两张图和一张表。

图 6-1 告诉我们，2012 年，中国 5 份广告收入领先的报纸，收入都呈现了负增长。到 2013 年上半年，杂志的日子开始难过，所以，2012—2013 年是中国纸媒真正的拐点。

图 6-2 告诉我们，美国的纸媒广告收入在 2006 年达到拐点后，2007 年开始下滑，经过 2007—2009 年的剧烈下跌后，开始趋缓。

表 6-1 告诉我们，纸媒办的网站，过去 10 年来广告收入一直在增长，但增长的份额远不及纸媒减少的份额。2012 年，纸媒的印刷广告收入仅为 2006 年的 46%，说明绝大多数纸媒办网站，即使不失败，也无法挽回纸媒的衰落。

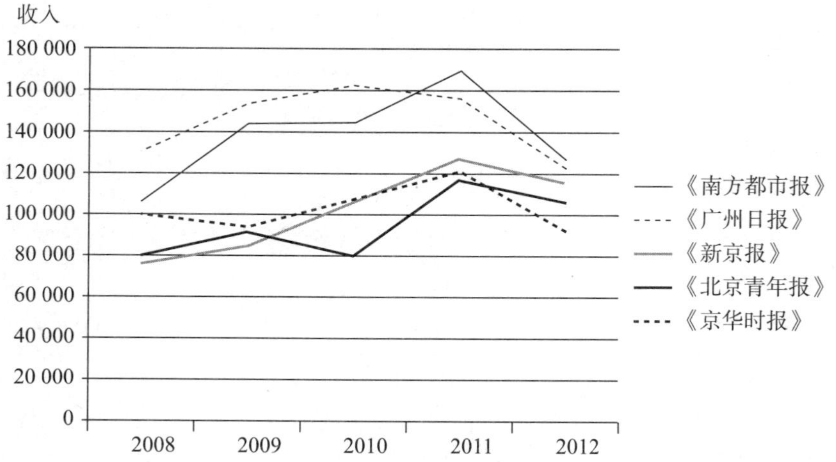

图 6-1　5 大报纸的广告收入（单位：万元）

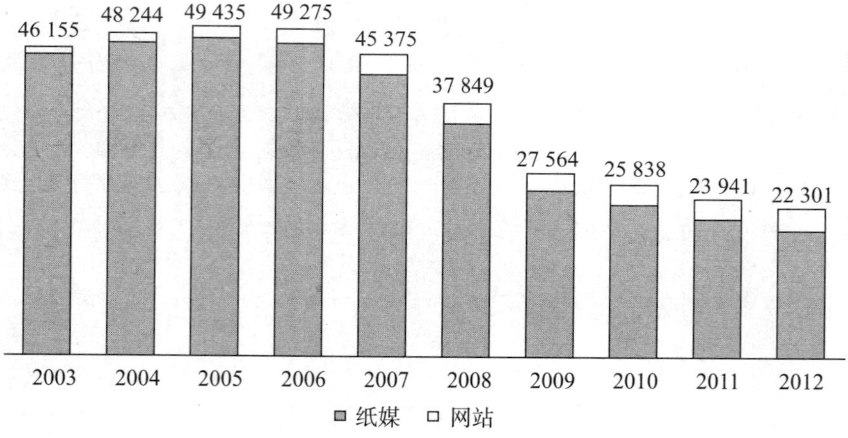

图 6-2　美国纸媒及其新闻网站的广告收入（单位：百万美元）

来源：美国报业协会。

表 6-1　美国历年纸媒及其新闻网站的广告收入　单位：百万美元

	纸媒收入	网站收入	总收入
2003	44 939	1 216	46 155
2004	46 703	1 541	48 244
2005	47 408	2 027	49 435
2006	46 611	2 664	49 275

续表

	纸媒收入	网站收入	总收入
2007	42 209	3 166	45 375
2008	34 740	3 109	37 849
2009	24 821	2 743	27 564
2010	22 796	3 042	25 838
2011	20 692	3 249	23 941
2012	18 931	3 370	22 301

来源：美国报业协会。

这两张图和一张表合起来告诉了我们什么呢？

如果说美国纸媒的今天是中国纸媒的明天，那么中国纸媒受到的冲击会更大，因为中国从零售到媒体，与美国相比都处于不成熟、欠发达的状态，电商和TMT一冲击，七零八落得更厉害，颠覆性更强。从中国与美国在媒体产业上的这种参照关系，我试图得出以下几种结论：

- 中国的纸媒剧烈下滑，要做好过 3 年甚至更长苦日子的准备，除非政府对国有纸媒大规模“救市”。
- 绝大多数纸媒办的网站或者自封的“新媒体”都将失败，或者至少无法挽回败局。
- 仔细看一下中国和美国的情况，尤其是它们进入拐点的时间，其实互联网和新闻门户的兴起，并没有阻止纸媒的增长。智能手机让手机真正变成一种媒体，进而成为纸媒的“掘墓人”。美国的拐点是在 2007 年，时值 iPhone 发布，而中国是在 2012 年，恰逢智能手机大规模普及。
- 在经过数年剧烈的下滑之后，纸媒衰落将进入一个相对平缓期，有些将因满足内容、定制、精品、品牌等方面的需求，与新媒体渐渐融入一个新的生态系统。

2013 年 10 月 9 日

旧媒体与大革命：产品即是媒体

产品即是媒体，这话听起来有点儿像麦克卢汉的“媒体即是信息”。

微信是媒体吗？做电子邮箱出身的张小龙可能会说，这是个移动端的通信工具，只是用来沟通，但用户已经开始转发五花八门的内容，微信就成了媒体。

Twitter 是媒体吗？杰克·多西可能会说，它最初只是用来告诉朋友自己现在的状态，但后来就变成了自己向别人报告周围世界的状态，于是 Twitter 变成了一个媒体，而且是社交媒体。

LinkedIn 是媒体吗？它是一个求职社交网站，但首页有文章，也有朋友推荐的新闻，Pulse 频道在生产内容，与一个传统的媒体网站没有什么区别。

电话是媒体吗？座机肯定不是，功能机时代，人们也不会说它是媒体，但自从乔布斯推出 iPhone，智能手机变成了一个媒体，因为它完全符合麦克卢汉早在 20 世纪 60 年代提出的媒体是“人的延伸”，马化腾也曾说过：“手机在某种程度上是人类器官功能的延伸。”

眼镜是媒体吗？如果谷歌眼镜推出，人们甚至可以不用动手指就能收集、传播信息并制造内容，眼镜就变成了媒体。

纸张不是媒体，印上内容传到读者手中才是媒体。可穿戴设备一旦流行，媒体将从随身演变为贴身。当机器已经开始学习和判断，我们应该去采访机器吗？可以用传感器监测和报道新闻吗？

技术决定媒体，媒体决定内容，而让这三位一体的，正是产品。今后一切公司都将是科技公司，今后一切产品都将是科技产品，都将互联网化，或者说万物互联（Internet of Everything）。产品不断赋权用户，给他们新工具以自由地寻找与世界交流的方式。技术、媒体、内容的三位一体，实现了一切人对一切人的传播，实现了定制化、个性化、实时化、情感化的媒体场景。

产品即是媒体。产品本身带来了美学体验，产品的品格、态度、传播性与互动性成为产品存在的理由。越来越多的产品经理都学会了“做秀”，与产品共舞。那些生产与设计产品的公司，则将自己变成了一个媒体机构，直接与用户和公众互动。

互联网和硬件的产品经理们正在产品中注入更多媒体因素，而旧媒体的编辑们则鲜少学习产品经理的思维。产品中设计的元素和作用，已经远远超过了旧媒体。对比报纸、杂志设计风格的过时与乏力，可以看出人机交互设计对用户的研究与交融，极致的追求已经远远超过了旧媒体对受众的把握。

那些追逐与报道“杀手产品”的博客、网站、应用、论坛，俨然已成为最酷的媒体。那些创造出伟大产品的创业者与发明家，也成了活的媒体，以鲜明的个性团聚了开发者、粉丝。那些搜索、电商与社交平台巨头，本身正在变成最大的媒体，它们以媒体的方式蔓延出社区和群落，传递并生成着新的主张。

开源、开放、众包、众筹颠覆了内容的供应链，内容日益通过社交的方式得以传播与分享。信息流在关系链中流淌。苹果产品就是媒体的产物，它是为用户而生而演变的产品。那些未能与产品结合的内容，以及越来越失去产品属性的内容，正在变得越来越散乱而不知所云。

那些无视信息供应链颠覆、无法融入（用户）关系链、拒绝产品化的媒体，我称之为旧媒体，无论如何折腾，在媒体的价值链上只能陷入一片红海，仅仅扮演内容代工者的角色。

媒体正在经历着一场大革命的洗礼：信息供应链完全颠覆，因为一切人对一切人的传播，关系链纠结起供应链。这场革命其实是从移动端开始的，美国纸媒的拐点是 iPhone 推出，中国纸媒的拐点是智能手机大规模普及。智能手机是旧媒体的杀手，它让旧媒体变成了内容代工厂。信息供应链所发生的革命，摧毁了媒体既有的价值链。2013 年，互联网领袖们最大的一个进步，是终于认识到移动互联网不是互联网的延伸，而是一次革命。这场革命的一个浪花就足以掀翻旧媒体这个舢板。

媒体正在迎来更大的机会，我们将会看到，未来会出现类似于媒体解决提供商这样的机构，移动互联网让媒体可能最先成为大规模实时定制的一种产品或服务，而未来取决于你具备或者共生这种产品的能力。

2014 年 1 月 16 日

为什么要欢呼贝佐斯收购《华盛顿邮报》

正当中国的报纸纷纷撇开新闻主业，去收购手机游戏、开发房地产，并为资本市场上一个接一个涨停板欢呼时，2013 年，亚马逊创始人贝佐斯出手 2.5 亿美元收购了《华盛顿邮报》。而且收购的是连年亏损的报纸，而不是华盛顿邮报公司为巴菲特带来几十倍回报的其他业务。

这听起来像是对新闻工作者的又一打击。在美国资本市场上，报纸目前的市盈率为 15 年前的 1/10。一位美国读者唉叹，《华盛顿邮报》，美国最伟大的报纸之一，以 Tumblr 1/4 的价格卖掉了。一位中国读者说，美国三大报之一，以 91 助手 1/8 的价格被出售了。

显然，如果是投资媒体，不如投资华盛顿邮报公司，而不是旗下连年亏损的报纸业务。那么，贝佐斯为什么要投资报纸、投资内容？

许多人认为这是出于慈善的目的。贝佐斯曾以 500 万美元投资美国科技网络媒体 Business Insider，这笔钱对于拥有 250 亿美元身家的他来说微乎其微。有人计算过，这相当于普通的美国人拿出一张 20 元的钞票帮助别人。福特基金会、比尔及梅琳达 · 盖茨基金会、索罗斯基金会都赞助过新闻媒体或新闻工作者，因为他们相信新闻对社会进步有帮助。当初 IT 技术和互联网的兴起，媒体的鼓吹功不可没。

现在，贝佐斯拿出身家的1%，收购一份揭露过水门事件、曝光过斯诺登棱镜门事件的大报，其实我们应该欢呼新闻行业终于迎来了一位真正的颠覆者。

《华盛顿邮报》作为一个媒体品牌、一个新闻价值观的捍卫者，以及优质新闻内容的提供者，沦落至今，主要是因为报纸的商业模式已经走向末路，但并不是新闻走向末路。正如《华盛顿邮报》董事长唐·格雷厄姆（Don Graham）对其出版人凯瑟琳·韦茅斯（Katharine Weymouth）所说的："扪心自问，我们的小公司还是这份报纸最好的家吗？"报纸作为一种商业模式，一种商业组织形态，已经很难持续下去，但新闻仍然有价值，包括社会价值和商业价值。贝佐斯这样的互联网领军人物接手新闻行业，我会期待他将把这份报纸带向何方，无论是颠覆原有的模式，向新型的数字出版及服务业务发展，还是恪守这家报纸的经典性。

贝佐斯会像颠覆零售业那样颠覆新闻行业吗？不要忘记，他是从网上卖书开始做电子商务的。亚马逊正在向一个综合类电商以及计算服务商发展，但出版、内容、娱乐仍是其基因。亚马逊现在已不仅仅满足于卖书，它正在向在线出版、原创内容发展，我相信贝佐斯是真的对用硅谷的方式而不是用华盛顿的方式重塑新闻产业产生了兴趣。若不信，可以读一下他在宣布收购消息后在华盛顿邮报官网上写下的这段文字：

> 未来几年，《华盛顿邮报》当然会发生变化。不管谁拥有这份报纸，这都是至关重要而且必须发生的。互联网正在改变新闻产业的几乎任何一个方面：缩短新闻周期，侵蚀长期依赖的收入来源，带来新的竞争，其中有的干脆在采集新闻中不发生任何成本。没有现成的路线图，探索前途并非易事。我们需要发明，我们需要实验。我们的基石是读者，要理解他们在意什么，政府、当地领袖、餐馆开张、童子军、商业、慈善、州长、体育，从那里逆袭。我对再造的机会感到激动和乐观。

亚马逊在用大数据技术对用户进行分析以及推出云计算服务方面都是先驱者，这些技术、服务、产品的理念，引入新闻行业后同样能改善读者的体验。互联网创业者知道如何获取海量用户，了解用户需求，并以最快的速度和最大的规模来满足用户需求，而且资本市场给他们更高的估值，以及抛弃旧经济，进一步加速了旧经济的死亡。所有这些，都典型地体现在媒体行业中。

美国西部以硅谷为代表的数字一代、工程师一代，正在收购东部以文字为代表的社会精英的资产，他们之间如何发生冲突并最终走向融合，让我们拭目以待。我非常喜欢我的一位福布斯同人所做的评论：

> 贝佐斯首先是一位成功的创新者，他重新发明了零售业，并且把复兴这家一度影响力巨大而又利润丰厚的媒体品牌当成一次终极挑战。如果他不买，埃伦·穆斯克一定会买。

新闻行业太需要贝佐斯这样的人了，他一手托住了正在沉入海底的《华盛顿邮报》，而华盛顿邮报公司最赚钱的是教育及相关出版行业，让巴菲特数钱去吧。

2013 年 8 月 6 日

技术变革中，真相仍是媒体转型的核心问题

在新技术与新生态中，我想强调最核心的还是真相。第一，我们面对的现实已经改变了，曾经我们眼见即为实，而我们目前面对的是一个全新的感知世界，全新的现实。第二，只有被传播的才是真相吗？以致人们只关心传播本身而不是其内容与来源？第三，我们面临虚拟现实、增强现实以及各种各样所谓的现实，而真相是基于现实的。所以，什么是真相已经不是一个简单的命题了，值得所有研究技术和研究媒体的人来探讨这个话题，尤其是我们今天谈到的“后真相”时代，真相的定义可能在发生变化。

第一，先谈谈内容和技术。翻看《信息简史》这本书可以看到，人类信息技术最先颠覆的就是媒体，互联网建立起来的第一个商业模式就是门户。所以，印刷术、电报、广播、电视，这些信息技术的进步，首先颠覆的都是媒体。如果把这轮技术革命称之为信息技术革命的话，它颠覆的最深刻的一定是媒体，而且全球市值最大的互联网公司基本上都是媒体性质的公司，目前来看并没有撬动其他的主流商业模式。腾讯在游戏业务上固然盈利很高，但是它现在增长最快的是广告。阿里现在也在从电商转向广告，还有 Facebook 和谷歌，所以这一点大家不要讳言。

第二，我想谈谈麦克卢汉“媒介是人体的延伸”这句话。人工智能技术就是

大脑的延伸，如果再科幻一点的话，未来各种媒体也很快会过时，因为人的大脑和大脑之间可以建立起交互的界面，不需要这些外在的物质的东西。所以大家不要谈起技术就慷慨激昂，其实媒体天生就是跟技术结合在一体的。

回到大家谈的一个最核心的东西，什么叫内容？**我认为内容有三个元素：第一是信息，第二是场景，第三是体验，三者缺一不可，而这些又都是在一定的技术背景下才可以定义的。**

另外，对于媒体来说，一定要区分一个概念，就是互联网和移动互联网。看看美国媒体发展的历史，在2007年之前，报纸、电视、杂志这些所谓的传统媒体，在面对门户和搜索的时候依然在成长，为什么2007年发生了拐点？看看中国的媒体，面对非常强大的门户时也非常强大，但是为什么2012年走到一个拐点？这是因为，2007年苹果手机推出，2012年中国普及智能手机。只有在智能手机出现后，传统媒体才被颠覆，所以手机才是真正的媒体，传统的PC端仍然只是传统媒体的延伸。智能手机之后就是大数据、云计算、人工智能。

接下来我想谈谈我所从事的实际工作。面对技术变革，很多人引用凯文·凯利的话说：我们是解决问题还是寻求机会？我作为一家媒体公司的CEO，主张既要解决问题，也要寻求机会。第一财经是中国最大的财经媒体集团，我们在传统媒体时代还是感到非常自豪的，电视、报纸、杂志，在每一个细分领域都是数一数二的。现在面临媒体转型的时期，转型是要付出成本的，是痛苦的，所以我要解决的一个问题是，我要驾驭这样一个转型。

我们还要寻找机会。其实财经媒体面临很多很实在的问题，比如现在中国有3 000家A股上市公司，新三板挂牌已经超过10 000家，用传统采编的方式怎么去报道？没有办法报道。现在有这么多资产类别，各种金融产品的创新、品类、交易，完全是大数据的概念，量非常大，变化非常快，如果不用智能化的手段、不用大数据，就无法适应商业和环境的变化。所以，第一财经建立了几个新的业务领域，首先是商业数据中心。还有非常有影响力的数据挖掘的产品，比如中国城市的“新一线”的研究，其实这个非常流行的概念是第一财经提出来的，而且是完全基于数据挖掘的结果。现在“新一线”已经成为观察中国城市化与城市未来发展方向的一个新的视角。还有第一财经媒体实验室、第一财经机器人写作，特别是第一财经机器人写作已经在第一财经的电视和新媒体上有了好几个应用场景，显著提升了内容的采集、制作、分发的流程。另外，第一财经正在走向国际化，2012 年推出了英文服务平台。我们现在每做一个新的媒体形态的时候，一定把技术作为它的核心驱动力。

此文为参加浙江大学与腾讯联合举办的中国全媒体高峰论坛上的发言整理。
2016 年 12 月 26 日

免费的终结与内容的回归

2013年，我深感媒体及文化产业投资非常热。有猎头公司开出高薪，找我推荐优秀的新媒体产品经理，还有一些投资基金也向我了解一些有关传统媒体与新媒体的最新发展情况。

其实，回顾一下2012年真正最能赚钱的明星项目，其实不是云计算，不是大数据，不是移动互联，而是娱乐。

从《非诚勿扰》《中国好声音》这些电视娱乐节目，到《泰囧》《西游降魔记》这些电影，2012年单个节目的广告收入及票房收入都标志性地跨越了10亿元。而且之后出现这类节目也会是常态。这些极大地影响了内容创造的估值。这些收入相当于一家创业板或者中小板上市公司，如果能建立起明星团队与个人，持续原创有影响力的内容，其市场价值不可估量。

内容的价值正在回归。

回顾一下，媒体的内容近年来经历了相对贬值的过程。它们变成了原材料和大宗商品，供应给门户、搜索、社交、应用、电商，等等。风投整天挂在嘴上的TMT，实际上都是渠道、平台、各种抓取内容的工具，基本上与原创内容没有很大关系。但是，当互联网的地盘都瓜分完毕，把收取“买路钱”或者租金的商业模式都建立起来之后，内容的价值需要被重新审视。这一次内容价值经历了一个轮回，得到了重新定义。

美剧《纸牌屋》是美国网络视频公司奈飞专门为 3 300 万付费用户制作的一部扣人心弦、演艺精湛的连续剧。我曾经在华盛顿学习、工作过两年多，该剧场景中的那些建筑、街景历历在目。我们透过这部剧的成功来谈谈媒体未来的发展方向。

首先是用户习惯发生了改变。在网络上，用户可以选择周末熬夜一口气看完，或者一集一集地看。节目要适应用户的安排，而不是相反，这种按需产生的内容是发展方向。这将颠覆传统的电视广播网的模式。

《纸牌屋》的成功，让一些媒体研究人员称之为“算法节目制作”（Algorithmic Programming），即数据驱动的流媒体公司能够发现用户对某类节目的兴趣有多大，从而为用户定制节目。具体来说，奈飞通过标签和推荐系统分析了 3 300 万名用户，发现由演员凯文·史派西（Kevin Spacey）和导演大卫·芬奇（David Fincher）联手拍摄的政治题材的连续剧最受欢迎，于是斥资上亿美元拍摄了这部 26 集连续剧。

算法将会引导作家和艺术家为日益细分的观众创造内容。未来一些大的平台如果向真正的媒体转变，首席媒体官的作用将越来越重要。

传统媒体也可能成为大平台的内容供应商，但不再是大宗商品式的，而是定制式的，是受到平台算法指导的内容供应商，并且与独立的作家、艺术家和自媒体共同建立起一个生态系统。

但是内容创作者也要警惕技术黑暗的一面，技术可能会自己直接创作内容，从而砸了艺术家们的饭碗。目前谷歌的搜索优化和算法编辑，已经影响了传统媒体对于内容的处理方式，尽管没有开始取代作者（我认为至少取代了一部分编辑岗位），但是利用算法写新闻和谱曲的尝试已经开始。

由于媒体平台对于用户观赏习惯的掌握越来越精确，以及原创者对自己权益保护的意识越来越强，定制化的原创，或者说算法创作，会成为发展趋势，现在连谷歌和亚马逊都在进入原创内容制作领域。这样，内容与平台和渠道之间会结成更加有意思的共生系统。如果说传统媒体机构向读者提供内容被称为 B2C 的话，那么内容与平台之间会有灵活多样的组合方式：

- C2C：社交媒体，如微博、Facebook 等；
- B2B2C：媒体机构 - 网络平台 - 用户，如传统媒体与门户之间的合作；
- C2B：用户 - 平台，如奈飞、亚马逊、谷歌为读者定制的内容，国内的视频网站也在试水；
- C2B2B2C：用户 - 平台 - 更多媒体平台或机构 - 用户，如奈飞把《纸牌屋》卖给搜狐视频，搜狐免费向中国用户播放，收取广告费。

值得注意的是，《纸牌屋》并非是免费播放的，用户都是付费的。

美国在经历了对传统媒体的颠覆之后，报纸的销量下跌的趋势（算上电子媒体的付费订阅）出现了遏制的苗头。而网上订阅的付费墙模式在美国越来越受到用户的欢迎。尽管中国的市场有所不同，但重视体验的用户会追求有价值的内容。

预计内容将会出现分化。一类是大宗商品式、碎片化、随机性、以社交为目的的内容，这类内容本身并无价值，仅仅是建立关系与粘性的一种手段；另一类是专业内容创造者和定制化的内容，会导致订阅与付费欣赏的需求。

阅读、观看、欣赏是需要付费的，这才是内容价值的最根本含义。

2013 年 4 月 8 日

理解新媒体：内容何时为王

要“理解新媒体”，就要从什么是媒体谈起。其实，人们对媒体的认识有很大的差别，尤其是在技术迅速变化的时代。比如，一种看法认为媒体主要就是其所承载的内容，而另一种看法则认为媒体就是技术载体，例如我们所说的 TMT，实际上在大多数情况下与内容关系不大。强调内容的往往来自传统媒体或“旧媒体”，而强调技术的往往来自非媒体领域或者有技术背景。

谈到媒体这一概念，我们不得不提及媒介研究的先驱麦克卢汉。他最著名也最具争议的一本书是《理解媒介：论人的延伸》。其中有一句最著名的话：媒介即信息。概括地说，他认为媒体就是技术，而与其所承载的内容无关。一个极端的例子，他认为灯泡就是媒体。灯泡为人们在夜晚营造空间，否则人们就笼罩在黑暗之中。他把灯光描述为没有内容的媒体，称“灯泡仅靠其存在就创造了一个环境”。

尽管引起极大争议，但麦克卢汉的思想影响很大，《连线》杂志称他为自己的“守护圣者”。他除了发明“地球村”这个名词外，还被许多人认为预言了互联网以及互联网给媒体和社会带来的许多影响。

我相信技术决定了媒体，进而决定了媒体的内容，而不是相反。根据技术的发展，目前基本上可以把媒体划分成 7 类：

- 印刷：15 世纪末
- 录制：19 世纪末
- 影院：1900 年起
- 广播：1910 年起
- 电视：1950 年起
- 互联网：1990 年起
- 移动电话及终端：2000 年起

回顾一下媒体与技术的历史，当技术发生剧烈变革并引发媒体的变革时，原有内容形式会相对贬值。互联网让信息无处不在，使得专业与商业媒体机构的内容变成了大宗商品，许多还免费供应。媒体是提供内容的技术，正是这种技术，而不是它所提供的内容，创造了更多价值，从门户、搜索到社交都是如此。但随着技术的成熟普及和完成对原有媒体的颠覆，内容、媒体、技术终究要融合，那些对新技术敏感、最先拥抱新媒体，并且响应变革去创造内容的媒体，才能创造出最大价值，此时内容为王。

我想强调的是，**从对技术敏感、媒体创新到内容再造，中间每一个环节都离不开对新用户的发现和适应。技术把传统的受众变成用户，改变他们的媒体行为，进而将他们变成新的受众。在这样的轮回中，原先的受众变成追逐新技术和媒体的用户，当新形式的内容诞生时，用户又向受众回归。此时的内容已然是被新媒体和技术重新定义的内容，那些最先获取新受众的媒体，将成为内容的王者。**

所以，内容是用户与技术和媒体所有互动的总和。用户和受众怎样使用技术和媒体，便会产生怎样的内容。内容追随媒体变化，进而适应技术的变化。相对于技术或媒体的进步，内容的变化有滞后性，但三者最终会结合。当这种结合开始发生时，内容的价值便回归。

移动互联网为什么是独立的媒体？我按照自己的理解，从维基百科上搜集到一些观点：

- 移动是第一种个人大众媒体。
- 移动永久携带。
- 移动总是开机。
- 移动有内置的支付功能。
- 移动在产生创意时是待机的。
- 移动能最准确地监测用户。
- 移动能获取媒体消费时的社交场景。
- 移动让现实增强技术可用于媒体。
- 移动提供了一种面向真实世界的数字界面。

中国智能手机的用户逐年上升，最终将会超过个人电脑用户。在这样一个巨大的技术变革、受众迁移与再造的进程中，移动互联时代内容的变革才刚刚开始，而且远未到“内容为王”的时机。

借用凯文·凯利一本书的名字：技术想要什么？但我更想说，最终是已经拥抱了新技术的人们想要什么样的内容。

2013年5月6日

摩尔定律 50 年：重新连接人与内容

1965 年，英特尔创始人之一摩尔预言，半导体芯片上集成的晶体管和电阻数量，将每两年增加一倍（也有说 18 个月）。这就是著名的“摩尔定律”。按照计算能力来算，芯片每两年成本下降一半，到今天已经成为 50 多年前价格的 $1/2^{25}$，也就是说，是当时价格的近 3 500 万分之一。当初无论多么昂贵稀缺的计算机，如今已经基本上是免费了。

摩尔定律的第一个巨大效应，是把信息权力（Power）交给每一个人，让每一个人拥有信息权利（Right）。从大型计算机到小型计算机，到个人计算机，到手机，到可穿戴设备，计算能力越来越便宜，越来越从控制转向分散，从机构转向个人，互联网把计算能力日益强大的服务器、PC 和移动终端连接在一起，改变了人与信息、人与服务、人与万物，以及万物之间的关系，因为它们全都联网并且智能化了。比特在逐步控制原子。

摩尔定律的第二个巨大效应，就是消除信息中介，消除信息不对称，消除信息鸿沟。在工业化时代，社会与经济中最大的中介就是大众传播媒体。从商业机构到最终消费者之间的信息流动是这样一个链条：研发—产品—销售—市场—公关—公关公司—记者—编辑—印刷—发行—读者。

因此，第一个被颠覆的就是新闻媒体行业。美国第一个最成功的互联网公司是新闻门户，中国最早崛起的互联网公司也是门户。它们的商业模式都是去媒体中介化，带给用户的体验都是摆脱纸媒的限制，通过超级链接，让用户读到无限的新闻，尤其是在媒体受到严格管制的国家，门户所释放的压抑的需求更大。在门户的基础上，可以产生社区、博客、用户互动等功能。读者的用户意识开始觉醒。

搜索的产生是摩尔定律带来信息过载的必然结果。1945 年，美国一位名叫弗里蒙特·里德（Fremont Rider）的图书馆学者计算出，图书馆的藏书量每 16 年翻一番。但那是在电子媒体和互联网出现之前。如今，美国国会图书馆以每天约 4 亿条的速度收集 Twitter 发布的信息。假如我们把整个互联网看成一个动态的大型图书馆，所产生的信息正在以指数级别增长。我们也可以把整个互联网看成一个巨大的媒体，每天生成的信息数量更为惊人。在互联网产生的 20 多年里，人类产生、传播和存储单位比特信息的成本，大体也是沿着摩尔定律的方向以指数级的速度减少着，其结果是信息免费，而且信息的产生和流动，远远超过了人们检索和分析的能力。搜索成了人与信息之间最重要的界面和入口。

搜索把读者变成了用户，他们可以完全按照自己的兴趣和需求获取信息。用户是技术的追求者，他们渴望自身与电脑一起升级，他们参与、互动，与电脑的关系越来越密切，不仅是物理上的，而且是心智上的。

社交应用把人与人之间的连接推到了一个新的境界，也进一步改变了人与信息的关系。人们消费信息的行为，进一步从日常浏览传统媒体的信息，转向朋友之间的互相转发和推荐。信息流融入了关系流。这种用户行为的改变，已经预示了我们传统上所说的“大众媒体”中的大众，将首先是社交媒体中活跃的海量用户。当社交成为用户最基础的需求时，媒体信息将寄生于社交平台。

智能手机和移动终端，未来可能还包括可穿戴设备，将真正成为一切媒体的中心。它们不仅便携了所有的媒体，而且因为与人体的亲密程度，可以收集每个用户的行为信息，与之互动并进行监测，再加上人工智能，从而判断用户的兴趣和需求。人们可以随时随地使用这些设备。更加重要的是，使用移动终端的女性相比 PC 时代大为增加，而且使用时间更长。手机也可能消除农村地区人口在传统媒体时代和 PC 时代的数字鸿沟。据调查，使用手机比使用 PC 时，用户更愿意支付。手机进一步改变了人与信息的关系，人在阅读手机的同时，手机也在阅读人。

从门户、搜索、社交、移动，到物联、智能、人机合一（或者机器比人聪明），人与机器的关系，就像是人在追求机器，当与机器结婚后，就被机器控制了。这是媒体发展的技术主线。

技术重新定义了媒体，之后就轮到媒体的商业模式。媒体的商业模式就是以成本价甚至免费向读者提供内容，然后再向客户出售广告，或者直接导致交易，是一种“双边市场”。诺贝尔经济学奖获得者梯若尔就是双边市场理论的大师。互联网并没有颠覆这种模式，只是通过去中介化把它做到了极致。

如何做到极致？抓住长尾。在传统媒体时代，所有的媒体都喜欢说自己是主流媒体，影响的是主流人群，而互联网的成功，正是首先抓住了非主流人群。技术让互联网能够以低成本抓住长尾，服务无限细分的人群，从而让服务也变得更加精准。而所谓的主流，也被日益分解成长尾。这种技术带来的极致，足以摧毁传统媒体的垄断与守旧。只不过做到极致的人已经不是媒体人，而是技术极客。广告仍是互联网最重要的商业模式。

对用户来说，连接是比媒体更加基础的信息需求，连接获取了多数甚至全部用户，让传统媒体机构成为信息的代工者。决定媒体是新还是旧，并不在于是否做了自己的网站，开通了自己的微博、微信公众号，或者开发了自己的应用程序，而是取决于你是下蛋的母鸡，还是卖鸡蛋的商贩。传统媒体越来越像下蛋的母鸡，而新媒体像是卖鸡蛋的商贩。用户只关心买到了鸡蛋，并不在意是哪只母鸡下了鸡蛋。**互联网，包括物联网，正在创造一个但求使用、不求所有的用户思维，尤其是中国的用户，大多数目前并不在意原创的价值。**

摩尔定律决定了信息技术的变化在加速，产品的变化也越来越快。过去几十年，我们看到技术与产品的创新大致按照摩尔定律的节奏，超前者多数成为先烈，而落后者轻易被淘汰。因而我们可以看到软件产品每周迭代，硬件如手机每年换代。传统媒体的线下部分十多年来几乎没有变化，相当于被抛弃的状态，而它们的内容在加速向互联网迁移，寄生于互联网的操作系统、硬件终端、平台与连接巨头（搜索、社交、移动、电商等）。传统媒体无论如何折腾，目前为自己创造的价值，远不及为所寄生的平台网络贡献的价值。根据梅特卡夫定律，网络价值与连网用户数的平方成正比。媒体在网络平台上越创新，就会推动越多人更频繁使用互联网，从而以指数增长放大网络的价值。提供内容的媒体，早期都是为平台做嫁衣，都是下蛋的母鸡。

在技术、商业模式变化的前提下，作为信息的内容，仍然是所有技术存在和加速变革的理由。不管是芯片速度越来越快，存储空间越来越大，屏幕像素越来越多，待机时间越来越长，还是产品做得越来越轻、越来越薄、越来越短、越来越小，它们所有加速发展的理由，都是为了更好的用户体验以及内容体验。最好的技术最终要成为最好的服务。

这种内容的体验，已经不仅仅是过去读者或者观众的被动体验，而是双向的、参与的、互动的、创造的体验。当我们谈到技术改变媒体的时候，并不仅仅是说改变的是介质，内容也将跟从媒体改变。最明显的一个现象是出现了泛媒体化，个人和非媒体的组织机构都可以把自己变成一个媒体，通过各种社交平台发出声音。媒体叙述方式也在变得多样化，比如视频、声音、图片、图表、动画、文字、虚拟现实，以及更加丰富的互动效果。对内容的需求越来越个性化、定制化、场景化，内容的来源也日益受到新现实的影响，也就是虚拟化、人工智能化的新现实。过去内容是从线下往线上搬运，随着互联网原住民人口规模的扩大，现在的内容主要原生自网络，实时互动，而未来线下的内容将完全来自线上的分发，甚至可能将不存在线下了。

我们最终会发现，互联网颠覆的只是内容的中介，是控制内容的层层机构，而不是内容本身。所以我们还不能免谈内容的价值。如果说移动与社交扩大了用户群体，增加了用户使用设备的时间，媒体市场做大了，必然会增加对内容的需求，从而提升内容的价值。互联网颠覆了传统的大众媒体，但它仍在寻求新的媒体归宿。

有人或许会问，这样的话，内容的供给不也是无限放大了吗？如果供过于求，是不是内容贬值了呢？

这里要区分内容与信息。内容的定义是什么？互联网时代内容的定义发生了什么变化？我理解的内容，是在一定的场景下为终端用户提供价值的信息与体验：内容 = 信息 + 体验 + 场景。

所以，**信息过载不等于内容的过剩或贬值。用户永远需要内容，因为用户永远处于某种场景下，永远需要体验与信息，而移动互联网会不断创造新的场景，并且场景会越来越丰富、越来越新颖、越来越个人化、越来越长尾。**

一个好消息是，媒体的变革就是技术的变革，历史上每一次技术的突破，都做大了媒体市场，丰富了内容的需求，让更多的用户可以接受媒体服务。想想看，印刷术让媒体服务从以教会为中心的精英阶层，逐步护展到城市新兴的商人阶层，通信技术让媒体成为大众媒体，而互联网技术让媒体真正进入农村、贫困地区和低收入人群，实现有史以来媒体的真正全覆盖。互联网对媒体的需求、对媒体人的需求、对优质原创内容的需求，不但没有减少，反而在增加。受到影响的是那些传统的媒体机构，是那些前移动互联网时代的媒体组织形式和商业模式。**媒体的核心竞争能力还是创造内容，应该更加专注于优质内容的创造，更大胆地抓住移动与社交带来的机会，在移动和社交的主要平台上建立起生态系统，重塑自己的价值。**

媒体的价值和媒体人的价值都没有减少，而是在放大和转移。我们正处于旧的媒体机构和秩序被颠覆，而新的媒体机构和秩序尚未建立的转折时期，处于失控状态。

许多人说，当人人都是媒体人，每个机构都是媒体时，媒体人还有价值吗？

媒体机构还有价值吗？

我并不担心。所有的互联网用户，都是在追求内容，新闻、体育比赛、电影、视频、美术、音乐、戏剧、游戏，等等。人们总是希望得到更好的体验，只要我们相信在互联网时代仍然有社会分工，就要相信专业的力量，相信机构和组织的力量。移动互联网时代，新兴的媒体机构、内容创造与创新机制和生态都在形成之中。尤其需要指出的，新闻媒体探求真相、主张价值，并非个人和非媒体机构可以完成的使命。

只是媒体人和他们所处机构的商业价值需要再造，而这一创造性毁灭的过程可能还会持续一段时间。尽管这一切看起来还有些遥远，尽管网络巨头仍然像黑洞般吸取一切信息和流量，但我相信会有一批重生的媒体，找到穿越的虫洞。

此文是在一家国际媒体年会上的演讲，略作删减。
2015 年 2 月 21 日

07

旧经济与新经济

中国下一块石头摸什么

中国经济正在经历转型，好日子一去不返，这已经成为共识。大方向就是从高速增长、外需、投资、制造主导的经济，趋向增速下降、内需、消费、创新主导的经济。谈到这样一个转型，被忽略的是社会与政治的发展。不建立与经济发展更高阶段相适应的治理结构，经济转型将无法成功。

无论是谈到“新四化”还是新“三大红利”，都离不开城市化。城市化不仅仅具有人口统计上的意义，还具有重大的社会意义，意味着一个庞大的中产阶层的形成乃至崛起。中产阶层的崛起，将会带来一系列社会变革，产生一系列政治诉求。他们一般都拥有产权，因而成为社会的稳定力量，同时又是纳税人主力，所缴纳的物业税、消费税、个人所得税将日益成为各级政府收入的主要来源。他们将要求政府更加透明，并要求更多的问责、更多地参与社会管理。

例如，近几年城市中产阶层发起的“邻避运动”（Not In My Backyard），他们对经济活动中环境和生态的后果越来越关注，更多地要求政府在进行有关的投资、规划及环境测评的过程中，能制度性地保证他们可以表达自己的利益。另外，微博也成了城市居民及中产阶层发出公平正义声音的一个重要平台，但这仅仅是非常初级的阶段，需要线上线下打通，从围观转发到理性参与，从平台打造到制度变革。

中产阶层是城市化的主力，这个阶层是开放和流动的，它需要包容农民工，同时不断产生社会的精英阶层。如果不形成中产阶层，城市化将失去依据。

中国下一个30年的发展目标是初步进入高收入的经济体。如果说一个饥饿的社会破坏产权保护，温饱的社会不需要产权保护，那么对于一个走向富裕的社会，产权保护就是它的基石。创新经济在很大程度上依赖对产权的保护，因为创新的主体是个人及企业，创新的结果是创造财富。如果无法对产权进行保护，创新的活力将受到抑制。无法保护产权，遑论保护知识产权。保护产权的根本是建立法治，大量的研究表明，产权保护在近代使欧洲开启了人类历史上真正的创造财富的进程。而由于缺乏保护，一些在20世纪初富裕的国家在后来的发展过程中陷入困境，被许多国家超越，比如阿根廷。选择保护财产权，就是选择一个富裕的社会。

除了政府治理，公司治理也要做出相应的调整。过去30年依靠低技能劳动力加工，以及投资驱动的经济所对应的公司治理结构，也就是一个在很大程度上基于政府补贴的公司治理结构，这将无法适应未来10年向创造和高价值链攀升的经济。过去30年经济增长的根本原因，主要是农村劳动力与工业生产的结合极大地提高了劳动生产率，但中国正在失去人口红利，劳动生产率的提高，将更多地依靠高技能的劳动力、更细的社会分工，甚至与技术变革和中产阶层需求相适应的更加个性化、定制化、智能化的生产方式。这些正在降临的变化，将挑战中国目前占主导地位的公司组织方式：大规模、集中式、人海式、重复性的泰勒式的大工业机器的组织结构。

中国经济正从过度投资转向依靠消费，而一个能够提供高品质消费品及服务的经济，其背后必然是高品质的政府和社会治理。中国市场上尽管产能过剩和商品积压严重，但城市化中新生的中产阶层，尤其是年轻一代所需要的安全、高品质、品牌化的消费品及服务仍然缺乏。而提供高端消费品和建立品牌，有赖于政府对知识产权的保护，以及包括政府在内的整个社会的诚信水平的提升。而当下甚至连一些必需品的供应也令人担心，例如食品安全问题的背后，是治理能力的低下。从外需转向内需，教育和医疗是关键，它们既是公共品，体现出政府服务的水准，同时也是两个庞大的产业，体现出政府监管的水平。但这两个行业目前是令整个社会失望的。

通过政府、公司、社会治理结构的革命性转变，从中等收入经济体顺利地进入高收入经济体，韩国是一个公认的成功案例，并且正在取代日本成为亚洲新楷模。全世界人均收入 1 万美元以上的富裕国家中，除了严重依赖资源的，绝大多数都建立了稳定的法治和民主制度。现代社会发展的一个根本特征之一是公民普遍参与政治过程，只有如此，才能建立一个基本公平的社会，扫除经济向更高阶段发展的障碍。

中国前 30 年的发展是“摸着石头过河”，未来的 10 年或者 30 年要摸的下一块石头，应该是治理。

2013 年 1 月 8 日

互联网在中国的颠覆性更强

在中国，模仿往往是创新的开始，而不是终结，尤其是在互联网行业。

互联网打破了信息流动的界限，硅谷若出现任何一种新的商业模式，几乎瞬间就会传到中国，并且很快就会出现模仿者。一位顶级的风险投资人告诉我，在硅谷出现任何一种新的技术、商业模式或者概念新颖的公司，几乎同一天就会在北京、上海或者深圳的咖啡馆里看到，有人在谈论并探讨利用这个新技术、商业模式或概念创业的可能。

但互联网在中国绝对不仅仅是模仿。目前全球排名前五的互联网公司中，中国占了两个：腾讯和阿里巴巴，它们在中国市场环境下进化，已经成为互联网公司在中国创新的典范。中国的创业与创新，也正日益引起国际上的关注，一个跨国界的全球创业网络正在形成，而中国在其中正扮演越来越重要的角色。

互联网创新进入中国，对于传统产业的颠覆性，往往比在美国更强。以零售业为例，尽管亚马逊和 eBay 是电子商务和网上交易的先驱，但中国产生了以淘宝为代表的电商巨头，电商的崛起直接导致了传统零售业的生存危机。这样的事情在美国并没有发生，美国以沃尔玛为代表的连锁超市依然牢牢地占据着市场的主导地位。这是因为中国传统零售业不发达、不成熟，导致了电商的发展空间巨大，对于传统零售行业的冲击在某些方面甚至带有破坏性。像苏宁这样一个刚成为家电连锁巨头的公司，头把交椅还没坐热，就已经面临着被颠覆的危机，不得不痛下决心向电商转型。

以互联网金融为例。在美国，多层次的资本市场早已经成熟，信用卡支付非常发达，即使出现了 PayPal 这样的支付公司，以及 P2P 和众筹模式，却依然无法撼动华尔街所代表的主流金融体系。但在中国，2013 年以来互联网在支付、P2P、小额贷款、融资、保险、理财产品等方面全面出击，势头之猛，已经引起主流金融机构的担心。这是因为中国的金融市场仍然没有完全开放，没有实现市场化，为互联网的颠覆留出了机会。

再以媒体行业为例。从 2012 年以来，报纸和杂志开始进入收入的拐点，不时传出一些纸媒关门大吉或者合并的消息，电视机的开机率下降，广告收入下降的势头迅猛。而美国已经基本完成了互联网对传统媒体的冲击阶段，进入相对平稳的内容与技术和新媒体融合的阶段。对比一下，美国的报纸杂志、广播电视是一个高度市场化和竞争化的行业，而中国的媒体则受到政府严格管制，传统媒体各方面的发育原本就不成熟，遇上移动互联网，立即引发“雪崩”效应。

对于那些抱残守缺者来说，互联网是丧钟；而对于创新者来说，互联网是福音。当互联网深入到中国不太完善的传统产业中时，这种新的机会，以及新的结合，就会产生中国所独有的商业模式。所以，互联网在中国的颠覆会更彻底，因为用户更多，因而机会更大。如果仅以国内市场相比，中国肯定会出现比美国更大的互联网公司，不只是因为中国的互联网人口超过了美国，更因为互联网对中国传统产业的改变更彻底。

可能一些行业还没有发展到美国的程度，就已经被彻底改变，或者与互联网融合成为一个全新的行业。美国是全球性的研发部门、实验室、创新策源地，而中国是最大的应用创新转化器与最大的应用市场。也正因为如此，越来越多的国际创新者会加入到中国来，有那么多的风险资本来中国寻找迅速复制美国模式的创业者。

2013 年是互联网从边缘颠覆向主流进军的转折之年。在互联网迅速发展中成长起来的“80 后”和“90 后”一代，正在成为经济的主体。这会带来两个效应。一方面是中国能够利用互联网实现产业发展的跨越。例如在物流行业，美国的物流巨头经过了几十年的发展，才形成了目前智能化的物流系统，但中国不到 10 年的时间，就能产生像顺丰这样日益智能化的物流巨头。另一方面，互联网在中国对制度提出了更高的挑战，只有建立起较为完备的社会信用体系、实名制度、网络安全、隐私保护、知识产权保护等，才能保证互联网的颠覆创新能持续不断。

2013 年 11 月 11 日

互联网从江湖进入庙堂

中国的互联网正在从“边缘革命”向主流高端进军。2013 年，传统行业在经济下行的压力下一片愁云惨淡，但与互联网和移动有关的行业反而加速成长，成为潜力无限的新经济。

一个最显著的标志是，“互联网一代”正在成为消费的主流、社会的主流。互联网一代是指 1985 年以后出生的人口，他们正当成家立业之年，担当起了消费的主力。他们是互联网世界的“原住民”，在创业的领域也正成为主力，天然带有互联网行为和思维方式，代表了许多产业未来的发展方向。

互联网除了成就自身的商业模式，如搜索、广告、电商、游戏，还在把更多的业务揽入它的领域，如阿里为代表的互联网金融，小米为代表的中国制造的新路径。腾讯市值超千亿美元，行为越来越向世界级互联网公司看齐，并试图将更多行业用其无所不在的社交模式“一网打尽”。这些互联网巨头在充分收获了中国互联网的人口红利之后，都加大力度抢占移动互联网入口，并在非互联网领域寻求新的成长空间。

互联网形成的一整套创业方法，正被越来越多的年轻人用于更加广泛的行业，侵入以前看似与互联网不相干的领域。互联网的系统越来越复杂，演化出无穷的商业模式，那些互联网巨头或者平台级的公司，正积极围绕自己的核心能力和杀手产品营造生态系统，这已经完全不同于工业时代大规模复制产品或者追求企业规模的商业模式了。

互联网创业者把眼光投向传统行业，非互联网行业也开始透过互联网重新打量自身。互联网与制造业的结合，产生了 C2B 的商业模式、大规模定制和柔性生产。互联网公司已经从争夺客厅开始，颠覆家电企业，像海尔董事长张瑞敏以 60 多岁年龄，也要矢志将冰箱洗衣机工厂转型为一家互联网式的公司。

互联网打破了传统行业划分的界限，产生了一些新的“物种”，如苏宁云商和乐视网，已经无法仅仅用零售连锁和视频网站来定义。进入到移动互联网阶段，一个更大规模的改造与颠覆正在展开，因为移动才更贴近互联网的本质。我认识的一位从事制造业和房地产开发的资深企业家，2013 年一口气投资了几十家移动互联网公司，他兴奋地告诉我：“20 世纪 80 年代破墙开店的感觉又重现了。”

互联网很快就不再是一个行业，而是像当年的电力一样，成为一切产业的公用和基础设施。未来一切客户、读者、消费者、投资者、游客，都来自互联网用户和移动用户。互联网用户是一切用户的上游，拒绝互联网就是拒绝用户、自我“停电”。

移动互联网进一步催生了大数据技术和新的商业模式，也改变了人们对这个世界的看法。数据就是资源，而且其重要性相当于农牧时代的土地、工业时代的石油。不仅在商业竞争中，而且在国家竞争中，谁占有了数据，谁就控制了互联网和物联网，从而掌握了未来。

互联网思维正在成为主流的商业思维，几乎达到了“没有互联网就别谈创新”“脱离移动互联网就免谈创业”的地步。**互联网依靠产品方式、免费模式、用户为本、扁平灵活、开放平台、众筹资本、分享经济、开源创新，重新定义了一个又一个产业，重塑了原有的行业划分、竞争格局、公司组织、客户关系、供应链体系。人类的思维与日益智能化的互联网结合，可能会引发更具颠覆性的突变。如果缺乏甚至拒绝互联网思维，将彻底迷失方向。**

互联网也在从江湖进入庙堂，从“反叛”走向“和谐”。国家发现互联网能创造就业和税收，能转型也能升级，开始抬高互联网地位，中国的互联网企业家还受到了中国国家领导人的接见。在经济下滑的隧道中，互联网被认为是隧道尽头的一线亮光。地方政府纷纷扶持电子商务产业、物流产业、游戏产业、互联网广告与营销等新型产业，还热衷于建设各式各样的云计算、物联网产业园区、数据中心。总之，互联网为国家治理带来了新的选择、新的可能。

2013年12月25日

中国经济转型的代价会有多大

2012 年，我到长三角一个县级工业强市调研，当地主管经贸的一位领导告诉我，2012 年第一季度，工业增加值与 GDP 都跌入个位数，工业亏损面加大。该市的一家大型民营钢铁企业家告诉我，如果当年中国经济增长跌到 8.5% 以下，则“非垄断行业很难赚钱”。

这位企业家在钢铁行业工作超过 30 年，做出了一个很有意思的经验判断。我们都记得过去政府年年提出经济增长 8%，结果年终算账都是 10% 左右。2012 年增长目标下调到 7.5%，按以往经验，预计执行结果应该在 9% 上下。而在东部沿海发达地区，增长低于两位数，官员就没有颜面。这样看来，一季度经济增长为 8.1%，是近 3 年来最慢的，如果换算成环比年率为 7.4%，甚至低于 7.5% 的底线。珠三角和长三角企业的亏损面都扩大了，有些地方甚至比金融危机时还困难。

中国经济增长放缓，已经成为正在发生的事情，而且会继续放缓。为《福布斯》中文版撰稿的专家中不乏唱空中国者。章家敦曾说经济增长正在归零，美国学者迈克尔 · 佩蒂斯（Michael Pettis）认为，中国在未来 10 年平均年增长率将勉强高于 3%。经济学家吉姆 · 沃尔克（Jim Walker）认为，中国经济将逐步放缓到 4%。华尔街上一些做空中国的基金经理认为，中国将出现硬着陆。美国研究经济学家尼古拉斯·拉迪（Nicholas Lardy）明确指出中国经济如果不改革，将逐步深陷长期低增长。有着“末日博士”之称的著名经济学家鲁里埃尔·鲁比尼（Nouriel Roubini）①曾预言，中国经济可能会陷入危机。越来越多的国际经济学家相信，到2015年以后，中国经济将逐步降到5%左右，甚至更慢。

如果按照长三角那位民营企业家的经验来判断，当中国经济增长降到5%的时候，除了“垄断企业”，中国大部分的民营企业恐怕都已经破产了。减速的原因，从短期来看有出口下降、投资下降；从长期来看，原先支撑中国经济高速成长的人口红利、土地红利及制度红利都在衰减，甚至消失。如果以目前的增长模式线性地看待放缓这个问题，中国经济可能无法持续增长，企业难以生存，国家甚至会陷入痛苦的“中等收入陷阱”。

显然，中国经济迫切需要转型，要害在于从外需转向内需，从投资转向消费。但金融危机以来，中国经济失衡更加严重，国有部门正在获取财富中越来越大的份额，居民消费正受到严重的压抑。例如，垄断的银行业已经成为附在居民身上的“抽血机器”。利率没有市场化，中国的居民储蓄都是负利率，实际来看，中国的家庭和个人是在补贴中国的银行业。银行的信贷又大部分投向最没有效率的国有企业，当经济下行时，银行仍能获取暴利；当银行出现坏账时，往往靠强制性的“存贷差”所产生的利润，以及通过资本市场融资来冲销坏账或者被充资本金。如此循环下去，中国经济终将窒息。经济转型，首先要中止财富大规模从家庭和个人向国有部门转移，打破一些既得利益格局不可避免。

失衡正在从经济领域进入社会甚至政治领域，不仅在环境、房地产、土地等方面引发越来越多的摩擦，而且产生了“权贵资本主义”和“国家资本主义”。现有经济增长难以持续，需要改革，但下一步该如何走，社会各利益团体从来没有像今天这样对立过：有的主张反市场化以及进行更大的国家干预，也有的主张激进的市场化以及更加自由化的改革。从以往的政治、经济周期来看，经济上遇

① 想了解鲁比尼的更多思想，推荐阅读由湛庐文化策划，四川人民出版社出版的《危机经济学》。——编者注

到的麻烦与政治搅在一起时，往往会导致很大的波动。

中国经济增长的放缓已经成为长期趋势，但有两种结果。一是经济转型受阻，沿用大规模国家干预以维持增长，其结果只会让经济失衡更加严重，难以为继，最终将以某种经济 - 社会 - 政治交织危机的方式表现出来，如此将付出沉重的代价。

二是继续推行以市场为导向的改革，这是代价最小的调整。经济可能在短期内放缓，但转型后的经济将产生新的活力，保持较快的发展，进入一种有所减速但较均衡的“新常态”。经济若以 7% ~ 8% 的速度再成长 20 年左右，中国将会有一大批民营企业登上创新、品牌、国际化的舞台。

2012 年 6 月 6 日

电商让农业可以很酷

农村电商目前是一个火热的领域。阿里巴巴、苏宁云商等电商巨头都在朝此发力，许多创业者也选择在这个领域努力实现从 0 到 1 的突破，地方政府也在通过电商寻求县域经济和农村发展的新模式。

中国农村有 6 亿人口，形成了巨大的消费市场。中国进一步发展会产生更多的中产阶层人口，必然要进一步城市化。城市化不仅仅是盖高楼，更是提供城市标准的生活方式、消费水平、公共服务，以及支撑这些的产业基础。城市中产人口享受到的商品和服务，可以通过电商更有效率、更早到达农村，提升农村的消费水平、改善生活品质。当农村人像城市人那样生活和消费时，城市化就会水到渠成。

农村电商为解决中国的“三农”问题带来了新的路径。当农民用上互联网，他们将变成新型的农民，消弭农村与城市的界限。电商造就新型农民，给他们带去知识、带去科技，为农民打开了新的眼界，帮助他们发现、实现自己的价值。电商与农业结合，就是互联网 + 农业，让农村的发展更加可持续。

农村电商经济与以往的农村发展思路有所不同。曾几何时，“无工不富”几乎就是农村发展的唯一道路，一些地方发展乡镇企业，村村点火，户户冒烟，但工业化并不意味着中国每个村庄都去办厂。从目前来看，电商给农业和农村服务业带来了生机。电商从表面上看是让农民把农产品和土特产卖到城市，但从本质上是让农业有科技感，实现农业的创新，让农业也流行起物联网、智能硬件、生物科技等。除了普及农民上网，还需要营销、物流、食品的市场准入与监管，以及相关的金融服务等。

除了卖货，农村最大的资产还是它与城市不同，有自然景观、风土人情、文化遗产，电商可以把更多城市人吸引到农村度假与消费。我考察过宜兴南部山区的变化，以往这里遍布小而散的乡镇企业，污染了环境，破坏了山水与风土。经过整治之后，山清水秀，农民从乌烟瘴气的小化工厂回到林地田间，将屋舍设计得充满格调，还搞起了乡村音乐节，通过互联网推广，这里成了一处健康生活的休闲胜地。当地工艺品和土特产也很受市场欢迎，经济因此繁荣起来。

面对移动互联网，农村与城市在许多方面可能都处于同一起跑线上。许多人不会用个人电脑，但很快就会用手机。非洲的一些农民兄弟从来不知道银行是怎么回事，但他们不用人教就会用手机支付。中国的农村也有可能通过移动互联网让电商经济发展起来。我有一位朋友，从北京的互联网创业大潮中急流勇退，卖掉经营得不错的公司，回到江苏老家养小龙虾和种田去了。我相信这样的人去做农民，会重新定义农民。我还有个朋友，从海外名校留学归国，选择当村官，目前正在打造一个平台，帮助千千万万的大学生村官在农村创业。

我多年的老友莫问剑，在农村电商领域为自己开辟了崭新的事业。多年前他在新华社做记者，“铁肩担道义，妙手著文章”，后来下海经商，几经折腾，数次起伏，还在创业节目《赢在中国》中成为“网红”。如今他站在了农村电商的风口与创新大潮的浪尖。

对于经营农村电商，县政府可大有作为。政府可以完善基础设施，让农村通路，让农民都用上手机，都能上网。政府可以帮助建立起物流体系，让村村镇镇成为流通节点。政府可以培训农民网络入门、经商技能、金融知识。政府可以帮助农村推广自己的特色，连接起外部精彩的世界。农村电商，在很大程度上是建立起食品从田间到餐桌的链条，政府在食品安全方面也要负起责任。电商仅仅是开始，会带入更多的科技、创新、创业的元素，让田园风光与现代生活共存。

莫问剑、金苗妙的大作《上山下乡又一年：县域电商就该这么干》带着我游历了中国广袤的农村，令我叹服他们在那么短的时间内，已经开始改变中国许多地方，让我更加领略到了电商与科技的闪电正在击入中国大地。我瞬间觉得，农业、农村、农民都可以很酷！

此文系《上山下乡又一年：县域电商就该这么干》之序。
2016年8月22日

互联网提升劳动生产率了吗

中国和全世界的决策者都在为经济发愁。中国“新常态”，下行压力仍然很大。全球“新平庸”，经济增长处于低水平，主要经济体基本依靠负利率和零利率支撑。

中国和美国的劳动生产率都遇到了麻烦。经济学家蔡昉测算，中国的全要素生产率从1995—2009年每年增长3.9%，下降到了2011—2015年每年3.1%，预计“十三五”期间，全要素的生产率会下降到2.7%。

美国的全要素生产率在1995—2004年高速增长，达到3%，正是互联网迅速普及、IT技术与经济全面结合的时期。2004—2014年降至2%。过去5年平均每年仅增长1%，而最近更低于1%。

劳动生产率决定着就业者的收入水平，也决定着生活水平。劳动生产率下降如果持续下去，对中国来说就意味着跨越中等收入的步伐会放慢；而对于美国来说，意味着中产阶层收缩，老百姓家庭收入没有增长，甚至收入差距扩大，会引发民粹主义上升。这也是地产商出身的特朗普能成为美国总统的经济与社会背景。

且慢，这些年来，中国和美国互联网和科技进步不是很明显吗？人们不是在说第三次或第四次工业革命吗？为什么这一轮技术创新目前还没有像以往那样提升劳动生产率？

对比经济增长放慢，美国与中国涌现了一大批高估值科技公司，人均创造的收入和利润远远高于传统产业。互联网方便沟通，显著提升了人们的协作水平，降低了交易成本，为什么劳动生产率不升反降呢？

也许这个问题在中国比较好回答。没错，中国的新经济部分看起来发展很快，但是，新经济的培育和成长并没有带来“创造性破坏”。中国积累了庞大规模的亏损、低效、依赖国家补贴的“僵尸企业”，长期无法退出市场。此外，劳动人口结构老化影响经济效率，对劳动生产率贡献最大的农民工已经不再年轻。

但是，从硅谷背景的经济学家到中国统计机构，都开始质疑统计方法有问题：不是经济不行，而是统计不行。目前的统计，没有把互联网带来的新经济因素考虑在内。比如，租车软件显著提高了效率，搜索帮助人们获取信息和知识比以往快许多，地图和导航服务让交通更便捷，电商既减少了购物时间，又给消费者提供了更多的选择。

所以，美国根本不存在劳动生产率的问题。谷歌首席经济学家、加州大学伯克利分校的经济学教授哈尔·瓦里安（Hal Varian）认为，如果说劳动生产率有问题，那一定是统计有问题，或者劳动生产率定义有问题。斯坦福大学经济学教授尼古拉斯·布鲁姆（Nicholas Bloom）则断定“硅谷劳动生产率正在大爆炸”。

中国国家统计局也开始有些怀疑使用了多年的统计方法。调整统计方法，新经济的数据对冲仍在探底的旧经济数据，整体的 GDP 可能会好看一些。

更重要的是，中国拥有全球最多的互联网人口，是全球最大的互联网经济体。统计互联网经济，测算互联网带来的劳动生产率的提升，中国与美国面临着同样的问题。

成功的互联网公司大多创造了多边市场机制，建立了平台型经济，使得免费服务流行、共享经济崛起，但互联网带来的更高效协作与共享无法从市场上体现出来。从摩尔定律 50 年前被提出到现在，计算效率提升了数千万倍，用户在购买了硬件之后，几乎可以免费获取各种软件服务。IT 基础设施建成和硬件产品普及之后，我们正在进入一个“软件定义一切”的时代，软件应用多数是免费的，尤其是云计算普及之后。

经济学家似乎也分成了新经济和旧经济两个派别。美国劳工部以及东海岸的经济学家们坚持他们的统计方法，如芝加哥大学研究劳动生产率的查德·西弗森（Chad Syverson）和通用电器公司的首席经济学家马可·安努齐亚塔（Marco Annunziata）。问题就在于互联网经济大量发生在非市场的领域，发生在个人之间，无法进行统计。对市场领域的统计方法没错，只是非市场领域目前无法统计，即使如此，这轮互联网和技术进步带来的福利，与这些年来全要素劳动生产率的损失相比，也是无法相提并论的。

用目前的统计方法还可以解释的是，互联网和技术进步渗透到各行各业和整体经济需要一定的时间。当新技术产生颠覆性作用时，需要一定的时间来推动劳动生产率的提升。例如，当年洗衣机发明时，家庭洗衣的时间明显缩短，但这一效率提升并没有被统计。只是洗衣机和其他家用电器把家庭妇女从家务活中解放了出来，使她们走入就业市场，提升了劳动生产率，推动了经济增长。

所以，如何评价当前互联网和技术进步对于经济的推动？硅谷的颠覆者们会说，几十个年轻人创办的一个互联网公司，可能就是一个估值超过 10 亿美元的“独角兽”，还有比这更高的生产率吗？对于那些面对传统低效经济的崩溃，而急于找到新的经济增长动力的政府来说，它们迫切需要新经济来填补空白。

然而，历史上历次工业与技术革命告诉我们，技术渗透到实体经济中需要一个过程，而且它们在不同行业中的渗透速度和程度都是不均匀的。这一轮以互联网为代表的技术进步，对于经济的影响是才刚刚开始还是已经结束，在很大程度上取决于人们用这些技术干什么。

我曾经在朋友圈里发问：“难道机器人刷屏，也会创造 GDP？”

2016 年 9 月 13 日

供给侧改革更需要企业家精神

人们现在都在谈一个非常热门的词:“供给侧”。想想在几年前，在上一次金融危机的时候，我们的应对措施实际上是需求侧的刺激。在谈到供给侧和需求侧的时候，哪一侧更加需要企业家精神呢？我感觉供给侧可能更需要，因为需求侧就是政府大规模刺激，企业家起的作用实际上不是非常明显。但是，在供给侧的改革中，企业家可能扮演着非常关键的角色，因为供给侧的改革本身就需要很多的结构变革和制度上的变革，让企业家发挥更大的作用。

供给侧包括各种各样的要素，比如土地、资本、劳动力和全要素生产率，是谁让这些要素发生化学反应，从而创造需求呢？答案应该是企业家。所以，在中国实现依靠无限劳动力供给的经济，转向依靠无限计算力与无限创意力驱动的经济，企业家精神将起到非常关键的作用。由此看来，供给侧的改革，尤其在结构的调整和制度的变革中，能否让企业家更好地发挥创造精神，我觉得是衡量这场变革是否成功的试金石之一。

中国经济正面临着一场技术的变革，企业家精神的本质是创新。有一本书叫《创新民主化》，写的是由于互联网技术，创业创新的门槛变低了。同样，企业家精神在过去是少数人冒险和追求财富的游戏，而在技术变革这样一个大背景下，变成了一种大众的追求。所以国家适时地提出了“大众创业、万众创新”，为中国经济转型寻找一种新的动力。

最近发生在一些企业家身上的热点事件也开始让人思考，如何评价企业家在中国改革开放以来的经济发展中的地位和作用。

比如，复星集团董事长郭广昌配合司法机关调查这件事情，之所以拨动很多人的心弦，就是大家从这件事上想到了企业家的方方面面。如何评价企业家的作用，如何评价企业家和政府之间的关系，如何评价企业家个人权利和财产的保护，等等，这些话题公众议论得非常广泛。再比如 2016 年宝能集团举牌万科，王石公开拒绝这一资本势力控制万科，这些都让人不由得去思考资本、经理人、企业家、股东之间的关系。

2015 年在乌镇参加全球互联网大会，听了很多论坛，其中有一场给我的印象特别深。中国最成功的互联网创业者，比如马化腾、李彦宏和雷军都是众人瞩目的焦点，但更引起我注意的是诺基亚新任董事长谈到的诺基亚最近 3 年的剧变，它换掉了 99% 的员工，我觉得这种脱胎换骨令人震撼。作为一个科技企业，它在 100 多年的历史中经过了数次重大的脱胎换骨，所以从这点来看，中国的互联网公司还没有经历过一次真正的技术与产品大周期的冲击，而中国的企业家可能还没有面临真正的考验，也许真正的考验正在来临。

此文是在中国企业家（上海）峰会上的致辞。
2016 年 1 月 14 日

新经济的核心是智能制造业

在互联网时代，决定一个国家经济竞争力的核心产业仍然是制造业。但此时的制造业，已非彼时的制造业；未来的制造业，也非当下的制造业。

2010 年，中国制造业产出超过美国，成为全球第一制造业大国。后来中国制造业产出逐步与美国拉开距离，据世界银行统计，到 2014 年，中国制造业的产出已经是欧盟的近 1.5 倍、美国的近 2 倍、日本的 4 倍、德国的近 5 倍。

目前中国制造业占了全球制造业的 1/4，从汽车到手机，从空调到微波炉，从钢铁到水泥，中国的产量都在世界遥遥领先，已经成为名符其实的世界工厂。

根据德勤等机构对全球 500 名制造业跨国公司 CEO 和高管的调查，中国制造业的竞争力在 2016 年仍然位列第一，但到了 2020 年，美国将超过中国名列第一。

这份排名应该不是比规模，而是比谁的工业更强。中国制造业目前面临着很大的挑战。首先是制造业中存在着严重的产能过剩，结构很不合理；其次是中国制造业效率太低，消耗能源和资源太多；劳动生产率还远远落后于老牌的工业化国家。另外，中国面临着劳动力的挑战，人口老龄化，人力资源成本上升，高技能人才进入制造业的意愿在减弱。

更重要的是，制造业本身正在被重新定义。美国、欧洲和日本都在先进、尖端的制造领域投资，如美国的工业互联网、德国的工业 4.0，以及日本的环境友好型制造。制造业从生产、产品、消费到物流和供应链，正在变得日益智能化，各种物理 - 信息系统和各种联网，正在形成完整的商业闭环。

中国也意识到自己在制造业方面急需突破。制造业的商业本质没有改变，具有成本效益和差异化的产品仍然是企业的追求，但在互联网时代，实施这些战略的手段越来越依赖创新。围绕实现制造强国的战略目标，政府已经提出了第一个十年的行动纲领——“中国制造 2025”。

中国这些年已经研发和掌握了一批以超级计算机为代表的尖端技术，但如何将这些技术应用到经济中，通过企业的创新来建立起新的价值链，尤其是建立起类似通用和西门子这样的制造业全球公司，以及苹果这样的产品品牌，仍然需要不懈努力。

2017 年 4 月

书中的世界

互联网冲击暴露中国经济的脆弱

读完刘润先生的《传统企业，互联网在踢门》，我的第一感觉，这本书适于从事传统行业的读者，他们中可能有许多人，在面对互联网大潮的冲击时，感到迷茫、失落甚至恐惧。

以前与互联网企业家和传统行业企业家交流，我感觉他们之间最大的不同是，前者从来不关心 GDP、CPI（消费物体指数）、PMI（采购经理指数）、货币政策、国际收支等宏观经济，后者却整天围绕这些话题刷屏。过去几年，以互联网为代表的“新经济”开始与中国的“旧经济”分道扬镳，这体现在资本市场上，也体现在实体经济中。中国经济正处于减速通道，传统行业陷入困境，而互联网公司却加速发展，一片繁荣。

更为明显的是，互联网开始颠覆传统行业，并且以比美国更加迅猛的态势冲击着经济，甚至产生了一些破坏性。由于中国经济在很大程度上还没有建立起完整的市场经济体系，国家仍然干预和垄断着经济命脉，互联网公司高度竞争、快速创新、猛烈颠覆、前赴后继，传统行业一时间猝不及防，无以应对，这也显示出中国经济面对“破坏性建设”的脆弱。

这里所说的传统行业，是指那些仍然没有“互联网化”的行业，正如19世纪电力进入经济一样，并非所有的行业都去从事发电与输电，但几乎所有的行业都必须接通电源才能提供产品与服务。互联网时代也是同一个道理，如果拒绝互联网，将被无情淘汰。

互联网力量的来源，是它能以更高的效率替代线下竞争者。一个经典的案例是，马云当年对做传统零售的卫哲说，只用增加几台服务器，就能把销售提高一倍。高速成长吸引了风险资本的进入，在风险资本的“补贴”下，互联网产品能够以免费的模式迅速积累起大量的用户，许多领先公司都能从某一成功产品发展为行业性平台，推行所谓“羊毛出在猪身上”的策略：免费提供搜索服务，却向广告客户收钱；免费提供硬件，却从软件服务收钱；免费提供开网店服务，却从推广赚钱；免费提供安全服务，却从贩卖流量赚钱；免费提供社交服务，却从游戏业务收钱。

在移动互联时代，这一策略正在向更为复杂的方向进化。比如，免费提供线上服务，却从线下收钱；免费提供Wi-Fi服务，却从后续的服务收钱；免费提供社区服务，却从交易盈利；免费提供交易服务，却从金融服务收钱……如此不断寻求跨界的机会，在大数据和云服务日益完善的环境下，形成更加高级复杂的生态系统。刘润写道，这些方式的本质都是在争夺用户，在PC时代形成最宝贵的流量，在移动时代获取最宝贵的时间，最终为用户创造价值。

这种做生意的方式，传统行业是难以理解的。有些传统产业注定会被颠覆，服务业首当其冲。从本质上来说，服务业是基于信息流动的行业，只是程度不同而已。互联网当然不会炒出一盘菜来，但它可能决定了用户张口吃菜之前的一切行为。更不必说传媒娱乐行业了。从这个意义上来说，教育和医疗是正在呼唤颠覆的行业。

对于传统行业来说，现在面临的问题是如何拥抱互联网。如果说第一阶段是传统行业守住家门，不断被互联网颠覆者“踢门”的话，那么接下来将会迎来第二阶段：打开城门，向互联网进军。尤其是服务业要尽快主动拥抱互联网，制定转型和创新的战略。对于制造业来说，还有机会争取主动，先把制造领域的服务环节互联网化，再把生产过程互联网化，即物联网。这个领域的革命，更加可能由传统行业的软件工程师们发起。这个过程才刚开始。

互联网与传统行业的结合，目前仍是一个比较新的话题，既没有专家，也没有理论，大家都在探索。刘润先生的这本书从当前互联网领域的热门话题切入，收集了一些大家耳熟能详的案例，初步总结和探索了传统企业拥抱互联网、实现转型的方法和策略，有助于从事传统行业的读者理解互联网，并在实践中学会驾驭互联网。

2014 年 8 月 29 日

富士活着柯达死了，以往的答案都错了

进入 21 世纪，互联网和数字经济所引发的产业革命，迅速颠覆了许多行业，其中最为经典的案例当属诺基亚的坠落，以及柯达的破产。对于诺基亚的坠落，人们通常拿苹果的巨大成功做对比；而对于柯达的破产，人们对于其老对手富士胶片的转型成功，却没有足够的关注。

其实，这个故事同样精彩。

世纪之交，富士胶片如日中天，胶片和感光材料的销售占公司销售额的 60%，利润占 2/3，第二年还超过了老对手柯达公司。

盛极必衰，彩色胶片产业的灾难正迎面而来。自 2000 年起，全球彩色胶片市场以每年 20%~30% 的速度下滑，10 年时间，总需求已经降至不足 1/10。富士胶片的感光材料业务，也在短短四五年内陷入巨亏。胶卷业务收缩，仅为当初的 1/4。

就在主营业务断崖式下跌的同时，7 年光景，富士胶片实现了一次脱胎换骨，整个公司的销售和净利润均创历史最高纪录。富士胶片的名称没有改变，一个新

富士已经诞生，而老对手柯达公司2012年申请破产。

富士胶片的这场革命，是由现任富士胶片控股株式会社会长兼CEO古森重隆领导的。令我感到有些意外的是，古森先生作为一名富士胶片体制内的老人，竟然也能发动一场彻底的自我革命。古森先生所著的《灵魂经营》，满足了我的许多好奇。

古森先生1963年大学毕业就加入了富士胶片，一路升至公司最高层，应该是富士胶片业务辉煌历史的创造者和最大的受益者。我们经常会听到“创新者的窘境”这一说法，就是企业无法在自己的内部实现创新，因为领先的企业太注重自己现有的客户和市场，太依赖原有的路径。那么，古森先生是如何打破这个窘境的?

回看古森先生在富士胶片内部的成长路径，他一直都不在核心的胶片业务部门。他工作的第一个部门是经营策划部，做一些预测胶片市场需求之类的分析工作；很快他要求到一线去，转到产业材料部，一个把胶片生产技术应用于其他领域的部门。我认为，这一选择无意中让古森先生在富士胶片内部跳出胶片业务来看待富士胶片，尤其是观察公司的技术基因，并且对新技术在产业内的应用极为敏感。古森先生很早就预感到排版工序的数码化将会颠覆胶片行业，而当时全球胶片市场已经由4大公司垄断，富士胶片赚取着丰厚的利润。

早在20世纪80年代，担任科长的古森多次向公司总裁提出建议：“从现在开始，我们就要着手开拓一个巨大的、新的发展领域。”富士胶片很早就进行数码化技术的自主开发，1988年推出了全球第一台真正意义上的数码相机。同时，富士胶片开拓了更多新领域，如影像技术延伸出了喷墨打印技术和光盘技术，胶片中的精细化工技术延伸出了药品研究。但是，由于胶片生意太好，这两项业务很快被出售了。当时，富士胶片公司内部的主流意见乐观地认为，胶片产业还有30年市场。1995年，古森升任董事并担任第二营销部长，总裁要求他判断数码化对公司胶片业务和技术产生的影响。就在古森担任总裁那一年，富士的胶片业务见顶。数码技术以摧枯拉朽之势席卷胶片市场，而数码相机本身的价格也一路下跌。危机之中，古森 2003 年担任公司 CEO，开始了大刀阔斧的改革。

古森果断从胶片业务部门裁员 5 000 人，相当于它全球业务的 2/3。与此同时，富士胶片大力投资新兴业务，即“偏光板保护膜”，市场占有率达到 70%。这一产品广泛应用于液晶电视和智能手机，在很大程度上弥补了胶片行业的损失。值得一提的是，这个项目曾经在富士胶片内部长期徘徊于边缘，甚至数次面临被砍掉的危险。

在结构调整的同时，古森积极寻求新兴业务，否则富士胶片将会逐步萎缩。他制定了一个“四象限战略”：用现有技术巩固现有市场，开发新技术应用于现有市场，将现有技术应用于新市场，研究新技术开拓新市场。富士胶片最终选择开拓数码影像行业、光学元器件行业、高性能材料行业、印刷系统行业、文件处理行业、医疗生命科学、化妆品等行业。为了加快推行这一战略，富士胶片在 2006—2012 年间进行了 13 起主要并购，一半以上集中在医疗健康领域。

古森先生一直对富士胶片的技术抱有信心，在收缩胶片业务的同时，他坚定地投资富士胶片的未来。为了发挥富士胶片的技术优势，古森把分散在各业务领域的技术人员集中起来，成立了一个横跨各业务领域的“先进研究所”，每年拨款数十亿美元研发经费研究尖端技术，以确保富士胶片在自己的业务领域内保持优势，并且开拓新的领域。

对于老对手柯达的失败，古森的看法更加入木三分。柯达 1975 年发明了数码相机，但因为害怕影响胶片业务，而将其束之高阁，还不想让外界知道。一般人认为，柯达的失败是没有抓住影像数码化的机会。但古森先生认为，即使抓住了数码相机的机会又能如何？其实柯达在数码相机领域有很多创新，而且并没有失去机会，2005 年柯达的数码相机市场占有率居美国第一，销售增长 40%，达到 57 亿美元。

数码技术迅速普及，生产数码相机的公司竞争激烈，竞相杀价，柯达此后迅速被日本的数码相机公司击败。其实无论是柯达还是富士胶片，即使抓住了数码化的机会，也无法仅仅依靠数码设备生存下去。胶片和数码相机的市场，最终是被手机和移动互联网干掉的。对于柯达的死因，我想没有人比古森先生更有发言权。

其实富士胶片也及时进军了数码相机和数字冲印设备的市场，但在古森先生看来，数码产品无法支撑起富士胶片的长期发展，只是用来在转型期缓解主营业务断崖式下跌带来的冲击，富士胶片的未来在于多元化。柯达的失败，是因为没有及时将业务多元化，古森尤其强调柯达放弃化学制药业务，令柯达失去了多元化的机会。1988 年，柯达曾经收购了一家化学制药公司，但不久又以收购价的一半出售了。富士与柯达竞争几十年，最终杀死柯达的，并不是富士，而富士活着的原因，更不是柯达的死去。

现在回头来看，无论是胶片还是数码相机，都是消费影像市场。显然，仅仅抓住数码相机的机会，并不能救活柯达，也不能救活富士，因为胶片产业以及数码相机的终极颠覆者并不在这个行业内，更不是竞争对手，而是手机和移动互联网，通过颠覆消费影响市场，干掉了那些固守胶片和数码相机的巨头。对于彩色胶片巨头来说，其自救的机会并不是数码相机，而是其他行业，利用在光学、化工及材料方面的技术优势，及早切入新的领域。这一点，富士抓住了而且执行得很坚决，柯达想到了但推进得反复犹豫。

应该说富士胶片有古森先生是幸运的。他在胶片业务调整期和金融危机到来时，两次果断裁员，都保证了公司没有亏损。在公司主营业务最辉煌的时候，他就已经认清多元化的大趋势，为应对胶片行业的覆没做好了准备。而在风暴来临时，他用 7 年时间，发动了一场公司内部的自我革命，驾驭了一场惊心动魄的转型，让富士胶片得以涅槃重生。

我没有见过古森先生，但他在《灵魂经营》一书中的一句话，令我对他的性格有了深刻的认识：他强调经营者应具备某种“野性的本能、直觉和魄力”，他称之为“爆发力智慧”。而这爆发力之后，是他在富士胶片公司超过半个世纪的工作，他的灵魂已与富士胶片的灵魂融为一体。

2017 年 9 月

第三部分

势在前行，从危机出发

10 年前的金融危机，让这个世界进入了“新常态”。它意味着即使危机平息下来，一切也无法回复到原有的状态，更意味着这个世界正在迎来一个新秩序。

08

从危机出发，一个 10 年的思索

从财富的转移到权力的转移

2008年美国次贷危机撼动了华尔街，引发了一场全球金融和经济权力的转移。这场权力转移的载体，是财富的转移，其过程可能恰恰是新兴市场国家自20世纪80年代陆续加入全球的分工体系，逐步改变全球的贸易、投资、金融秩序。而次贷危机，正好是这样一个全球分工和竞争的格局渐变的拐点。

这些年渐变的结果，是以东亚为代表的制造业财富和以中东为代表的资源财富的创造。全球制造业向以中国为代表的东亚和印度转移，引发了一场规模空前的工业化，从人口结构上看，这一过程可能还将持续一代人，从而导致中东石油价格和全球资源类产品的上涨或者持续高位运行，吸引依赖这些资源的西方国家和一些资源贫乏的新兴市场经济体的财富向其转移。

制造业财富和资源财富，在东亚和中东国家表现为主权财富。在这样一个财富的转移过程中，美国和欧洲的金融服务业发挥了中介的功能：全球融资、资源配置和财富管理。但更重要的是，华尔街发挥着另外一种重要的中介功能，用新兴市场国家的资金支持美国政府的服务和美国经济增长最重要的动力——消费，这是美国从20世纪90年代以来，特别是进入21世纪以来的最重要的特征。而美元的全球储备地位，也直接服务于美国消费全球制造产品的经济秩序。通过创造泡沫性财富，美国拉动了全球经济。正如经济学教授罗伯特·席勒

（Robert J. Shiller）的研究所显示的那样，以房价与租金的比例来看，美国的房地产经历了自大萧条以来最大的涨幅。真实的财富流向新兴市场，但美国仍然掌握着金融秩序，创造着可以被即时享用的财富。

经过2008年这一轮次贷危机，华尔街在全球资本与美国消费之间的融资中介地位，还有美元的全球储备货币地位都受到了挑战。其结果正如2008年年底，东亚和中东国家的主权财富基金约400亿美元流入华尔街，但这次不是采取借钱给美国消费者的方式，而是采取持有美国金融机构股份和参与金融秩序的方式。

实际上，一个国家所拥有的外汇资产组合方式，可以从过于集中在为美国等西方国家的政府和消费融资，转向更广阔和长期的投资行为。例如，为什么印度外汇资本并没有参与华尔街的抄底？除了印度没有主权财富基金外，这些外汇资本都投资到了国内的基础设施，虽然无法获得短期的财务回报，但从长远来看有利于印度经济的健康发展。

新兴市场国家如何长远保持自己庞大的外汇财富的价值、服务于国内的建设，从中国银行业与美国银行业之间在这几年发生的巨大变化，可能会看到一幅更清晰的图景。

2003年，中国银行业中的高不良贷款率和低盈利能力，令许多美国的金融机构认为已经“技术上破产”。直到2006年时，美国的评级公司还估算中国银行体系内的不良贷款率为20%～25%。与此同时，评级公司如穆迪、标准普尔，在忙于给华尔街次级房债抵押的债券评投资级甚至AAA级，令以花旗为代表的美国银行业趋之若鹜。

但是，到2008年左右，这一切都被颠倒了。中国的国有商业银行的市值已令华尔街所有的金融机构黯然失色。2007年第四季度，美林银行宣布亏损78亿美元，花旗集团宣布亏损98.3亿美元，摩根士丹利亏损35.6亿美元，JP摩根盈利则比2008年同期下降34%，贝尔斯登更是在破产的边缘挣扎。华尔街的大银行陷入了当年中国的银行资本金严重不足的局面。

于是，在 2007 年，至少 400 亿美元从全球浩浩荡荡流向华尔街去救火。主权财富基金成为美国 2007 年最大的圣诞礼物，这些资金，很多来自当年银行业陷入严重问题的东亚国家，包括中国、日本和韩国。

同时，2007 年中国银行业的业绩报告也公布出来。工商银行 2007 年净利润较 2006 年增长 60% 以上，超过 780 亿元，而建设银行 2007 年度净利润比 2006 年度增长 48%，达到 685.6 亿元左右。其他的股份制银行、城市商业银行以及中外合资银行的业绩也非常喜人，大多数增长在 50% 至 100% 左右。

2005 年和 2006 年，当华尔街的次贷生意做得最火的时候，有些金融机构选择成为中国国有银行的战略投资者，如美国银行，当年 25 亿美元入股建设银行，到 2008 年年底，据估计，它的账面盈利一度高达 150 亿美元。此外，当时战略入股中国上市银行的还有新加坡淡马锡控股、苏格兰皇家银行、瑞士银行、高盛旗下的投资基金、安联集团和美国运通公司。而当时积极参与中国银行业股份制改革的美国及西方金融机构，甚至被美国国会质疑。

根据 2007 年按市值进行的全球银行业排名，最大的五家银行中，中国工商银行、中国建设银行和中国银行分别排第一、第四和第五的位置。尽管取得了不俗的业绩，但中国银行业的改革并没有完成，目前中国仍然管制利率，银行主要收入来源仍然靠人为的高利差。自从中国银行业股改以来，中国经济一直是高增长，但一旦经济增长放缓，银行业的不良贷款率将可能会重新上升。另外，中国银行业的管理、风险控制、银行治理结构都还低于国际水平。

这一切变化背后的原因，是中国将外汇储备用于建立一个健康的银行体系。从 2003 年年底开始，中国大规模动用外汇储备补充国有商业银行的资本金，向中国工商银行注入了 150 亿美元，向建设银行和中国银行各注入了 225 亿美元，2007 年年末又向国家开发银行注入 200 亿美元。此外，还向光大银行注入 200 亿元人民币，向交通银行注入 30 亿元人民币。这些银行资产，由中国投资公司旗下的汇金公司掌管。

在银行业，权力的天平正在向中国倾斜，目前中国的银行业正在进入美国市场，要求美国的国民待遇。从更广的意义上说，这场权力转移的表面，是新兴市场经济体创造的财富，以收购西方公司、金融机构，或许还有不动产的方式，流回到西方，而不再是为美国的政府和消费者融资。但其中可能有一种更深刻的权力转移，那就是把财富用于新兴市场国家目前还较薄弱的国内社会与创新基础设施的建设。

中国外汇资本充裕，但中国国内的社会资本和环境资本却有很大的赤字。如何将中国的外汇财富用于中国国内的社会建设和环境修复，这应该是一个值得思考的问题。

2008 年 2 月 5 日

全球经济失衡让美国经济步入“次贷化”

2008 年的次贷危机一直被理解为一个从局部蔓延到全局、从房屋贷款市场波及到整个金融系统、从金融危机引发经济衰退的过程。但是，如果我们换一个角度观察，可能会发现，全球经济失衡是如何一步步地让美国经济“次贷化”的。

所谓全球经济失衡，是指中国、日本等东亚国家和石油输出国等国家成为国际贸易和资本的顺差国，以及美国作为单一的最大经济体保持着对全球的贸易逆差和财政赤字。这种格局一度保持着平衡，被一些经济学家称为“布雷顿森林体系 2.0”：顺差国用巨大的外汇储备购买以美国国债为代表的美元资产；而其中一部分，又通过全球金融中心华尔街的中介作用，回流到新兴市场国家，以外资的方式帮助这些国家的经济增长；这些国家的产品再出口到美国，形成一种资本的循环。新兴市场国家和出口导向型国家获得经济增长，美国提供市场和以美元标价的资产，在一定时期内取得均衡，这是“布雷顿森林体系 2.0”的基本特征。

不过，这种格局不可能永久保持下去，平衡的内部隐藏着自我破坏的力量。对此格林斯潘很早就提出过警告。他说，顺差国家总有一天会厌倦持有美元资产，这样会导致美元汇率的“无序”下跌。2008 年左右这一轮美元的下跌，让许多人担心正在从基本有序的调整进入无序下跌的阶段。

而“布雷顿森林体系 2.0”演变的结果是全球经济的日益失衡。美国经济增长的最主要动力是消费，其日益依靠不断膨胀的资产带来的财富效应支持借贷，从而获得支撑。因为各顺差国愿意持有美元资产，美元回流到美国，弥补了美国超出生产能力的消费所产生的庞大赤字，华尔街不断地创造各种各样的金融工具，连接起美国的消费者与全球对美国的顺差。增长 - 消费 - 资产价格上涨 - 泡沫 - 破灭 - 金融危机，回顾进入 21 世纪以来的美国经济，它能够在互联网泡沫崩溃、华尔街丑闻以及“9 · 11”袭击后实现经济增长，正是沿着这样一条路径在发展，并且最终进入了经济衰退。

次级房屋抵押贷款的证券化资产，只是美元资产中很小的一部分，它被美国的金融机构通过一系列分散风险的市场操作，散布到整个金融体系中，甚至世界各地。复杂的数学模型加上三大评级机构的推荐，其中一些产品打着创新的名义，甚至被包装成类似于美国的政府机构债券，被一些国家的政府机构当成几乎无风险的资产加以持有。这样，次级抵押贷款支持的证券，从一定意义上，成为美元资产的代名词。

所以，我们索性直接把美国 2008 年左右的经济形势描述成“次贷化”的美国经济。因为次贷危机一层层蔓延，以及一层层被揭开，揭示了美国如何利用全球金融中心的地位，以及利用美元作为全球储备货币所带来的种种特权来服务于美国的消费，拉动美国经济增长，进而为全球经济增长提供市场和动力。同时，“次贷化”的美国经济最终爆发了危机，它说明全球经济失衡是不可持续的，那些对美国有大量顺差的国家，持有巨额美元储备的国家，在这次危机以及正在到来的经济衰退中的损失，就是长期依赖美国市场所需付出的代价。

2008 年 3 月 21 日

次贷危机为什么没完没了

2008年的次贷危机，底在哪里？这是从纽约华尔街到北京金融街最关心的问题。一个巨大的不确定性幽灵在全球市场的上空徘徊。对于全球的投资者来说，最可怕的是不确定性，而不是风险；因为风险可以计算，可以定价，而面对不确定性，人们只有恐慌。

美联储提供300亿美元资金，让JP摩根收购华尔街拥有85年历史的第五大投行贝尔斯登，是次贷危机再次深化的标志性事件。当美联储使出最后一招时，投资者对美联储政策可信度的怀疑，进而对美联储驾驭美国经济能力的怀疑，可能会引发新一轮的不确定性恐慌。

让我们回顾一下，次贷危机是如何一波波扩散和蔓延的。从2006年起，直到2007年8月，次贷危机都主要表现为美国房价下跌，仅停留在房地产领域，甚至只停留在住宅领域。2007年秋季，高盛的投资策略师仍然对美国经济做出了谨慎但现在看来过于乐观的估计：美国经济不会陷入衰退，由于美元贬值而导致的出口增长，以及投资需求的增长，将超过房地产和消费的影响。甚至到2007年12月份，美国财长保尔森在北京接受《第一财经日报》的专访时，还轻描淡写地说次贷危机不过是“创新过度”。

然而，到了2007年圣诞节前后，华尔街上的各大美国银行类金融机构，开始一个接着一个地曝出巨额的亏损和计提。除了高盛之外，几乎无一幸免。从2007年以来，银行类金融机构已经亏损了1 950亿美元。但是，这仅仅是监管机构可以看得到的损失。

这一危机最大的问题是，信用紧缩不仅来自银行系统，也来自非银行系统，那些不受监管的对冲基金、私人股权投资基金、投资银行等，正在被哈佛大学的萨默斯描述为卷入了恶性循环：当股票和债券的价格下跌时，银行要求借款人更高的保证金，迫使他们卖掉更多的资产以筹款，进而导致股票价格进一步下跌。2007年年底已经有十几家对冲基金要么关门大吉，要么出售资产，要么寻求外部资金。而下跌的资产价格令借款人的净值下跌，令贷出者更不愿意放贷。

而不确定性的另一个来源是，那些数千亿美元的难以定价的次贷关联资产。正如美联储堪萨斯城银行主席托马斯·霍尼格（Thomas M. Hoenig）所指出的，次级贷款是最近几年在华尔街创新的贷款工具，而将其证券化后发明的许多种的衍生产品和交易工具，其价格基本上是用数学模型来决定的，根本没有市场定价，流动性很差。在房价不断上升的简单前提下，评级机构又给予其投资评级，而那些从事交易的机构通过把风险散布到全世界各地，收取中介费。

因为不知道那些不受监管的金融机构持有多少次贷相关产品，也因为不知道那些产品究竟值多少钱，以什么价格可以在市场上交易，次贷这个山洞有多么深、多么黑，现在还是个未知数。

更重要的是，人们自从格林斯潘时代以来养成的对美联储在关键时刻可以扮演拯救者的信心已经开始动摇了。2007年，市场还一直在抱怨伯南克“落后于曲线”，降息动作不够大。2007年夏季在美联储杰克逊霍尔年会上，一些经济学家把房价直接与货币政策联系起来，认为美联储在制定货币政策时，应该把房价的变化作为一个参考因素。到了2007年9月份，美联储出人意料地决定将联邦基金利率削减50个基点，从5.25%降至4.75%，不仅扭转了自2004年以来的加息趋势，而且力度之大出乎市场意料。

但是，货币政策的局限性越来越明显。2008 年 3 月份，霍尼格开始谈货币政策对付次贷危机的局限性了。事实上，美国住房市场的表现是抵制美联储的政策的，格林斯潘当时还说要让房屋价格“见底”，但是，美国最大的房贷公司 Conutrywide 2008 年 2 月份没有做出一笔房贷。预计美国房价会“腰斩”的席勒说：“目前没有看到一丝上涨的迹象，如果有什么迹象的话，那就是加速下跌的迹象。”

当伯南克不断向美国经济和全球经济“注水”（美元）时，通胀又回到美国。由于美元相对于人民币和全球主要货币贬值，石油和能源价格上涨，美国几乎成为全球通胀的最大受害国。2007 年美国进口产品的价格已经上涨了 14%，2008 年的情况会继续恶化。伯南克的注水不能永远持续下去，而当美联储终于开始对付通胀的时候，美国经济将冒一次严重衰退的危险。

全球市场不仅仅是对伯南克的政策失去信心，美联储的信誉也在动摇，全球经济要经历一次痛苦的寻找新的确定性的时期。

2008 年 3 月 18 日

“轮盘赌”的终结，大衰退的开始？

1998 年，当美国对冲基金长期资本管理公司因为投机债券损失 46 亿美元时，美国纽约联储把华尔街的十多家投行召集到一起，凑足了约 36 亿美元资本解救它免于破产。

10 年后的 2008 年，又是纽约联储，再次召集几乎同一批人在同一间办公楼里，商讨如何挽救美国第四大投行雷曼兄弟。这家著名的金融机构经历了美国内战、两次世界大战、大萧条、股灾。从美国政府到华尔街同行，没有人愿意让它再喘一口气，雷曼兄弟不得不申请破产保护。

不仅如此，2008 年 9 月，美国第三大投行美林证券，在 48 小时之内把自己卖给了美国银行。美国国际集团（AIG）当时也濒临破产，寻求美联储的贷款。

所有这一切，都以惊人的速度演化着。2007 年圣诞节前后，至少 400 亿美元的主权财富基金，从全球各地浩浩荡荡流向华尔街，为花旗、摩根士丹利等银行注入资本。

当贝尔斯登 2008 年 3 月陷入破产边缘时，美联储向 JP 摩根提供贷款，收购了这家美国第五大投行。9 月 7 日，美国政府宣布接管两大住房贷款融资机构房利美和房地美。

在2007年不到一年的时间内，华尔街经历了主权财富基金、美联储提供贷款和财政部负债三种方式的拯救。终于，这一切走到了尽头：雷曼兄弟需要救助时，美联储不再愿意提供贷款，于是潜在的买家巴克莱银行、美国银行、减值收购基金，甚至包括主权财富基金，都最终退却。

而一切救助手段都已经失去的华尔街，变得空前的冷酷，它们在等待分食雷曼兄弟的尸体。从高盛、KKR、黑石、凯雷、得克萨斯太平洋集团，到大大小小的对冲基金，以及为抄底而成立的不良债务收购基金，还有主权财富基金，都等待着雷曼走向清盘的那一天，以最低的价格分食一块腐肉。

危机可能会以更大的规模展开，因为这一切令人想起20世纪30年代的美国经济大萧条。从2006年泡沫开始破灭，美国的房价以比大萧条时更快的速度下跌，股市大跌、银行破产、资产价格下跌、大宗商品价格下跌，经济陷入衰退。

美联储主席伯南克对这一切太熟悉了，他以研究美国大萧条著称，次贷危机刚开始恶化，他2007年9月强力减息，以避免1929年将经济推向衰退和萧条的紧缩货币政策。但另一位同样透彻研究过美国大萧条的学者克鲁格曼说，伯南克正在输掉这场避免金融体系危机的战争。

美国经济学家欧文·费雪早在1933年分析当时的金融危机时指出：当高度负债的个人和商业机构陷入金融困境时，通常都会卖掉资产用来偿还债务。然而，当所有的个人和机构都采取这样的做法时，资产的市场价格会发生雪崩，负债者手中持有资产价格下跌的速度，会超出出售资产获得偿还债务的能力增加的速度。所以，资产价格通缩会变成一场恶性循环。这场“清盘盛宴”的后果，就是严重的实体经济的下跌。

当时的雷曼兄弟正处于这样的谷底，它有530亿美元的资产已经失去流动性。信贷的枯竭和资产价格的盘旋下跌，与美国20世纪30年代经历的银行挤提没有任何区别。

2008年的这场危机，还令许多经济学家也担心美国会重蹈当年日本泡沫经济在 20 世纪 80 年代末破灭时的覆辙，必须用激进的降息政策和财政刺激政策，才有可能防止危机向实体经济蔓延。但美国除了拥有当年日本泡沫经济破灭的特征，实体经济也开始出现日本当年的一些征兆。

大萧条之后，美国“新政”设计了保护银行免于在挤提中倒下的两大制度：存款准备金制度和美联储提供信用的制度。但是，自“大萧条”到 2008 年这 80 年来这一制度所积累的道德风险已经发展到极致，它们所保护的那些华尔街金融机构，正是这场危机的始作俑者。

美国的“金融创新”和金融市场的全球竞争，在过去的几十年中，正在把美国金融中介带出监管的范围。正如美国经济史学家尤金·怀特（Eugene N. White）所说：这种发展代表着对 20 世纪早期某种趋势的回归。而正是那种趋势，引发了 1929 年美国金融体系濒于崩溃。风险被分散了吗？没有，它只是被隐藏了起来，被避开监管的华尔街用令人费解的金融工具批发到世界各地。

但是，这些不受监管的金融机构，在危机来临之时，却享受着用纳税人的钱支持的政府救助。现在，这一切都完结了。

这是美国金融史的一次大循环，或者说是一次从“大萧条”到 2008 年跨时长达近 80 年的又一轮“轮盘赌”，它已经走到了终点。

2008 年 9 月 16 日

高盛裸泳

2010 年，华尔街的头号投行高盛遭美国证券交易委员会起诉，称其在设计和推销一种名为 Abacus 2007-AC1 的质押债务证券（CDO）合约时，明知这种以美国次级贷款为标的组合的证券产品有巨大的风险，而且正是它的客户保尔森对冲基金要求设计和销售这种产品，用来大规模做空，但高盛不告知客户实情，还拉了一家第三方机构 ACA 来设计这一产品。结果，经过高盛的销售，购买这一产品的客户损失高达 10 亿美元，保尔森对冲基金赚取 10 亿美元，并且成为这次金融危机中罕见的大赢家之一，高盛获取了约 1 800 万美元的佣金。

美国证券交易委员会以涉嫌欺诈起诉高盛，这在华尔街引起震惊，也引起很大争议。这件事毫无疑问带有很强的政治色彩，奥巴马政府要整顿美国的金融监管架构，尤其是美国前联储主席沃克尔提出的“沃克尔法则”，即禁止投行做自营交易后，在华尔街与华盛顿之间，较量正在幕后激烈进行。但这件事有助于揭开高盛的“赚钱机器”（money machine）的商业模式。

实际上，高盛总是在水最深的地方游泳。除了做传统的投行业务之外，高盛正在日益成为一个权力与金钱的掮客。它在美国打通了华尔街与华盛顿：华尔街最大的投行、美联储、财政部等，几乎成为一个以高盛为轴心的旋转门，走马灯似的进进出出的高官之中，系出高盛的不在少数。借助华尔街与美国政府的力量，高盛也是金融市场全球化的重要幕后推手之一，全球化的最大利益集团，除了华尔街和欧美国家的主要金融机构，还包括许多新兴市场国家的金融监管者、大型国有背景的金融机构，乃至主权财富基金。高盛有强大的营销力量，并且善于制造各种概念。

高盛这样一个打通金融与政治、美国与新兴市场、商品交易与金融交易、现货与衍生品交易的商业模式，主要建立在它强大的研究能力、无处不在的信息收集能力以及源自全球化精英利益集团的内幕消息的能力之上。因为先人一步地看到市场的发展趋势，对拐点性事件可能性的判断更加准确，看得到不确定性事件中的盈利机会，甚至能部分左右市场发展趋势，高盛变成了一台庞大的造钱机器。它一方面能为做空的客户设计产品，另一方面又能向做多的一方推销这种产品，更重要的是，它能让人们相信它所说的。高盛所持的观点通常表面上与华尔街及华盛顿的政客保持一定的距离，甚至在一些金融中心的办公地点，也与金融机构扎堆的地方保持一点距离。

但高盛所表达的一些观点，往往具有引致未来某种商机的、先人一步的政治投机性，比如它的首席经济学家，以发明“金砖四国”著称的吉姆·奥尼尔（Jim O’Neill），在人民币汇率重回改革之路的必要性越来越明显，而中国政府越来越反感美国政客的压力之时，语出惊人地说人民币可能被高估了。

高盛基于对市场趋势把握及影响能力的商业模式，让中国的客户吃过这种亏。深南电与高盛所属的杰润公司之间关于原油的交易，体现出高盛在金融危机爆发前、原油价格直逼历史高点时所玩的基本手法。它预见到价格的上涨正处于最后的阶段，即在经过短时间的上涨后，将会迎来一波深度下跌，这一概率远远超过持续上涨的概率。在这一基础上设计的产品，令许多看多的买家陷入这一赌局之中，最后输给高盛。在香港市场上的许多累计期权产品，不管其标的是股票还是货币，也是基于这样一种模式设计的。

高盛的这种商业模式之所以行得通，是因为它从来就不透明。而这种不透明，加上高盛从世界各地顶尖名校及商学院吸引最聪明人才的文化，使其在全球化俱乐部中担任了一个核心角色，扮演了权力与资本的掮客。而且这一文化对各国的金融精英，包括政府的监管者，有相当大的魅力。

对高盛进行调查的声音此起彼伏，欧洲要调查希腊政府与高盛的信用违约互换（CDS）的交易可能导致隐瞒政府债务，英国要加入美国政府对高盛的调查。德国政府，甚至意大利的一个地方政府，都隐约觉得自己当初可能被高盛设局玩了一把。

其实，政府金融监管的本身也有问题，克林顿在下台十年后，开始后悔当初听了财长鲁宾和副财长萨默斯的建言，以为对金融衍生产品不需要透明性的监管；包括那些想做假账的政府机构，也许是自己找上门成为高盛的客户的。

不管怎么说，透明和监管是几乎一致的呼声。高盛这次真的要被发现它也裸泳了。

2010 年 4 月 19 日

当美国最大的债主，我们应该后悔吗

美国财长保尔森在即将离任时接受《金融时报》的采访，称这次金融危机的原因是东亚国家，尤其是中国的“储蓄率过高”。听起来有些让人匪夷所思。

美国是世界上最大的债务人，因为过度举债，引发了一场全球金融危机和经济衰退，还把责任推给债权人。这样的解释，甚至都不能令美国的许多经济学家和公众接受，因为这听起来和每天发生的一幕幕财富被摧毁的悲剧完全背离，几位美国和世界金融的“拯救者”似乎在推卸责任。

对于 2008 年金融危机原因的解释，大致可分为外因派和内因派。外因派以格林斯潘、伯南克、保尔森以及《金融时报》的专栏作家马丁·沃尔夫为代表，主张“过度储蓄”说。还有一些经济学家认为，世界经济过度依赖美国的消费，需要美国大量举债，这种增长是不可持续的；其中一些人甚至认为，美国一直以来帮了新兴市场一个大忙，充当“最后买家”的角色，用不断增长的进口来吸收他们过度的储蓄。

早在 2005 年 3 月，伯南克就提出了这一“理论”，不是美国人花得太多，而是中国人储蓄得太多，把钱借给美国人花，这一信用在中美之间的循环终有一天不能持续，但可能是一个长期的过程。后来的几年，中东产油国、中国和其他东亚国家的大量出口，产生了巨额贸易顺差，美国相应产生巨额贸易逆差，导致美国利率过低，刺激了资产泡沫的上升，以房价下跌为导火索，引发了金融危机。而格林斯潘在回忆录中则把美国的资产泡沫追溯到中国的农民工。中国的大规模劳动力转移，令中国能几乎无限地向全世界供应廉价商品和廉价的信用，美国经济得以长期保持低通胀和低利率，以及过剩的流动性。而美国金融危机基本上是进入 21 世纪以来越来越严重的全球经济失衡积累到一定程度爆发的结果。

摩根士丹利亚洲区前主席斯蒂芬·罗奇（Stephen S. Roach）、国际清算银行前顾问威廉·怀特（William White）以及鲍泰利等经济学家是“内因派”，认为美国多年来让国内消费大大超过国内收入，导致美国金融危机最终爆发。

具体到金融体系来说，不负责任地为次级抵押贷款放松信用标准；美国主要大银行（包括一些欧洲银行）不充分的风险控制；美国信贷评级机构因为利益冲突以及不了解结构性投资工具而导致的错误的风险评估；大型金融机构中对交易员及高级主管的激励机制不完善；美国对金融系统的监管不完善，错误地相信金融市场可以自我纠正，场外衍生品市场不需要监管，以及在一些监管机构内部的利益冲突，所有这一切导致了金融危机。

除了华尔街，华盛顿也要负一定的责任。从克林顿政府一直延续到布什政府的“居者有其屋”的政策，与美国国会相呼应，向房利美（Fannie Mae）和房地美（Freddie Mac）施加压力，要求扩大低收入家庭拥有房产，导致信贷标准不断降低。

尤其是在美国科技股泡沫崩溃以及“9·11”恐怖袭击后，格林斯潘领导下的美联储长时间压低美国利率政策。而美国与东亚国家及中东产油国之间的巨额贸易逆差，导致美国银行里充斥着流动性，大量信贷不惜降低信用标准流入房地产市场。而在此期间美国政府迅速从盈余到赤字，加剧了这种不平衡。

把内因与外因结合起来，基本上构成了 2008 年这次金融危机爆发的较全面的解释。但是，我们仍相信内因是导致这次金融危机的根本性原因。

全球经济失衡以及中国和美国之间在贸易、投资、金融方面形成的越来越密切的关系，是这次金融危机展开的一个大背景，如果“过度储蓄论”被接受为一种主流的解释，将会影响美国接下来的贸易政策。它带来的一个潜在的危险，是把过度储蓄归咎于全球经济失衡，以中国为代表的东亚国家出口太多，而出口太多的原因，是人民币汇率被“操纵”，最终将助长美国的保护主义。

保尔森来中国访问超过 70 次，这样一位“中国通”说出这番话，我们是否应当后悔当初把钱借给美国呢？毕竟，中国在进入 21 世纪以来，购买了约 1 万亿美元的美国政府债券和机构债券。

但我们同时也不得不承认，进入 21 世纪以来，中国和美国之间的这种贸易—资本循环，一直是世界经济增长的主要动力。中国把钱借给美国政府和个人消费，客观上给自己创造了一个巨大的出口市场。我们没有必要后悔当初借钱给美国人，这毕竟也是中国结合当时的情况选择的一种发展路径。只是当美国人被金融危机逼迫着减少消费、开始储蓄时，全球经济不平衡开始纠正，这样一种共生关系就开始调整了。

中国的储蓄太多，是因为中国国内消费太低。中国坐拥巨额外贸顺差，而世界上只有美国才能提供具有足够广度与深度的金融市场，尤其是债券市场，供中国对外汇储备进行管理，因此，中国的储蓄率过高以及通过购买美国金融资产的方式把钱借给美国，也是主流选择。

世界上最大的发展中国家和最大的发达国家这种相互依存的关系如此密切，哈佛大学金融史学家尼尔·弗格森（Niall Ferguson）创造了一个词，称这种关系为“中美国”（Chimerica）。而美国经济学家杰弗里·萨克斯（Jeffrey Sachs）称之为经济上的“恐怖均衡”，即每一方都握有足以摧毁对方经济的武器——中国的储蓄和美国的消费。

美国在历史上是一个善于借钱的国家，18 世纪，美国人从欧洲借钱完成了领土的扩张；19 世纪，美国人借英国人的钱建起了铁路；21 世纪初期，美国人借新兴国家的钱做起了房地产，催生了资产泡沫。

新兴国家以很低的利率把钱借给了美国人，他们并没有把钱用来投资。正如《纽约时报》所说的，美国人用这些钱去“入侵伊拉克、买耗油的越野车和大房子”了。现在，一切都结束了，生产越野车的底特律三大汽车企业快要破产了，成千上万大房子的主人无家可归了，奥巴马上台后从伊拉克撤军，而中国的农民工也要回乡了。乱花钱的人抱怨借钱的人，只是因为这次是穷人借给富人。

保尔森的话听起来不够意思，中国人借给美国人钱，让华尔街繁荣，让美国政府有钱花，让美国家庭超额消费，他现在反咬一口。这反映了他典型的华尔街投行心理：华尔街没有对与错，只有是否赚到了钱；我这次只是亏大了，但并不是我的错。

“全球经济失衡”最终以中国农民工提前回家过年和美国人勒紧裤带过圣诞节的方式，进行着一次“再平衡”。2009 年起，中国要长点儿志气，把内需搞上去。

2009 年 1 月 9 日

09

与时间赛跑

“9·11”10 周年：中国模式的“黄金十年”

从 2001 年 9 月 11 日基地组织对美国纽约世贸中心和华盛顿五角大楼发动袭击，直到 2011 年这 10 年，或者说进入 21 世纪的第一个 10 年，中国经历了两次高速增长，第一次是中国加入 WTO 后，迅速成长为全球贸易大国。第二次是美国爆发金融危机和经济衰退，全球经济重心加快向亚洲、新兴市场和中国转移，中国经济规模迅速超过德国和日本，成为全球第二大经济体。而许多经济学家预测，中国经济规模超过美国也会大大提前。

请看这样一组数据：

- 在所有的外国持有的美国政府债券中，中国占比从 2000 年的 6% 提高到 27%。
- 美国对中国的贸易逆差（不包括服务），从 2000 年的 838 亿美元，增长到 2010 年的 2 731 亿美元。
- 中国的外汇储备，从 2000 年的 1 600 亿美元，增加到 2011 年的 3.2 万亿美元。
- 美国联邦政府的财政赤字，从 2001 年的国会预算办公室预计的 2009—2012 年期间的平均每年盈余 8 500 亿美元，实际上约为赤字 12 150 亿美元，相差超过 2 万亿美元。

● 美国债务，从 2010 年的 56 740 亿美元，占 GDP 的 57.6%，增加到 2010 年的 135 620 亿美元，占 GDP 的 93.4%。

从 2001 年到 2011 年这 10 年，是中美经济以及全球经济失衡加剧的 10 年。

这 10 年，美中经济之间不仅仅是此消彼长，还造就了一个在失衡中的共生体："中美国"，你中有我，我中有你，互相依存，合作竞争。美国成为全球最大的消费者，中国成为全球最大的制造者；美国是全球最大的借款人，中国成为全球最大的储蓄者；美国成为全球最大的债务人，中国成为全球最大的债权人。这一趋势在"9 · 11"之前已经出现了，但"9 · 11"加速了"中美国"的形成。

让我们回顾一下，"9 · 11"发生后，美国为了防止出现流动性危机，减缓对金融市场和实体经济的冲击，美联储立即释放出大量的流动性。从那以后，美国长期保持低利率，刺激了美国房贷市场，以及以次级房贷衍生品交易为主的金融市场的繁荣，而美国大量廉价资金的来源，正是中国的巨额储蓄。"中美国"是这样互动的：中国对美国的贸易与资本的盈余 - 双顺差 - 美元外汇储备 - 购买美国债券及其他美元资产 - 美国低利率 - 房贷及金融市场的繁荣 - 财富效应 - 消费扩大 - 中国更多出口、更大顺差，循环往复，形成一个以中美商品与资本循环为轴心的全球经济格局。但终有一天，这一不断膨胀的循环终于被它内在的矛盾总爆发，即金融危机所打破。

"9 · 11"10 周年，是以中国为代表的国家资本主义的兴起和以美国为代表的自由资本主义低落的 10 年。美国发动了入侵阿富汗和伊拉克的两场反恐战争，但民主制度和自由市场经济在对付恐怖主义及金融危机中受到了一系列的挑战，甚至挫折。与此同时，中国利用这一段有利的时期，通过国家干预的方式，即第一个阶段通过汇率管制、出口退税、劳动力和要素保持低成本等方式，推动出口；在金融危机后的第二个阶段，通过大规模刺激政策，导致政府投资和国有部门更大规模的扩张，政府对市场的操纵无所不在，中国式的国家资本主义正在达到一波高潮。

“9 · 11”10周年，全球经济面临严峻挑战：美国经济二次探底，可能陷入长期低增长和衰退交织的“日本化”。欧洲债务危机正在从外围国家向核心国家蔓延，并且正扩大为银行业危机，实体经济衰退，甚至欧元解体，社会矛盾激化等。相比之下，如果说有一个中国模式的话，那么“9 · 11”之后的10年，就是中国模式的“黄金10年”。

“9 · 11”最重大的意义在于，它改变了在世纪之交小布什总统上台时可能把中国当成对手的政策，使得中国可以按照原有的方式再高速增长10年。而这10年所产生的中国与美国之间实力对比的变化是质变的、飞跃式的：中国正在一鼓作气向全球最大经济体迈进，而美国再也不可能以以往的方式来限制中国了。

“9 · 11”10周年，美国在进行全球反恐战争的同时，仍然提供了中国改革开放头20年最需要的一种“全球公共品”：全球地缘政治、经济、贸易、货币和金融秩序，这种秩序让中国迅速分享了冷战结束后全球化红利最大的份额。如今中国已经成长为一个世界性的大国，是否有意愿和能力以自己的方式提供“全球公共品”仍是未知数，而以往以开放心态学习西方来推动内部变革的力量正在消失。

“9 · 11”10周年，中国巨轮正在驶入未知的水域。对于这个世界来说，中国正在变成一只“黑天鹅”吗？

2011年9月19日

中国“入世”10周年：让人民币“入世”

2001 年 12 月，中国正式成为世贸组织的第 143 位成员。2011 年，世贸组织 153 个成员一致同意讨论惩罚“操纵汇率”的政府，带头的既不是美国，也不是日本，而是巴西。至于针对的是谁，我想大家都心知肚明。

人民币的汇率问题，几乎是伴随着中国加入世贸而产生的。2002 年，加入世贸后的第一年，中国进出口总额 6 208 亿美元，顺差 304 亿美元，吸引外资 527 亿美元，外汇储备 2 864 亿美元。到 2010 年，中国进出口近 3 万亿美元，顺差 1 831 美元，吸引外资 1 057.4 亿美元，外汇储备 3.2 万亿美元。10 年间，成为全球第一大出口国，顺差最高时曾接近 GDP 的 10%。

年复一年大量的贸易顺差，加上中国持续成为全球最大的外国直接投资的流入国，“双顺差”对人民币产生了巨大的升值压力，而人民币升值预期在全球的形成，又加剧了国际投机资本的涌入，进一步推高人民币升值的预期。中国很快被主要贸易伙伴国要求升值人民币，而中美之间的汇率摩擦与“入世”后的中国如影随行。顶住以美国为首的外部压力不升值，或者尽可能少升值，就是自加入世贸以来十年间中国汇率政策的核心。10 年间，人民币基本上成功地盯住了美元，2005 年以后人民币开始对美元蠕动式升值，名义汇率已经累积达 30%。但是，由于人民币盯住美元，并随美元对全球主要货币一起贬值，2005—2007 年，人民币实际有效汇率是贬值的。

“人民币幻觉”

中国把持住人民币对美元的汇率，不仅对全球成功释放了中国巨大的制造产能，而且正重新塑造着全球货币体系。人民币汇率帮助中国出口产品物美价廉，有助于全球长期保持低通胀，尤其是在美国和欧洲，低通胀导致低利率，使得借贷成本一直处于低位。中国巨额的外汇储备流回到美欧等国际金融市场上，持有各种美元和欧元资产，主要是购买国债，于是产生了人们一度所说的“布雷顿森林体系 2.0”：以中国为首的外汇储备大国，愿意把储蓄借给美国和西方消费，而西方的消费又吸引了来自中国的进口，创造新的美元储备回流到美国。一段时间内，这看起来似乎是一种双赢的选择。

我称之为“人民币幻觉”。对于中国来说，形成了一种对人为压低人民币汇率的路径依赖。而对于美国来说，尤其是对于华尔街和跨国公司来说，这种贸易与资本的双循环创造了巨大的投资机会。美国扮演了全世界金融中介的角色，在全球以对美国更有利的方式配置资本。这个融资体系有两个基本特征：

- **一方面以低利率从中国借钱，并重新投资到中国市场，获得更高的收益，即借中国的钱赚中国的钱，例如那些在中国获取利润的外国直接投资和以高盛为代表的华尔街投行。**
- **另一方面利用大量的涌向美国和欧洲的外汇储备，以便宜的价格为美国的私人和政府融资而过度的举债，为 2008 年的金融危机以及后来的主权债务危机埋下了祸根。**

以中国为代表的债权人和以美国为代表的债务人沉湎于“人民币幻觉”之中，一度都以为这种贸易—资本的循环游戏可以无限制地玩下去。但“布雷顿森林体系 2.0”的内在矛盾会变得越来越尖锐，它以损害美国和欧洲的竞争力和就业为代价，注定使政府借贷成为“庞氏融资”，即举新债还旧债，而未来的政府收入永远不可能还本，甚至偿付利息都无法持续。在中国加入世界贸易组织 10 周年时，这些都正在变成现实：美国国债规模正在接近其GDP规模，长期被视为无风险的美国国债信用评级2011年被下调。而欧洲更是陷入主权债务危机，从冰岛开始到南部的“欧猪五国”（葡萄牙、意大利、爱尔兰、希腊和西班牙，PIIGS），直到向欧元区核心国家蔓延，欧元区解体的可能性越来越大。回想当年中国加入世界贸易组织时，欧元启动仅一年有余，中国对欧元能够挑战美元霸权抱有莫大希望，10年之后，人民币强势，而欧元已经岌岌可危了。

“同床异梦”

在欧美面临危机的同时，中国在“入世”10年后人为压低人民币汇率的路径依赖，以及透支劳动力、资源与环境要素的增长方式注定无法持续。中国过量的出口已经造成自身经济的结构失衡，并且变得越来越积重难返。对于央行来说，维持这样一种人民币的汇率机制也付出了沉重的代价。据有关学者研究，2003年至2010年年底，央行对冲外汇占款的成本累计规模超过万亿元，并且最终是由放大货币发行规模来承担，无形之中推高了通胀。外汇占款本身已经导致中国扩张性货币政策。

没有可信的理论和模型，能够测算出人民币对美元以及一篮子世界主要货币的“均衡汇率”在哪里，甚至都不能证明中美贸易失衡的主要原因是人民币汇率。一个表面上更有说服力的证据，是2005年以来人民币名义汇率对美元升值了三成，而中国对美贸易顺差不减反升。但人民币汇率的根本性的问题不在这里。

根本问题在于，在全球市场上，贸易是个“零和游戏”，中国有巨额顺差并且创造了大量就业，必然就会有国家产生巨额逆差和产生大量的失业。同样，中国积累了巨额的外汇储备，必然产生债务国和滥发储备货币。无论是什么原因，这样的游戏已经持续了10年，中美互相寄生，最终会发现可能是“同床异梦”。金融与债务危机，让中国与欧美如梦方醒。

人民币汇率问题已经被彻底政治化了。那些遇到债务问题、赤字问题、失业问题的国家，都或多或少地对中国有所不满，并且日益把所有的不满都集中在人民币汇率上。于是，让中国与美国再平衡，让中国帮助全球经济实现再平衡，简化成了让人民币升值的博弈。如果中国不主动让人民币汇率浮动起来，美国将会发动被巴西财长曼特加所说的“货币战争”：美国为了解决自己的债务问题并刺激经济增长，开动印钞机让美元贬值，几乎成为它唯一的选择。如果人民币继续盯住美元，不升值，对内，将会导致通胀压力及资产价格上升；对外，人民币汇率将因缺乏灵活性而随美元一起贬值，中国的其他贸易伙伴发动针对中国反倾销等贸易战会成为常态。如果因为欧美的债务危机导致全球经济陷入衰退，美国将会继续推行“量化宽松”政策，客观上对中国发动“货币战争”。长远来看，中国的3.3万亿美元外汇储备将在汇率及美国债券的双重下跌中不断蒸发。

2001年到2011年，美元在全球流通中所占的比重，已经从72%下降到61%，欧元占的比重从18%上升到26%，但前景极不确定。“入世”10周年，中国不能以10年前的思维来看待当下的人民币，人民币也需要“入世”。在人民币汇率出现双向浮动的时机，减少对外汇市场的干预，扩大人民币浮动区间，并推动人民币的国际化，不仅符合中国自身的利益，避免中国陷于“孤立”，而且能够化解一场正在酝酿中的货币战争。

2011年11月26日

从二到一，中国世纪

2015 年被一些人称为“中国世纪元年”，因为国内外一些经济学家用一种“购买力平价”方法，计算出中国的 GDP 总量 2014 年年底超过了美国。美国经济学家约瑟夫·斯蒂格利茨（Joseph Stiglitz）2015 年年初在《名利场》杂志上发表了一篇文章《中国世纪》，试图宣告一个新时代的降临。

其实，英国经济史学家安格斯·麦迪森（Angus Maddison）用一种叫“国际元”的单位，十多年前就计算出了中国 GDP 在 2015 年将超过美国。他在中国的一位支持者胡鞍钢甚至认为，中国 GDP 超过美国在更早之前，大约在 2010 年，当时美国的国际金融危机发生不久，而中国的 4 万亿元刺激政策正在发威。

中国官方并不承认，认为中国仍是第二大经济体。国际机构和各国政府的官方结论仍然是名义 GDP，并以名义汇率换算成美元来进行比较。另外一些经济学家，比如担任过世界银行首席经济学家的林毅夫预测，中国 GDP 最迟在 2025 年超过美国，成为全球最大经济体。

这样的数字游戏，往往也是人算不如天算。2015 年中国 GDP 增长已经跌破 7%，人民币升值结束，开始进入贬值通道。中国经济总量超过美国，几乎已经被公认为必然要发生，现在看来可能要等待更长的时间。而中国的百姓和官方对“中国世纪”的开始，并没有表现出特别热切的期待，一个原因是还没有做好准备承担起那么大的责任。而且，“中国世纪”的上空，不应被雾霾笼罩。

还有一个原因，让我们对 GDP 总量世界第一的前景保持冷静。起码在过去的一千年，因为人口规模，中国差不多有 9 个世纪都是世界第一大经济体。即使是在腐败的清朝末年，仅仅因为人口规模，中国也能维持最大经济体的地位，只是到了 1890 年前后才被美国取代。所以，中国 GDP 超过美国，放到一个千年历史坐标来看，不过是中国经济在经过一个多世纪的下跌后反弹到“常态”，而不是“新”常态。

中国经济总量目前占全球的份额，还远未达到清朝时的高度。据麦迪森统计，产出一度高达 33%，人口高达 37%，那是鸦片战争前的 1820 年。中国按人均来算一直都不是一个富裕的国家。目前中国的人口规模占全球总人口的 18%，按照官方统计，中国经济总量在全球的份额大约占 13%，即使按照购买力平价计算，中国经济规模目前还达不到全球经济的 18%。

如前所述，中国经济总量达到全球第一，实际上是中国经济恢复到与人口规模相匹配的经济常态而已，并不能说明可以成为世界的领导者。1870 年前后，美国 GDP 超过英国，没有人说一个美国世纪正在到来；日本全面入侵中国前的 1936 年，中国的 GDP 是日本的 2.8 倍，却面临着亡国的危险。

与过去 35 年中国 GDP 的迅速反弹相比，放到一个更长的历史坐标来看，今后 35 年甚至更长一段时间，中国面临的使命不仅仅是恢复历史常态的“复兴”，更是超越以往基本上是由人口规模决定的地位，成为一个真正富裕和引领世界的国家。这一进程面临的挑战可能更大。

中国的人口结构已经不再支持一个高速赶超的经济，而且中国有可能历史上首次失去第一人口大国的地位。人口规模上，目前美国人口 3.2 亿，印度 12.5 亿，中国 13.6 亿；中位数年龄上，美国 37.8 岁，印度 27.3 岁，中国 36.8 岁。中国创造奇迹的发展模式，正在转向印度。中国的人口中位数年龄已经与美国相当，但美国人口增长快于中国，其人口结构更均衡。

美国成为全球经济强国的另外一个原因是，它能够在工业革命后长达两百多年的历史中持续增长，在19世纪末与20世纪初，成为第二次工业革命和全球化的最大受益者，从主要依靠要素投入的经济，转变为主要依靠创新、技术进步和管理效率提升的经济。如果说中国的奇迹是短时期内高速增长，美国的“奇迹”则是一个长期稳步积累、不断创新的“复利”的奇迹。

中国无法重复美国的道路，也不可能花上200年的时间，但经济增长自有其规律。我们从“供给侧”看一下美国经济强在哪里：

- 资本：美国拥有全球最发达和有效的资本市场，并且主导建立了全球金融与货币体系，处于全球资源配置的中心地位。
- 劳动力：美国的大学体系不仅培养了高素质的劳动力，也造就了有创意的人才，更重要的是，美国的大学和创新体系吸引了全球最优秀的移民。
- 土地和自然资源：美国拥有丰富的自然资源，更有出色的地缘战略资源，通过军事力量、盟国关系，占据了全球战略位置，控制着全球供应链系统，为本国的生产获取了稳定的供应，同时也决定着全球市场的供应。美国还控制着一种新的资源，即信息时代的网络空间和数据资源。
- 全要素生产率：尽管日裔美国人福山批判美国联邦政治制度“衰朽”，但美国的市场体制、管理体系、创新能力依然无可匹敌。

中国经济规模达到全球第二是开放的结果，利用了西方市场的进口需求，利用了目前全球经济的游戏规则，而这个游戏规则是由美国和西方制定的。中国在全球经济中的地位如果继续攀升，实现政府所希望的“中高速”增长，而且是可持续的增长，需要在“供给侧”重新思考动力在哪里，也需要从一个国际游戏规则的适应者和“搭车者”变成一个参与者和引领者。

从二到一风险诸多。从人类历史上来看，一个国家的实力提升，尤其是快速提升，将会改变全球力量的格局。在寻求新均衡的过程中，那些新崛起的大国会直接挑战现有的国际秩序，这往往伴随着战争与冲突。中国追求的是一种有序的再平衡，因此，中国经济需要向创新经济转型，中国的金融市场需要向全球开放，这些动作的难度及风险系数很高，花费的时间要比那些经济学家预期的更长一些，这样会更好。

2015年12月30日

2018，谁执牛耳

2015年，在致股东和投资者的第50封信中，股神沃伦·巴菲特说："在过去的238年，那些唱空美国的，有谁曾获利了？"从1776年美国建国到2015年，238年。

巴菲特的成功，正如他一再强调的，其中一个根本的原因是他出生于美国，他投资的时代，正是美国经济全盛的时期，包括城市化、消费浪潮、技术革命、全球化。

大道至简，巴菲特的投资理念堪称朴素：找到那些伟大的美国公司，下注并长期持有。

回顾中国改革开放40年，我们也可以这样说："那些唱空中国的，有谁曾获利了？"中国成功的企业家和成功的企业，都在感谢这个时代。

40年，中国经历了工业化、城市化、全球化、消费升级、技术革命。计划再过两年就进入小康，到2035年基本实现现代化，到2050年成为世界强国。

这个时代一个最显著的特点，就是原先确定的增长目标不仅都实现了，而且提前实现了。与此同时，制度变革、市场开放、竞争机制、技术革命，让创新大量涌现。中国的发展，总是超出世人的想象。

中国正在成为全球创新中心之一，也是全球最重要的应用创新中心。当初中国的创新起点也许并不高，但创新的本质，是有一群怀有梦想的创业者，勤奋地学习和尝试新的东西，不管他们是农民、工人、海归，还是公务员、大学生、小镇青年，那些创业中捞到第一桶金的人们，多数又投入到更快更高更强的创业中去。

正是有这样大规模的学习与创新，中国崛起了一批伟大的公司，它们产生于互联网、高科技、消费品、工业制造、新金融等领域，并且许多赶上了数字化浪潮和技术革命，一出生就跨越了赶超的阶段，孕育着颠覆的使命。

在民营领域，在非垄断领域，中国公司海外上市出现了一批市值数千亿美元级的公司，A 股市场正产生万亿人民币级的公司。经过几年的大众创业和万众创新，已经埋下了一批种子，在未来的 30 年，其中一定会有长成千亿万亿的参天大树。

所有的经济强国，都是由一批全球一流的企业构筑基础，而全球一流的企业，通常都在开放透明的资本市场成长和进化。勤劳的中国人民已经积累了大量的财富，但只有与国家的创新能力、与伟大的公司联结在一起，才是持久的财富，才是价值不断增长的财富。

我们也许无法在中国复制一个巴菲特，但中国正在超越模仿的阶段，中国的企业也在做更好的自己，也将为投资者创造出更多的财富。

谁执牛耳？让我们开启追寻伟大公司之旅。一个伟大的周期仍在展开。水击三千里，抟扶摇而上者九万里。

2017 年 12 月

一战百年，恶之花依然不败

2018 年是第一次世界大战结束 100 周年。这场战争成为人类文明与野蛮的一部分，至今依然影响着我们的世界。

第一次世界大战中士兵的鲜血，深深地渗入当今五颜六色的欧洲版图。德意志帝国、奥匈帝国、俄罗斯帝国以及横跨欧亚的奥斯曼帝国解体，形成了今天的中欧、东欧、巴尔干、中东、北非。第一次世界大战之前，欧洲列强对非洲、中亚、亚太地区的殖民地进行瓜分与角逐，战后在巴黎和会上战胜国之间进行领土分赃，也基本塑造了今天的世界地图。

中东的以色列与阿拉伯人之间的冲突，始自《贝尔福宣言》支持的犹太复国运动；而库尔德问题，源于英国、法国和土耳其把库尔德人划分到今天几个不同的国家。1990 年伊拉克入侵科威特所引发的海湾战争，都可以追溯到一战打乱重组的中东秩序。

英国经济学家凯恩斯作为英国财政部的代表，1919 年参加了巴黎和会。他后来写下畅销书《和平的经济后果》(*The Economic Consequenses of the Peace*)，主张巴黎和会应该为包括战败国在内的欧洲经济恢复元气创造条件，但和会只关心安全与边界划分，关心对战败国施加巨大的惩罚。这本书不仅控诉了《凡尔赛和约》，还预言了战后欧洲的通货膨胀和经济停滞。一战后欧洲重建失败，民粹主义和革命浪潮席卷，法西斯主义和极权主义兴起，希特勒上台。顺便说一句，第二次世界大战后的布雷顿森林体系以及马歇尔计划，都受到了这本书的启发，也吸取了教训。

的确，这场被视为“终结所有战争的战争”，孕育了第二次世界大战，开启了整个20世纪血腥、动荡、战乱、革命和冲突的历史。第二次世界大战结束之后，盟友变成对手，冷战马上开始，而主导冷战的，正是在第一次世界大战的废墟上崛起的美国和苏联。冷战就是以苏联为首的阵营与以美国为首的西方阵营之间，在军事、意识形态、经济等方面的全面对抗与竞争。“历史终结”于1989年，柏林墙倒塌，东欧剧变，苏联解体。铁幕倒下后地缘政治的断裂带，以及新生的小国边界，让我们清晰看到了巴黎和会上的裂痕。南斯拉夫的解体，点燃了欧洲的火药桶，这是第三次巴尔干战争，透过期间所发生的种族仇杀，可以后视到20世纪初的两次巴尔干战争，甚至可以嗅到第一次世界大战期间种族清洗的血腥。

历史学家们百年来不停地争论第一次世界大战的合法性，无法交待数百万年轻人涌向凡尔登、索姆河厮杀，其意义究竟何在。这的确是一场帝国主义之间的战争，是一只西方民族主义孕育出的战争怪兽。德国发动对凡尔登的进攻，目标不是为了占领，而是与法国展开一场杀人比赛。在每个宣战国家首都的街头，当士兵列队走过时，国民也都爆发出欢呼声。战争变成了一种人民的渴望，仿佛国家存在的目的就是发动战争和赢得战争的胜利，个人的目标也是在战场上获得荣誉。

最初只有少数人对第一次世界大战抱有怀疑，并且在整个战争期间都沉浸于个人的生活与写作中。

《美丽与哀愁：第一次世界大战个人史》写了23位普通人的战争经历，他们多数是各交战国的下级军官和士兵，也有一些平民，也包括文学家卡夫卡。这位讲德语的犹太知识分子，对街头的爱国主义欢呼怀有深深的疑虑，“欧洲的和平已经维持了40多年，不断积累的财富、科学的发展与科技的进步，使大战看起来……根本是愚蠢的想法”。

从19世纪初到20世纪初，欧洲主要大国之间基本上实现了近百年的和平，经历了第一次和第二次工业革命，以及技术进步、经济全球化，人类文明达到了一个全新的境界。

经济全球化带来战争的全球化，科技进步推动战场的快速迭代。全球金融中心伦敦为战争融资，德国发达的铁路系统在东线与西线调动数百万军队和挪动超级大炮，人类技术进步的结果，是一场规模空前、效率空前的杀戮。国家成为战争机器。国家既是战争的目的，也是战争的手段。从英吉利海峡到阿尔卑斯山的战壕两侧，协约国与同盟国之间上百万士兵对峙与杀戮，后方从克虏伯到雷诺这样的工业巨头不断进行武器创新，我们看到的是一场人类工业与技术的最高维度的应用场景，一条鲜肉被大规模有组织地放进绞肉机的供应链。

历史学家们还在不停地争论第一次世界大战爆发的原因，尽管不断有人从历史档案中挖掘细节并试图修正，一个比较主流的解释是德国造孽。德国的崛起客观上打破了欧洲的力量平衡，德国在主观上也产生了称霸欧洲的野心。

德国历史学家费舍20世纪50年代阅读了德意志帝国时期所有与第一次世界大战有关的档案，他1961年发表的研究，引发了史学界和公众的激烈争论，“费舍论文”（Fischer Thesis）逐渐成为关于第一次世界大战起源的“正统”。基本上可以说，第一次世界大战是德国想成为世界强国而推行的一系列政策的后果。自1900年起，德国统治精英内部一直有计划地占领法国、比利时、俄罗斯的领土，并且在非洲和海外挑战英国的殖民统治。费舍也提出了德国国内政治压力导致其对外发动战争。德国以容克集团为代表的统治精英，面对国内社会民主党势力日益强大，可能赢得议会选举把帝国推向民主和共和，萨拉热窝暗杀正好点燃了巴尔干的火药桶，为德国宣战找到了借口。

第一次世界大战也是欧洲民族国家体系演变的结果。从拿破仑战争结束到第一次世界大战，欧洲的历史可以分为两个50年。维也纳和会上欧洲构建了大国协调机制，实现了50年的和平。德国通过战争实现统一，崛起为欧洲心脏地带的强国，动摇了欧洲的均势。接下来的50年，德国的实力不断增强，加上奥斯曼帝国的衰落，打破了欧洲大陆的势力均衡，引发了一系列重建均势的连锁反应。大国之间纷纷结盟，大国与其周边邻国或势力范围内的小国形成保护关系，从而构成欧洲民族国家体系的系统性风险，并且通过海外殖民地扩展成为全球系统性风险。如果我们回顾下第一次世界大战，从大国结盟到军备竞赛，从奥匈王储斐迪南大公被刺的七月危机，到正式宣战的八月炮火，大国之间迅速的军事动员升级，让我们看到了这些国家单个政府在战与和之间表现出足够的算计，但整个欧洲的民族国家体系则集体陷入一场“囚徒困境”当中。

这种囚徒困境，有时候也被称为修昔底德陷阱。英国著名的外交文献《克劳备忘录》，入木三分地分析了德国的崛起将不可避免地挑战英国的霸权，一种陆权与海权的冲突，一种欧洲心脏地带大国对于发展空间的争夺，以及双方核心利益的迎头相撞令战争不可避免。

从 100 年前的上空俯瞰当下，这种大国关系的困境依然存在。

2018 年 2 月

10

准备迎接“完美风暴”了吗

地方债务的五大经济恶果

2011年，国务院审计署公布了全国地方政府性债务审计结果，全国地方性政府债务余额10.72万亿元，虽然比国内外许多专家预计的要低，但规模还是很庞大。何以至此，并且会对当前的经济造成什么恶果？

“出来混，总是要还的”，这句话又一次应验了。用货币学派的术语说，通过增加货币发行量影响经济增长，最终是中性的。当前的中国经济，正处于“中和”2008年刺激的过程中。

2009年8月，应约翰·霍普金斯大学上海校友会邀请，我做了一个题为“通往加剧失衡的复苏之路”的小讲座，介绍中国针对金融危机的刺激计划。

当时经济的V形反弹态势已经形成，我用2009年第二季度的数据进行了分析，发现GDP增长反弹了，但是政府的强力干预将导致严重的后遗症。金融危机刚过去，从中央到地方政府喘了一口气，把结构调整放到一边，又接着去搞它们最擅长的GDP去了。

在国务院宣布4万亿元的经济刺激计划后，地方政府立刻像打了鸡血似的提出了高达18万亿元的响应措施。地方都把这次刺激计划看成是一次难得的投资机会，例如，当时吉林固定资产投资增速目标超过40%，而广西达到了62%。

结果，当年上半年 GDP 增长 88% 依靠投资，而以往出口加投资占 80%。贷款和融资多数投向国有部门，也就是最低效、最过剩、创造就业最少的部门。而创造就业最有效的私营部门明显投资不足。以广东为例，2009 年上半年固定资产投资增长 15.5%，其中国有部门投资增长 61.4%，私有部门降低 0.8%。

刺激计划说白了就是让印钞机加班加点。2009 年的新增贷款达到了 9.59 万亿元。与此相对应，地方政府负债余额 2009 年增长了 61.92%，超过了 1998 年应对亚洲金融危机的 48.2% 的增长。

中国城市在这一轮借贷盛宴中扮演了先锋的角色。政府负有偿还责任的债务中，市一级政府占比最高，为 48.37%，县级为 32.71%，省级为 18.92%。省级主要为担保，占 51.25%。地方政府的整体负债率，达到了 70.45%。

地方政府有能力偿还吗？全国有 78 个市级政府和 99 个县级政府的债务率高于 100%，分别占两级政府总数的 19.9% 和 3.56%。由于偿债能力不足，部分地方政府只能通过举借新债偿还旧债，截至 2010 年年底，有 22 个市级政府和 20 个县级政府的借新还旧率超过 20%。还有部分地区出现了逾期债务，有 4 个市级政府和 23 个县级政府逾期债务率超过了 10%。尽管审计署没有公布这批城市的名单，业内人士估计，一批借金融危机和国家政策而“大干快上”的城市，如天津、重庆、昆明，债务负担会相当重。

从经济刺激，到天量印钞，到地方政府的巨额债务，沿着这个逻辑，可以继续解释当前经济与市场面临的许多问题：

- 2011 年和 2012 年是地方政府偿债的高峰期，将会影响地方经济增长的速度，可能会有一部分政府或者政府背景的公司违约。这些债务总体的期限结构大致是：2011 年、2012 年到期偿还的占 24.49% 和 17.17%，2013 年、2014 年、2015 年到期偿还的分别占 11.37%、9.28% 和 7.48%，2016 年以后到期偿还的占 30.21%。国际上有看空者称中国经济可能会“硬着陆”。
- 地方政府会千方百计不让房价降下来，因为部分地方的债务偿还对土地出让收入的依赖较大。地方政府负有偿还责任的债务余额中，承诺用土地出让收入作为偿债来源的债务余额为 25 473.51 亿元，共涉及 12 个省级、307 个市级和 1 131 个县级政府。而那些政府担保或其他类贷款，也间接建立在政府土地收入持续增长的前提假设之上。

- 政府债务导致通胀，但央行又不敢加息，因为 2011 年是地方政府偿债高峰，加息将令地方政府的负担加重。央行不加息的结果就是负利率。
- 政府债务“挤出”了民间投资。经济刺激政策一开始就冲着国有部门去了，结果民营企业不仅在金融危机期间投资受到打击，而且后来地方政府大量从银行及社会融资，并且把资本投向社会最无效的领域。为了对付通胀而采取提高存款准备金率的做法，令民间借贷利率进一攀升，更加挤出了民营企业在实业领域的投资。
- 高速公路、普通高校和医院债务规模大、偿债压力大，将导致交通、教育、医疗这些公共服务的价格持续上升。

2011 年 6 月 28 日

无法逃避的劳动力萎缩

每年春节期间的农民工及外来务工人员返乡，是中国上亿人口的年度集体“下沉”，即从一二线城市和沿海地区下沉到三四线城市。春节期间，京沪广深以及长三角、珠三角城市群空空荡荡，与内地中小城市熙熙攘攘形成鲜明对比。而春节一过，那些下沉的人群又浮起到各大城市和沿海地区，“中国制造”的巨大机器又轰鸣起来，全球经济也跟着忙碌起来。

但是，越来越多的农民工在“下沉”之后，再也浮不起来了。

每次春节过后，沿海地区的“民工荒”都会更加严重，而且劳工短缺正在向更多产业蔓延。刘易斯拐点正在到来：工业化吸纳剩余劳动力达到一定程度，若要继续吸纳，就必须提高工资水平。否则，农民工就不会进入工业，民工荒就是典型表现。另外一个解释，中国制造正在向内地转移，中西部许多农民工选择在当地就业，所以刘易斯拐点目前只是在沿海地区发生。

这一切的背后，是中国人口结构正在经历一次加速的巨变。2011 年至 2015 年的“十二五”期间，中国有利于经济增长的人口结构将开始发生逆转。到 2015 年左右，中国的“婴儿潮”一代开始退休，人口抚养比，即总体人口中非劳动年龄人口数与劳动年龄人口数之比开始反弹。从 2015 年到 2025 年期间，中国适龄工作人口将会减少 2 900 万人。

2030年前后，中国的GDP总量可能已经超过美国，但是，中国人口老龄化程度，即60岁以上老年人占总人口的比例，也会超过美国。也就是说，目前中国相对于美国经济的人口结构优势，到2030年时会完全颠倒过来。

以上结论是基于联合国2011年公布的中国人口生育率1.8，而要维持一个国家的人口规模不减少，生育率应为2.1，即每对夫妻养育子女的平均数。但根据中国2010年第六次人口普查，生育率仅为1.18。随着中国的城市化，中国的出生率可能会继续下降，中国的人口老龄化可能会来得更加迅猛。2019年，中国的人口规模达到高峰，然后是陡峭的人口老龄化趋势。到2040年，中国的老年人口占总人口比例将达到32%。到2050年，中国的适龄工作人口将比目前下降1/3。

人口结构的变化，以及结构性的劳动力短缺，是“十二五”期间最基本的变量。中国经济的增速会下降，通胀压力加大，刘易斯拐点从沿海转向内地，从一线城市转向二三线城市，如果不提高劳动生产率，可能会同时面对减速和通胀两方面的压力。

中国在劳动密集型产业、低端产业和城市服务业的劳动力短缺，与大学生就业有难度并不矛盾，原因在于中国目前的产业结构，仍不能提供足够的大学毕业生所期待的白领岗位。

老龄化一般会导致储蓄率下降、投资率下降、政府财政负担加重。中国目前仅有3%的GDP用于公共养老金，如果目前的养老金制度不改变，到2030年将花费GDP的10%。这还不包括老年人上升的医疗保健费。

劳动力短缺，现有的商业模式将面临重大挑战，不仅是劳动密集型加工业，目前城市中的一些消费类产业，如餐饮、物流、零售等服务业，都将需要应对这个挑战。

2011年3月7日

中国“对赌”大宗商品大崩溃

无论从中国目前所处的发展阶段、在全球分工体系中所处的位置，还是从中国粗放的经济增长方式来看，中国目前都处在对全球大宗商品高度依赖的时期。

中国的工业化、城市化过程还将持续数个经济周期。在这一时期，中国仍将大力发展制造业，包括劳动密集型和资本密集型的重化工业，在全球扮演较低端的加工厂地位，对能源、资源、粮食类大宗商品的需求非常大。在目前的经济增长方式下，中国经济是以较高的速度增长着，但能源和资源的消耗速度更快。

以中国经济规模、市场潜力和增长的速度来衡量，在过去的一轮经济增长周期中，“中国需求”无疑为全球大宗商品市场操办了一场盛宴。在国际市场上，“中国因素”被热炒成推动大宗商品价格上涨的一股主要推动力量，令市场形成强烈的预期，全球流动性过剩和美元贬值，使石油等大宗商品被热炒出一轮空前的行情。

在这轮持续 6 年的行情中，中东产油国的原油出口美元收入与原油价格形成了轮番炒作的态势，原油价格上涨产生了巨额的顺差“石油美元”，而这笔美元又回流到华尔街和伦敦金融城，许多加入炒作原油的对冲基金。

美元贬值的同时，资源出口国的货币强劲上升，以澳大利亚为例，中国对以铁矿石为代表的大宗商品的需求，推动了澳元长达7年的强劲升值，而加拿大元对美元的汇率也几乎翻了一倍。

但是，中国这种严重依赖外需的世界加工厂模式，以及被国际投机者利用炒作的“中国因素”所支撑起来的大宗商品行情，是建立在越来越严重的全球经济失衡的基础之上的，即中国过高的储蓄率、投资率、出口，及其形成的巨大的“双顺差”和积累下来的巨额储备，以及以美国为代表的低储蓄、高负债和高赤字，这些都无法持续下去，最终导致美国爆发次贷危机和金融危机，经济衰退，外需急剧萎缩，对中国经济形成一次强大的“外需冲击”。

外需冲击导致中国经济增长突然失速，叠加西方7大工业国无一例外的经济衰退，以及不断蔓延的新兴市场经济急剧放缓，萎缩的需求、悲观的预期，导致本来已经积聚起来的大宗商品泡沫崩溃，产生了过调（Overshooting）的效应。而大宗商品崩溃伴随着去杠杆化的过程，对金融市场的动荡起到了推波助澜的作用。崩溃直接导致生产价格指数（PPI）及间接导致消费价格指数（CPI）的“跳水”，暂时纾缓通胀的同时，也引发了通缩的担忧。

中国一些公司在大宗商品高价时囤积了大量的实物及看多的衍生品，在价格大幅度下跌时，产生两方面的效果：

- **中国大量采购原料的化工及钢铁行业库存严重，从2008年10月和11月的统计数据来看，价格直线“跳水”，引发通缩担忧。由于存在一个消化库存的时期，造成一段时间内的“需求真空”。**
- **中国公司大量的衍生品交易造成巨亏，以及中国进行的海外矿产资源收购造成巨额浮亏。**

这一切的根本原因在于：中国是资源的消耗者，而资源的拥有者、运输者、市场以及相关的定价权及场内和场外的风险管理工具，全部没有掌握在自己手中，使得中国在整个工业化和城市化进程中面临巨大的能源和资源供应风险。这是中国发展中的一个战略问题。在过去一轮经济周期中，我们看到，由于需求强大、经济过热，导致中国在国际大宗商品谈判中处于不利地位；由于没有定价权，只能被动接受国际商品价格，而被动接受的同时，又起到了不断推高价格的作用；由于对经济周期的掌握没有经验，在选择并购、囤积、运用衍生品对冲风险（当然不能排除投机的因素）的时机以及“对赌”的条件上把握失误。

中国在全球分工体系中处于能源和资源消耗最大的一个环节上，如何建立工业化的能源与资源供应的安全保障机制，将是中国长期面临的一个重大战略问题。

2009年1月9日

克强经济学与安倍经济学

以政治人物的名字命名“主义”或者“经济学”的，我印象最深的是“里根经济学”和“撒切尔主义”。凡是不辜负这些称号的政治领袖，应该以勇气和决心直面危机，克服阻力，推进改革。现在，全球第二大经济体和第三大经济体，分别出现了“李克强经济学”（Likonomics）与“安倍经济学”（Abenomics）。

克强经济学已经成为公众对于经济改革的一种期待。先有克强指数：看电力、铁路运输、货币发行量而不是GDP；后来克强新政被理解为“新四化”：现代化农业、城镇化、工业化、信息化。2013年6月份中国货币市场出现“钱荒”并引发一场小小的金融危机之后，克强经济学三根支柱正式产生：不刺激，去杠杆化，结构改革。7月份又提出结构调整要在一个通胀的“上限”，以及就业和经济增长的“下限”区间运行。

安倍经济学号称“三箭齐发”：货币政策、财政政策、结构调整。日本央行行长黑田东彦以“超预期”的量化宽松政策，大量购买债券甚至高风险资产，实现物价上涨2%的目标，短期立竿见影：股市上涨、日元贬值、薪酬增加。

中国与日本处于不同的发展阶段，从某种意义上说，克强经济学要解决的问题是不犯日本当年的错误，避免日本式的陷阱，而安倍经济学正是要从这种陷阱中挣脱出来。日本过去10年来长期通货紧缩和低增长，20世纪90年代初泡沫经济崩溃后更是经历了“失去的十年”。国际上许多分析人士认为，中国似乎正在步一代人之前日本的后尘：资产泡沫崩溃，从高投资、高增长沦为低投资、低增长。从这一点看来，“克强经济学”与“安倍经济学”处于亚洲增长模式的两端，一个需要摆脱由于人口结构改变和体制僵化而导致的高增长时期硬着陆式的终结，另一个需要从一场崩溃之后的长期低迷中恢复元气。日本的教训告诉中国，如果拐点时期处理不好导致硬着陆，将付出十分惨痛的代价。

克强经济学面临的挑战要比安倍经济学大得多。日本是发达的经济体，按人均计算，经济远不如统计数据所显示的那么糟糕，劳动力大军在不断萎缩，2012年日本人均产出增长 3.08%，而美国仅增长 0.37%，德国甚至下降了 0.25%。中国经济所面临的结构问题远比日本更严重。由国有企业和政府主导的经济，严重影响了市场的效率。民营企业为主驱动的出口，以及国有部门主导的投资，都已经失去动力。由于政府不再刺激，经济目前正处于下降的通道之中，从趋势来看潜在增长率也在探底中。如果继续原有的刺激措施，将会造成资源的极大浪费，而且会积聚更深刻的经济与社会矛盾。

克强经济学没有明确的经济理论做支撑，基本上仍然是摸着石头过河，这又增加了难度系数。安倍经济学之前，日本经济所面临的流动性陷阱（Liquidity Trap）等问题，已经被众多世界级的经济学家如克鲁格曼、斯蒂格里茨、伯南克等人研究多年，并且已经提出各种各样的政策建议。这次安倍之所以能够大力推行，完全是因为政治上的原因。执政的自民党有清晰的顶层设计，但问题是自民党政府的执政时间会有多长，安倍的执政地位是否稳固。尽管中国目前不存在执政党的期限问题，但也面临着利益阶层的阻力以及无法回避的内部矛盾。

克强经济学要去杠杆，安倍经济学要加杠杆，有意思的是，中国政府的负债率远低于日本。中国官方公布的政府负债率，即公共债务与 GDP 之比约 43% 左右，而日本的这一比率达到了 231%。但若以企业债务总额占 GDP 比重计算，中国为 151%，高于日本的 113%。从政府负债情况来看，日本是中央政府负债较多，地方较少，而中国正好相反。2011 年日本政府债务中，中央政府占 81.5%，地方政府占 17.2%，与 GDP 之比分别为 188.8% 和 39.9%。而中国中央政府负债占比 38.86%，地方政府占比 61.14%。中国地方政府债务约 12.1 万亿元，占 GDP 23%。但据 IMF 估计，中国地方政府的广义负债已经达到 GDP 的 50%，超过了日本。对于中国政府来说，去杠杆主要是去地方政府和企业过剩产能的杠杆，而日本面临的问题是中央政府的高负债。

不刺激、去杠杆意味着目前中国经济正处于下行通道。对于日本来说，刺激政策短期内效果明显，产出、出口、企业信心指数都在提升，但启动经济之后，日本将面临刺激政策退出与结构改革的痛苦。安培经济学是先甜后苦，愿克强经济学是先苦后甜。

感谢日本神户市外国语大学副教授中嶋圭介提供的有关数据。

2013 年 7 月 19 日

大数据视角：中国如何有效投资城市化

中国城市化意味着巨大的投资，未来的 10 年，将会投入几十万亿元。但是，对于一个已经过度投资而且投资效率越来越低的经济，如何投资城市化，才能避免经济更加不均衡？

首先应投资最有效率的区域，即东部沿海和经济中心城市。国际货币基金组织经济学家与中国国家发改委宏观经济研究院副研究员刘雪燕的研究表明，中国最有效率的投资区域是东部，而不是中西部；最有效率的投资领域是农业与服务业，而不是制造业与房地产业。衡量投资效率的关键是投资带来居民收入的增加及消费的增长，并且进一步促进增长。如果投资仅仅是导致短期内居民收入的增长，而不具备可持续性，则这样的投资是没有效率的。这正是中国目前的情况，尤其是在中部和西部，投资率不断升高，回报率不断下降。而在东部沿海地区，消费及居民收入的增长自我持续已经初步形成，因此，投资集中于东部最有效率，而城市化的重心也应该是在东部。

另外一个问题是让大城市进一步发展，还是限制大城市发展，实行遍地城市化（或者城镇化）？我认为应该是让大城市进一步发展，因为大城市能最大限度地提高效率，无论是生产效率、生活效率，还是基础设施的效率。美国圣塔菲学院韦斯特等几位学者对世界上许多城市进行大数据分析后发现，城市人口的扩张会产生“超线性扩展”（Superlinear Scaling）效应，即随着人口的增加，城市变化的速度并不同步。如果以同步增加为1的话，则会出现以下的效应：私营（研发）就业1.34，新专利1.27，GDP 1.13～1.26，加油站0.77，道路（地表）0.83，电网部长度0.87。显然，会带来产出更高和基础设施更加集约的效应。当然也会产生负面的超线性扩展效应：艾滋病1.23，严重犯罪1.16。

而简单的人口规模增加，并不足以让城市发生超线性扩展。如何让大城市释放超级创造力？麻省理工学院媒体实验室的中国学者潘巍等提出了“社会纽带密度”（Social-Tie Density）的概念。他们用北美和欧洲的城市数据进行分析，超线性扩展的秘密在于社会纽带密度：人与人之间面对面的交往，居住地与工作地接近，沟通与互动便利，以及信息与思想的交流，最终会产生创造与创新的能力，并导致劳动生产率的提升。

值得注意的是，人口密度并不必然导致社会纽带的密度，它取决于城市交通等基础设施的完善。潘巍以北京为例，由于严重的拥堵，尽管人口密度很高，但目前实际上已经分化成许多小城市，其间交通能力严重不足。所以北京能否实现超线性扩展是个很大的疑问。另外一个例子是瑞士的苏黎世，虽然近年人口增长很快，但中心城区周围形成由合理的交通联结的小城市群，最快15分钟就能进入中心城区，每天约有60%的人口便捷出入市中心。

大数据揭开了城市不断扩张的秘密，对于中国新一轮城市化意味着什么呢？

中国的城市化应该成就一批高效率、高度创新能力的超级城市，这些城市应该以市场化机制较好的东部为主，也包括一些中西部的经济及地缘中心城市。这些超级城市不仅要实现自身的超线性扩展，而且要具备极强的辐射能力，带动周边一批城市群的成长，这将是中国城市化最有效的方式。

城市化的成功，即繁荣、可持续、创造财富、造就中产阶层，取决于社会纽带的密度。在我看来，人际互动的形成，就是社会资本的形成。这一轮城市化应该从以固定资产投资为主导转向以社会资本投资为主导。对于城市决策者来说，还要避免负面的都市超线性扩展，如疾病、犯罪、环境恶化。

具体来说，城市的投资，应该包括城市内部与城际之间的交通建设，尤其是公共交通建设，还有公共空间建设、有利于人际交流的商业与公共设施建设、围绕青年人创业与创意的设施建设、社会服务基础设施建设，等等。而互联网及通信技术，尤其是社交及移动，无法替代人与人之间的互动，只会帮助与强化。

城市化过程中的社会资本形成，还意味着城市化的包容性，在本地人与外来人、穷人与富人之间建立社会纽带，同时吸引市民积极参与当地的规划与政治过程。

2013 年 7 月 4 日

穿越完美风暴，还是被风暴吞噬

做空中国的声音，这些年听得耳朵已生了老茧。

《福布斯》美国版在2010年曾选出华尔街专门唱空中国的10个“乌鸦嘴”，领衔的就是“末日博士”鲁比尼。我跟他打过一点交道。2007年他刚创办宏观经济咨询公司不久，网站做得相当简陋，经常转载其他网站的内容。当时我做了一个英文财经评论网站，金融危机期间，与几位伙伴没日没夜地发一些关于中国宏观经济的分析文章，鲁比尼不时转载。后来他参加首届陆家嘴金融论坛，我找到他说，当初他的网站免费转载了我不少文章，希望能给我一个免费的待遇，他很爽快地答应了。

2010年夏，鲁比尼又来到上海，发表了一个演讲，谈全球经济面临的风险。在谈到中国时说，2013年上半年，尤其是在中国领导层换届之后，可能会有“硬着陆”的风险。

后来，鲁比尼的这些“预言”逐渐变成“寓言”：2013完美风暴。他在不同的场合都重复了这个故事。2013年年初，他称中国在年底硬着陆的风险会上升。而在4月份发表的一篇文章中，他似乎想给中国经济一个喘息的机会：如果结构改革延迟的话，到2014年下半年，中国可能面临着一场硬着陆。“完美风暴”仍在天边高悬，只是日子又推迟了。

但是2013年看空中国的声音有些集中，而且呈扩大之势。例如索罗斯认为中国经济2012年可能已经“硬着陆”了。至少从市场上来说他2014年不看好中国。对于中国来说，硬着陆的标准是什么？我留意到一些机构的研究，认为如果增长降到6%以下就意味着硬着陆。

这当然少不了华尔街那位全球最大空头基金公司的总裁吉姆·查诺斯。他是主唱，这两年来一直称在香港市场上大举做空中国建筑行业的相关股票，包括建筑、房地产、钢铁、水泥、矿业以及银行。

2013年，三大评级机构之一的惠誉下调了中国主权评级，将中国的长期本币信用评级从AA–调降至A。另一家评级机构穆迪紧跟着宣布下调中国主权评级展望，虽然维持现有的Aa3评级，但将评级展望从“正面”下调至“稳定”。

所有这些，都围绕着中国经济正在“失速”所引发的风险。2012年一季度，中国经济增长为8.1%，是自2010年到2013年以来最慢的。2013年一季度，经济增长为7.7%，意味着3月份GDP增幅不到7%。毫无疑问，中国经济高增长大势已去，而且越来越多人相信，在未来10年，增速放缓的趋势不会改变，我称之为从“高增长”到“缓增长”的大调整。

经济放缓并不一定意味着是坏事，但在降速的过程中会带来极大的风险，可能正酝酿着一场“完美风暴”。我在2012年写过一篇文章《中国经济转型的代价会有多大》，谈到了一位在钢铁行业工作30年的民营企业家告诉我的“经验公式”：如果中国经济增长速度降到8%以下，非垄断企业很难赚钱。我想他说的主要是制造业。的确如此，从珠三角到长三角，中国制造在很多工厂里都“熄火”了。

当年日本经济降速时，带来了资产泡沫的崩溃和后来长期的经济低增长。中国会重复日本的老路吗？这又是一个旧话题，而且许多人会说中国与日本不一样，可是，“历史是一座画廊，原创性作品很少，全都是复制品”。

经济学家马丁·沃尔夫提出了这个问题，并且揭示出中国经济从高增长进入缓增长阶段所面临的主要风险：如果经济增长从10%左右降到6%左右，生产性的资本投资将会暴跌，在边际资本产出率不变的情况下，投资率将从 GDP 的 50% 降到 30%。这样幅度的下跌，将会引发经济萧条。同时，银行信贷坏账增加，金融体系会迅速变得极度脆弱，尤其是“影子银行”部分。

无论是经济学家，还是做空的投资者，他们看到中国经济的弱点是共同的：原有的经济增长模式已经走到尽头，大调整正在展开，风险正在积聚，“完美风暴”可能发生。但投机家的目的是赚钱，经济学家的使命是找到原因，寻求对策。

顺利转型到一个更均衡和缓增长的经济，把头绪繁多的问题简化，就需要提升内需，改革财富大规模向国家以及垄断和特权企业集中的制度，增加居民的财富。从供给来看，人口结构老化和投资动力弱化，更需要提升劳动生产率，培育经济的创新能力。

管理一个全球第二大经济体从高增长、高投资向缓增长、适度投资转型，同时又避免经济衰退和金融风险，甚至避免社会动荡，是一个难度系数极高的动作。对策面临很多不确定性，但唯一确定的是要下很大的决心推动市场化和法治化的改革。可以延迟的时间已经不多，要么穿越风暴，要么被风暴吞噬。

2013 年 5 月 16 日

雾霾，经济增长的幽灵

2013年冬，凛冽的寒风驱散了从北京到上海的大片雾霾，迎来了中央经济工作会议。然而，一个幽灵依然盘旋在从北京到上海的上空。

人们不约而同地把雾霾与经济增长方式联系起来：中国严重依赖燃煤的能源结构、高能耗低效率的产业、无节制的汽车增长，以及一些企业及政府部门漠视环境成本。显然，这一切让GDP不再光鲜，而是变得“肮脏”起来。空气污染，让公众和政府对于经济增长放缓的容忍度进一步加大。

我不时在电视上看到华北一些地方的钢铁厂被推倒铲平。我相信，在中国许多地方，有大量这样的“僵尸”企业与“幽灵”企业，它们没有为市场创造任何价值和带来任何福利，却依然悄悄地冒烟点火，支撑着GDP的数字。

如果采取力度如此之大的“推倒铲平”动作，对于经济增长的影响将不可避免。因为中国在许多重型与高能耗、高污染产业上的过剩情况非常严重，使得中国经济付出了双重的赤字：过剩与环境的代价。环境恶化以如此剧戏性的方式笼罩在经济最发达的东部上空，可能仅仅是中国经济继续处于下降通道的一个前奏或者插曲。

言归正传。中共2013年召开的经济工作会议，是三中全会以后第一个经济工作会议。三中全会提出了“让市场起决定性作用”和“建立现代治理”的路线图，以及到2020年基本完成改革大计的时间表。因此，本次经济工作会议定下一个什么样的GDP增长目标，其意义在于向市场传递一个什么样的信号。

这也是市场最关心的。2011年、2012年，中国经济处于从保8到保7.5的缓慢下降的通道中。2013年，又处于向7下滑的压力之下。

其实对于GDP数字的预测，在政府决策者与经济学家之间，正在演变成一个越来越复杂的数字游戏。收集一些机构和经济学者们对2014年经济增长的预测和建议：

- 林毅夫（北大）：7.5%
- 钱颖一（清华）：6%~7%
- 陆挺（美林美银）：7.6%
- 朱海斌（摩根大通）：7.4%
- 刘世锦（国务院发展研究中心）：7%
- 中金公司：7%
- 摩根斯坦利：7.2%
- 社科院：7.5%
- 世界银行：7.7%
- 高盛：7.8%
- 发改委：8%

以上各机构和经济学家给出的数据，有的是预测数，有的是建议数。许多经济学家主张不要超过7%，因为他们清楚，实际执行过程中肯定会超出。于是经济增长的预测，成为一个非常有意思的数字游戏：应该是多少，预测是多少，最后具体执行是多少；考虑到最后具体执行的扭曲，再先提多少；中央心理预期一个数，下达的指标又是另一个数。其实发改委的预测也许是最可靠的，因为那里的官员最清楚，不管你预测是多少、应该是多少，最后执行的结果，统统要往上调。在一个个简单的数字下面，隐藏了这么多机关。

其实，理解中央会向市场传递一个什么信号，关键是李克强总理在2013年前三季度经济形势分析会上提出这么一个区间：底线是7.5左右，不能低于7.2，如果低于7.2，可能登记失业率就过了5.5甚至到6，中国恐怕不能接受。我们下决心2013年要稳增长，主要从就业考虑。

如果将经济增长目标定在7.5%，甚至更高，难以相信2014年会有重大的改革。雾霾告诉我们，即使是经济从保8到保7.5，仍然无法阻止我们继续为目前的增长方式付出更大的代价，而这个代价越来越难以容忍，将演变成对经济增速下调的越来越大的容忍。

2013年12月11日

中国是时候为这个世界贡献更多领导力了

这绝对不是一个最好的时代，也不是一个最坏的时代，因为还没有见底。2016 年的美国大选陷入混乱；英国很快公投决定是否脱离欧盟；从西欧、东欧、中东到朝鲜半岛和亚洲海域，恐怖主义、地缘政治冲突与风险此起彼伏；互联网时代，人们到处看到的是民粹主义、民族主义和去全球化；日本和欧洲的负利率政策，显示西方经济决策者们从需求侧到供给侧都黔驴技穷；中国经济增长过去几年不断下台阶，结构调整正处于阵痛之中。放眼世界，这是一个被经济学家斯蒂格利茨描绘为“改革疲惫、大焦虑、新平庸”的时代。

全球经济处于这样一个局面，很大程度上是因为，不到 20 年间，世界经济完成了一次历史性的重心转移。1998 年亚洲金融危机时，美联储主席格林斯潘和财长鲁宾、副财长萨默斯曾经被誉为拯救世界的三位英雄。2008 年全球金融危机，联储主席伯南克和财长保尔森只能拯救美国自己。金融危机之后，中国对全球经济增长的贡献一度过半。在中国的带动下，这些年来，全球 GDP 的 60%、经济增长的 85% 来自新兴经济体。中国推动了全球大宗商品的一轮超级牛市和新兴经济体的繁荣。但随着中国经济增长进入“新常态”，制造业及房地产去产能和去库存，以及西方经济进入“新平庸”，新兴经济体正在经历一轮大回调。显然，这些变化的原动力来自中国经济周期与结构调整。

全球经济增长迫切需要走出平庸，远离危机，动力来自哪里？来自继续推动全球化的力量。目前全球化倒退，国际贸易持续低迷，跨国银行收缩，民粹主义和民族主义在许多国家，甚至在美国和欧洲都在影响政治方向。

作为全球化的最大受益者，似乎只有中国在继续推动全球化，并且注入了新的动力。2015 年，中国对外投资超过 1 000 亿美元，中国居民的海外消费超过 1 000 亿美元，尽管贸易在萎缩，但欧洲的著名球星、美国好莱坞的影星，都在往中国发展。中国提出“一带一路”倡议，建立亚洲基础设施投资银行、新开发银行、丝路基金，除了政府层面的开发，中国国企、民营企业、个人都在积极地走出去。尽管中国经济放缓，中国居民的海外消费能力、对外投资能力反而在增强。全球近 1/3 的储蓄在中国，中国仍有两万多亿美元的对外净资产。中国的经济力量正在推动一个中国版的全球化。

其实更重要的，是面对困难局面能显示出领导力。全球主要经济体中，中国推出了一个明确的中长期发展目标，其核心战略是以创新引领的结构调整，通过供给侧改革，提升全要素生产率。全球都在关注中国在不发生债务危机、避免经济“硬着陆”、又不强刺激的情况下，如何既稳定增长又实现转型？

中国的经济结构正在发生变化，消费、服务、创新在经济中占的比重越来越大，中国巨大的潜力有待于通过结构调整发挥出来。而潜力一旦发挥出来，就会“外溢”到全球。这正是那么多全球政商精英来到中国的原因。

显然，这个世界需要领导力。至少到美国大选之前，中国会成为这个世界寻求领导力的一个越来越重要的来源。2016 年中国主办 G20（二十国集团）峰会，这是中国发挥领导力的一次契机。这种领导力也来自于企业家。在 2016 年博鳌亚洲论坛的闭门会议上，阿里巴巴董事局主席马云提出建议，建立世界电子贸易平台（Electronic World Trade Platform，eWTP）作为世贸组织的补充，并希望借助 G20 的机会，倡导和推进 eWTP。贸易和投资是全球经济增长的重要动力，但现行的全球贸易规则越来越不能适应新的经济形势，由于互联网等技术的变革，全球的贸易和经济正在发生着重大的变化，其背后的推动力量是中国等各国企业家的创业和创新，在坚持多边贸易的基础上，对现有的贸易体制作出完善和补充，会释放出新的动力。

2016年在中国召开的G20峰会，凝聚着来自全世界各国的决策者、学者和企业家越来越迫切的期盼。中国应借主办的机会，更多地发挥领导作用，展示出改革的魄力，为全球经济增长注入新的动力。

2016年3月23日

11

全球跳着一支芭蕾叫《黑天鹅湖》

无法回到过去，唯有横越未知

智慧的猫头鹰在黄昏起飞。一个时代行将终结，落霞中齐飞的还有无数的黑天鹅。

2007—2008 年金融危机之后，西方国家经济进入 2008—2012 年的经济衰退，此后沦为长期低（负）利率与低增长。经济周期似乎失灵，全球经济无法回到衰退前的增长水平，偏离变成了正常。PIMCO 首席经济学家埃里安首次提出“新常态”。

2014 年，中国也宣布经济进入新常态：金融危机后强力的刺激效果渐渐消失，后遗症开始显现，而经济增长从多年来平均双位数左右，一路下降到低于 7%，至今仍然在探底。中国经济也无法回到以往的增长水平，依靠更高的杠杆率，实现资产泡沫下的保增长。中国提出了供给侧结构性改革，并试图通过 G20 峰会推向全球。

2016 年 6 月，英国全民公投，脱离欧盟。尚未摆脱金融危机和难民危机的欧盟，面临解体的危险。欧盟经历了第二次世界大战后到冷战后整整 60 年时间，人们认为它不仅是欧洲的现状，也是欧洲的未来。现在，欧洲的新常态开始出现了，那就是一个一体化进程受阻倒退、急于重新找回自身存在理由的欧盟。

2016年11月，美国选出了地产商特朗普当总统，他从未有过从政经验，以民粹主义挑战美国的“政治正确”，以“粗鄙”的常识颠覆美国东部常春藤名校、媒体精英、科技新贵为代表的“建制派”。盎格鲁-撒克逊人，从工业革命和殖民地时代一起缔造了一个持续两个多世纪的全球化进程，到此时，英国和美国第一次同时止步。

20世纪70年代末市场化改革，80年代末冷战结束，出现全球化浪潮，90年代互联网革命爆发，21世纪头10年中国崛起为全球贸易超级大国，紧接着，经济自由主义和全球化开始在全球范围内遇阻。一个席卷全球、持续40年的浪潮在退潮。

几乎两代人生活在一种熟悉的历史方向上，现在，法兰西斯·福山（Francis Fukuyama）提出的“历史的终结”终结了。2017年，更多大国将进行领导层的重组，我们不知道还会发生什么黑天鹅事件，不知道它们是将在历史的新方向上启航逐流，还是在不确定中影响历史的方向。

我们在面对一个未知的世界，无法回到过去，唯有横越未知。

2016年11月14日

酋长的胜利

我在2010年去了趟巴西，往返途中都在卡塔尔首都多哈转机；2012年夏季欧洲之行，往返在阿联酋的迪拜转机。曾四度透过舷窗，俯瞰波斯湾波光粼粼的海面，巨大的填海工程和人造岛屿，彻底改变了海岸的线条。2012年10月，参加福布斯全球CEO论坛，我才有机会真正访问迪拜。

尽管已经见惯了中国令人目眩的城市拆建，对我来说，初遇迪拜仍然令人瞠目。烈日下的沙漠之上，海市蜃楼般地矗立着世界级的地标：世界最高建筑哈里法塔，自称为七星级酒店的帆船酒店、自封为世界第八奇迹棕榈岛，以及全球最大的购物中心迪拜Mall。在全世界到处搜罗顶级奢侈品牌和顶级文化娱乐活动，迪拜已经深深地沉迷于让世界围观。

迪拜正在走出金融危机的阴影，争办2020年世博会，迎接新一轮地产繁荣。海湾地区的竞争者多哈，获得了举办2022年世界杯的资格。当地媒体报道说，别墅价格已经回归到2008年的高点。还会有什么更炫和更酷的设计与建筑呢？迪拜曾构想新建一座海滨之城，面积是曼哈顿的7倍，再建一个世界最高塔；还要建一个新的中央商务区，计划盖500栋大楼。沙漠及人造海岛不尽兴，迪拜甚至还想把摩天大楼建到水面以下。

在哈里法塔内阿玛尼酒店的晚宴上，我聆听了迪拜酋长马克图姆的演讲，从头至尾他都强调迪拜要“敢想敢干”（Think Big）。迪拜在1966年才发现石油，1971年开始开采，但马克图姆的父亲意识到总有一天迪拜的石油会采完，于是开始大兴土木，修建码头、扩大港口、挖凿隧道、盖世界贸易中心，第一波造城完成于20世纪70年代和80年代初。老马克图姆有一句话很著名：“我的爷爷骑骆驼，我的爸爸骑骆驼，我驾梅赛德斯，我儿子驾路虎，我儿子的儿子驾路虎，但是我儿子的儿子的儿子终将骑骆驼。”典型地写照出迪拜要摆脱资源暴富型经济的诅咒。

阿联酋的地理位置决定了它在中东地缘经济中的重要性。它地处波斯湾的传统贸易中心，号称全球1/3的人口与它仅有4小时飞机航程。阿联酋航空这些年迅速崛起，迪拜初步成为亚洲通向非洲、欧洲、拉丁美洲的枢纽，借势发展起了贸易、航空、旅游、零售等产业，推动了楼市的繁荣。2008年楼价达到顶点，全球金融危机爆发后，楼市泡沫崩溃，迪拜于2009年年底发生债务违约，震动了全球金融市场。

迪拜的发展模式是“酋长资本主义”，即酋长把土地交给其控制的“国有”公司开发，通过债务及资本市场获得融资，最终将房子卖给中东及世界各地的富人及商业精英。迪拜政府一直在推动经济结构多元化，政府还主导发展一些新兴产业如信息技术、生物医药、媒体等，但所有这一切，都不如房地产赚钱更快。2002年，迪拜宣布允许外国人购买房产，2004年至2006年，石油美元及全球流动性泛滥，各大金融机构纷纷向迪拜的房地产项目贷款。2008年到2009年，迪拜房地产下跌近2/3，空置率达1/3，最大的开发商迪拜世界债务违约。

迪拜世界是一个政府融资平台，2009年欠债最高达到590亿美元，旗下的房地产开发公司棕榈树（Nakheel），包揽了所有填海造城业务，债务重组之后，2011年该公司归迪拜政府所有。另一家公司Emaar拥有包括哈里法塔及迪拜购物中心在内的资产。2007年，迪拜政府通过价值78亿美元的土地，置换了32%的股权。

目前，迪拜的楼市正在缓慢地走出底部，来自印度、伊朗等南亚及阿拉伯国家的富人似乎在投资这里的楼市。迪拜试图扮演动荡的中东及阿拉伯世界资产安全港的角色，但我们在市中心的周边地区，仍然能看到一些烂尾楼。

迪拜的发展模式可持续吗？我有些怀疑。且不说它的经济过于依赖房地产，迪拜 200 万人口中，本地居民仅占 15% 左右，外籍劳工来自 200 多个国家和地区。正如大多数阿拉伯国家一样，阿联酋的人口很年轻。迪拜超过 2/3 的人口年龄在 20 岁至 39 岁之间。阿联酋按人均收入来看是世界上最富裕的国家之一，迪拜警察开的巡逻车都是宝马 5 系，但占迪拜人口超过 80% 的都是外籍劳工及其后裔，与当地居民收入水平相差悬殊。从长期来看，迪拜的发展将围绕着少数“迪拜人”及全球的商界精英，而越来越脱离大多数的当地人口。

听完酋长演讲的当晚，我正好与台湾远东集团的董事长徐旭东同一趟车回酒店，他不停地嘟囔：“我看不懂，看不懂。”而我比他好一点儿，似懂非懂，知道这片土地下的石油 2010 年开采殆尽，迪拜已经踏上了一条不归路。

2012 年 12 月 5 日

斯特里普的奥斯卡奖：重温撒切尔主义

梅丽尔·斯特里普（Meryl Streep），我眼中真正的电影艺术家，凭借在《铁娘子》中扮演英国前首相撒切尔夫人，获得了2012年奥斯卡最佳女演员奖。尽管这部电影对撒切尔夫人的刻画遭到了一些英国媒体的争论，但斯特里普的演技得到了外界一致赞扬。有人甚至说她的演技已经超越了这部电影。

不过，我想说的是，撒切尔夫人，这位在20世纪任职最长的英国首相，是一个比斯特里普更传奇的女人。而且在眼下资本主义面临争议的时刻，再没有比推出这部电影更合适的时机了。

撒切尔夫人1979年开始担任英国首相，她主张放松政府对经济的干预和管制，推行灵活的劳务市场，将国有企业私有化，并约束工会的权力及影响力。她推行货币主义，提高利率以控制通货膨胀，同时削减税收和政府支出。据记载，撒切尔夫人担任首相初期，手提箱里一度放了本奥地利经济学家哈耶克的著作。

谈起撒切尔夫人，不得不谈谈美国前总统里根，他于1981年当选美国总统并连任。里根奉行供应学派经济理论，被称为“里根经济学”，主张减税以刺激经济增长，减少货币供应以控制通胀，为经济松绑以增加活力，并减少政府支出。他倡导古典自由主义和自由放任的市场理念。

撒切尔和里根的友谊是20世纪80年代的一段佳话，也令美英特殊关系达到新的高潮。冷战结束，苏联解体，东欧剧变，中国改革开放，真正的全球市场开始形成。20世纪80年代是撒切尔-里根的自由市场经济大刀阔斧推进的时代，西方经济正在从滞胀中走出来，而滞胀很大程度上被算到凯恩斯主义和国家干预的账上。也就在那个时候，中国经济开始了市场化的改革，方向曾经很明确：国家减少干预。这在当时并不仅仅是中国，而是全球的趋势。应该说，撒切尔掀起了一场自由市场的革命，重振了英国经济。而撒切尔-里根所掀起的自由市场经济浪潮，也是邓小平当时推动市场化改革的国际背景。

2008年的金融危机让自由市场经济制度和理念受到空前的挑战，不只是西方，也包括中国。金融危机对中国的挑战主要并不是经济上的冲击，而是在改革方向上的挑战。中国的决策者对市场经济改革的方向开始感到困惑了，甚至被许多人认为已经放弃了改革。在国际上，政府大规模干预的模式让人们津津乐道起来，最起码国家资本主义在许多新兴市场经济体中被认真研究甚至学习。而且来自美国内部的批判声音，也为政府干预找到更多的理由，如金融危机之后，斯蒂格利茨对自由市场制度的批判，以及克鲁格曼坚定捍卫凯恩斯主义，用凯恩斯主义为奥巴马政府提供建言和辩护，并且试图借金融危机对撒切尔-里根进行一次清算。2011年，还发生了占领华尔街的运动，在公众的层面，华尔街所代表的自由资本主义造成了1%与99%的贫富分化。

然而，2011年也是我们看到国家和政府普遍失灵的一年。在中国，政府大规模干预的政策留下了通胀、政府债务、产能严重过剩、经济更加失衡等严重的副作用。2011年也是国家和政府信用严重削弱的一年，过去一向被视为无风险的美国政府债券评级也下调了。从欧洲和美国来看，公司富裕而政府贫穷的现象越来越显著。对于投资者来说，在全球市场上成功的公司的信用，已经超过了美国政府。巴塞尔III协议正在考虑修改对银行的监管规则，准备让银行持有更多的股权及公司债券，而不再是现金及政府债券，以符合新的短期流动性的要求。

而政府所辩论的经济政策，让普通公民都已经觉得浅薄：除了央行印钞票，也就是所谓的“量化宽松”，以及政府乱发债，还有什么招术呢？如果国家和政府本身的信用已经被严重削弱，其干预经济的行为能有什么好的结果呢？欧洲一些福利国家客观来说已经破产，正在从传统的民族国家向一个超级机构演变。而中东、北非独裁国家也在多米诺骨牌般地被推倒。

国家面临的最重要的挑战，可能是互联网和信息技术革命正在将全球化从贸易和资本的时代，带入信息、智能、文化、价值观全球化的时代。全球正在进入一个分布式创新的时代，重塑全球经济的力量，正在自下而上地酝酿和发动，传统的治理或统治方式在失灵，甚至在局部表现为失败。

自由市场经济因金融危机而饱受批判，但债务危机也让国家和政府干预不那么光彩，更重要的是，全球化正在形成一个超越国家的利益集团，国家的大规模干预，无论对于经济效率还是社会公正，可能都在失灵。这个世界似乎失去了方向，需要重塑的力量。

时光倒流回 30 年前，当时中国正在从计划经济的灾难中走出来，而撒切尔 - 里根革命也正把西方经济从“滞胀”中拯救出来，而眼下这个迷失了方向的世界应该怎么办呢？

1987 年 9 月，撒切尔夫人在接受 *Woman's Own* 杂志的采访时，讲了一段话：

> 我认为我们已经经历了一段时期，太多的孩子和人民从来就以为“我有个麻烦，要通过政府的福利来解决”，或者说“我无家可归，政府必须给我住房”。他们把自己的问题抛给社会，那么谁又是社会呢？没那回事！没有任何政府能不通过人民而有所作为，而人民，无论男女，无论是作为个体还是家庭，首先应该照顾好自己。我们的责任是先照顾好我们自己，然后去帮助照顾我们的邻居，生活就是一个互惠的事情，人们总是想得到太多的福利而不想尽义务。

这段话当年是用来批评“英国病”的，今天用来批评那些深陷债务危机的欧洲大陆国家也非常合适。这段话能流传下来，是因为它告诉人们两个常识：

- 第一，不要相信政府的干预会比个人的努力要好，过分寄希望于政府的干预，其结果是政府和个人双输。
- 第二，政府所要做的，是尽可能多地给个人、企业、市场自由。

当方向摇摆不定时，需要领导力，回归常识，采取变革的行动。

2012年2月28日

格林斯潘：在动荡年代自我纠正

格林斯潘和克鲁格曼，都并不是那种以不断地预测、再不断地修正预测为职业的经济学家。他们对金融市场的看法，包括预言，最终都与价值和信念联系在一起。

格林斯潘坚定地相信，监管是不必要的，不管遇到多么坏的情况，例如次贷危机，即使市场的参与者都是贪婪的，市场机制也会发挥作用，最终一切都将自动恢复均衡。而克鲁格曼相信，市场会导致严重的不公平问题，次贷危机是一次以“金融创新”为名的金融机构，对美国中产阶级的一次“猎获性”（Predatory）借贷行为，“金融创新者”在其中获利，而上百万个美国家庭破产。他主张在市场繁荣的时期，要加强监管。

格林斯潘预言，通胀率的抬头，将导致美国和全球央行加息，在资产价格上升和流动性过快增加的背景下，金融危机的风险也在加大。他在2007年9月份出版的自传《动荡年代》中，充分表露了对市场的敬畏和对监管的疏远。“市场已经变得太大，太复杂，变化快得令20世纪的监管无法应付。”

格林斯潘在担任美国联邦储备委员会主席18年半的任期中，以说话暧昧著称，而在自传的最后一章，在一系列的假设条件下，他明确地预测了美国未来25年直到2030年的年均经济增长率将略低于2.5%，而在1980—2005年，美国的年均增长率为3.1%。

格林斯潘的分析方法

格林斯潘对长期趋势预测的基本方法，是对人口与劳动力结构变化与转移的分析，以及相应的储蓄与资本流动的分析。在他看来，从20世纪80年代开始，推动全球经济低通胀、高增长的主要动力之一是，全球30亿劳动力的一半，从非市场经济加入到竞争性市场经济当中，而这一过程行将结束。到目前为止，由于柏林墙的倒塌，东欧劳动力加入竞争性市场经济的过程已经基本完成。中国8亿劳动力中，已经有4亿人生活在城市里。但是，他并没有进一步说明中国的劳动力转移是否已经基本完成。实际上，这一拐点是否已经出现，在中国经济学家中也是个引起争论的问题。

劳动力大规模从农村向城市转移，从非市场经济向市场经济转移，然后通过国际贸易和投资加入国际分工体系，在全球产生了通货紧缩的压力。格林斯潘承认，他担任美联储主席期间，最大的幸运是生逢这一时期，而且他内心深谙这一全球趋势，他采取的货币政策，正是体现了对这一趋势的把握。在20世纪90年代的大多数时期，特别是在下半期，他大胆地估计了美国经济增长在全球低通胀和高科技带来的劳动生产率提高的前提下，潜在增长率可以上调。他采取的货币政策基本上就是顺势而为的一种微调。

但是，劳动力的大量转移对于物价和工资的压抑作用，必定会有终结的一天。格林斯潘认为，劳动力大规模向竞争性市场经济转移的终结，将是全球自20世纪80年代以来25年间低通胀和高增长的终结。其中最值得注意的是，中国出口产品的价格和美国进口产品的价格。就在他的自传付梓的时候，他预言，由于2007年春季美国从中国进口的产品价格上升，以及真实长期利率上升，增加了拐点会更早到来的可能性。所以，在未来的几年，除非采取政策遏制，通胀将会重返。

格林斯潘指出，金本位制不符合现代政府创造福利社会的需要，而政府为选民提供更多公共服务和福利，本身就是偏向和易于导致通胀的。但是在现代社会里，只要政府向选民提供足够的福利，通胀偏好就是福利社会可以接受的代价。

从下一个25年来看，如果美国通胀率上升，比如达到4.5%，同时发展中国家高于正常水平的储蓄率开始下降，2030年前的某个时间开始，美国十年期政府债券的利率将会达到8%左右，而这仅仅是一个基准线，还不考虑向退休后的美国婴儿潮一代支付养老金而产生的收益率溢价。如果产生新的恐怖袭击，或者美国国会又发生预算案僵局，都会令长期利率在一段时间内显著上升。

格林斯潘警告全世界的央行行长，低通胀时期要终结了，但他并没有给出对策。显然，长期的趋势是谁都无法扭转的。

对于美国和其他国家的金融市场来说，除了无风险利率上升的风险外，还有其他风险。在过去自1980年以来的20年里，风险溢价持续下跌。例如，美国CCC级公司债（所谓的垃圾债券）的利差在2007年年中时低得令格林斯潘难以理解。从2002年的23个百分点降到2007年年中的4个百分点。而新兴市场国家的债券的风险溢价，也从2002年的10个百分点，降到2007年6月份的1.5个百分点。风险溢价的降低是全球性的。

但是，格林斯潘在2005年8月份的联储堪萨斯城年会的告别演说中提醒："历史并没有善待旷日持久的低风险溢价所产生的后果。"

由于自1981年以来长期的名义利率与实际利率的下降，全球资产价格的上升每年都高于名义GDP的上升，只有发生"黑色星期一"的1987年和互联网泡沫崩盘的2001—2002年例外。所有能产生收入的资产，包括股票和房地产，以及其他的对于能产生收入资产的索取权（claim，包括直接的和间接的）价值的上升，都被格林斯潘称为流动性的增加。他预言，通胀率的抬头，将导致美国和全球央行加息，在资产价格上升和流动性过快增加的背景下，金融危机的风险也在加大。

因此，格林斯潘预言的逻辑是：人口与劳动力结构的变化—全球储蓄和资本流向的变化—物价和薪酬水平的上升—通胀压力的抬头—长期利率的上升—资产价格的向下压力—经济增长率降低—金融风险增加。所有这一切，是格林斯潘给出的今后近 1/4 世纪美国经济和全球经济的预言，这些最快可能在近几年就会发生。

格林斯潘从他担任美联储主席 18 年来亲历全球经济演变的经验出发，将实体经济、货币政策、资本市场和金融市场结合在一起，提供了一种较有解释力的预测。

迷恋市场机制

显然，格林斯潘的分析方法中是可以注意到次贷危机发生的可能性的，但是，格林斯潘对市场机制的信任，使他可能在 2005 年离任之前，无法对房贷市场正在积聚的风险做出及时的反应。

格林斯潘对市场机制自我纠正的信心，让他对自己的货币政策的成就充满了谦虚。格林斯潘是华尔街出身，当年被任命为福特总统的经济顾问委员会主席时，他对自己的宏观经济学还曾感到有些底气不足。但表现在金融市场上，他对华尔街所倡导的“金融创新”的欣赏以及对监管的克制，显然使他在次贷危机之后，再一次成为被批评的对象。

格林斯潘断言：“今天，监管这些交易基本上是依靠单个市场参与者对手之间的互相预警。每个贷出者，为了保护自己的股东，会时刻留意客户的投资仓位。监管者仍然会装模作样地监管，但能力已经大为收缩和下降。”

格林斯潘认为，他 18 年来的央行的经历证明，行政性的监管越来越有限。“市场已经复杂得人类无法有效干预，最有希望防止危机的政策是那些保持市场最大灵活性的政策——对冲基金、私人股权投资、投资银行这些最重要的市场参与者，能自由地发出市场行为……对冲基金及其他市场参与者的目的是赚钱，但是他们的行为会消除市场的无效和不均衡，因此会减少稀缺储蓄的浪费。这些机构会为劳动生产率和总体生活水平的提高做出贡献。”

对于格林斯潘来说，不幸的是次贷危机暴发了，将已经退休的他再次抛入一场金融市场永远争论不休的话题旋涡中，即监管与创新。

美国时任财政部长保尔森 2007 年 12 月在北京中美第三次经济战略对话期间接受《第一财经日报》的独家专访时，称次贷危机是一次“创新过分”（Excesses of Innovation）。他说，在美国，监管永远跟在创新后面，而不是相反，“如果没有创新，美国就不会有近 69% 的家庭拥有住房。”

克鲁格曼用公平的尺度来衡量创新的分寸。他批评格林斯潘和保尔森，也没有放过伯南克。伯南克曾评论美国次贷危机：“市场纪律在一些地方被破坏，遵守审慎贷款程序的积极性已受影响。”克鲁格曼立即批评道，这是一个非常避重就轻的说法：“实际上，2005 年前后爆炸式的‘创新式’房屋贷款，是不折不扣的一次金融灾难。”他指出，次贷危机最大的教训就是：当房贷市场一片繁荣时，就要监管，而不是市场崩溃之后才亡羊补牢。

格林斯潘在回忆录中提出，“扩大房屋所有权所带来的好处”，支持不受监管的贷款。但次贷危机造成的后果是，房屋所有权并没有扩大。大量的次级房屋贷款发生在 2004 年到 2006 年间，但现在房屋拥有率已经退回到 2003 年的水平。

克鲁格曼不客气地说：“数百万个家庭可能丧失抵押品的赎回权，等到布什结束任期时，美国家庭住房拥有率将很可能低于他上台之时。”

次贷危机对美国经济造成了巨大的破坏。据估计，超过 1 000 万个美国家庭最终所积累的债务要高于他们房屋的价值，投资者的损失将会超过 4 000 亿美元。克鲁格曼称之为自美国大萧条以来最大规模的金融灾难。

格林斯潘在自传中批判了凯恩斯，对亚当·斯密顶礼膜拜，对20世纪50年代主张放任市场经济的女作家安·兰德推崇备至。但克鲁格曼说，再没有更生动的例子，比这更能证明对手的经济信念是错误的了。克鲁格曼称之为“意识形态高于保护公众”。

2008年1月1日

漫长的着陆：同时下注最好与最糟

2013 年，我拜读了中国国际金融有限公司首席经济学家彭文生的著作《渐行渐远的红利：寻找中国新平衡》。时值《福布斯》中文版进入中国正逢 10 年，如何总结过去的 10 年，展望未来 10 年？这本书为我提供了一个很有启发的参考。

我留意到彭文生对中国未来 10 年潜在增长率做出了两种预测，在不改革的情景下，将从十二五的 7% ~ 8%，经过十三五的 5.5%，下降到 2020 年的 5%。在改革顺利推进的情形下，上述数字分别为 7% ~ 8%，6% ~ 7%，6.5%。

无论如何，中国经济正在经历从高增长到缓增长的大转型，这股转型背后的最根本的力量是什么？人口。中国正在经历人类历史上最大规模的人口转变：25 ~ 44 岁青壮年劳动力人口占比早已开始下降，15 ~ 59 岁劳动年龄人口数量 2012 年第一次出现下降，人口红利在 2015 年达到顶点，2025 年左右人口总数达到顶点，约 13.96 亿。2025—2035 年，中国工作人口将减少 7 900 万。当我们说中国经济规模将会在下一个 10 年超过美国时，按照目前的生育水平，中国人口的老龄化将在 2030 年比美国严重，那么未来中国和美国哪个会更有活力？

人口的转变成为这部著作最有力的分析支点，可以解释中国经济中一系列最突出的特点。例如，2000—2010 年是中国人口红利的高峰期，也正是中国城市化的高峰期。中国人口红利期有一个显著的特点：起点更低，但高点更高，所以，收获的人口红利更大，而人口红利消失时，对中国经济带来的冲击也会更大。中国 2.6 亿农民工如何安身立命，将成为鉴别中国新一轮城市化真伪的试金石。

回顾一下过去 10 年，中国的经济奇迹几乎可以说是一个人口的奇迹，而中国经济中的一切麻烦，似乎也是人口引起的：

- 高储蓄：生产者人数远远超过消费者人数，中年人口比例提高。
- 低消费：劳动力无限增长，压低了劳动力价格，而中国城乡二元结构对于人口流动的限制，加剧了收入差距。
- 高投资：高储蓄也可转化为高投资需求，人口红利阶段呈现“过剩”经济特征。
- 贸易顺差：储蓄大于投资会导致贸易顺差。
- 资产泡沫：储蓄过多，再加上相对年轻的人口和高速增长的经济，会产生较强的风险偏好，推高资产的估值，可能产生资产泡沫。
- 房产泡沫：人口结构、高储蓄下的高风险偏好，以及货币政策共同作用的结果。
- 人口结构变化与货币信用周期：日本在 20 世纪 70 年代、欧洲在 20 世纪 80 年代初、美国在 20 世纪 80 年代中期，生产人口超过消费人口，都是经济进入过剩阶段的根本驱动力。日本和美国都经历了房地产泡沫的破灭，中国是否也在经历同样的货币信用周期?

那么，我们是否可以得出结论，随着人口红利的“渐行渐远”，刘易斯拐点来了，劳动力成本上升，劳动生产率下降，创新力下降，储蓄投资资本存量下降，经济的潜在增长率下降，消费需求相对于投资需求上升，资产价格下降，房价下降的压力增加，扩张的货币信用周期终结，甚至出现泡沫破灭?

彭文生并没有陷入“人口决定论”，中国也并不是一个当代版的“马尔萨斯”

世界。人口结构的转变在不同国家引发了相同经济转变的同时，在不同的制度下也会导致不同的命运。中国的人口与中国的制度结合起来，产生了人口红利的“盛宴”，但人口盛宴散去，会落下一桌“残羹剩饭”吗？彭文生看来，如果不对现有的制度进行改革，这样的结局几乎宿命般确定。

正如当初中国选择改革开放释放了人口红利，制度的变革会帮助经济超越人口的命运。彭文生提出的政策路径为“新中间路线”，即在公平与效率、政府与市场、上一代与下一代、金融与实体、需求与供给等方面进行一系列尝试改革与政策调整。

所有这些，对于企业来说意味着什么？对于投资意味着什么？彭文生并没有给出答案，但我想中国未来10年从高增长到缓增长过渡，我们有理由对前景感到乐观，但也不能无视在这个漫长的着陆过程中所产生的风险。

改革本身就意味着更大的不确定性。即使改革能够推进，中国经济也可能会面临一次比较大的调整，不排除有可能严重程度至少接近于一次“硬着陆”，如债务危机、资产泡沫，尤其是房产泡沫崩溃，甚至交织着社会危机。由于经济增长降到8%以下，一大批粗放的传统制造业将无法生存，一批依靠廉价劳动力制造商品来出口海外的企业也无法生存，而政府治理能力滞后，难以管理好一个更加复杂的经济体。

在这样的一个波动加剧的时期，对应“新中间路线”，一个最好的策略就是对冲风险，同时下注最好与最糟的时代。

2013年6月14日

《重建的世界》：寻求国际秩序新“合法性”

《重建的世界》最早出版于 1957 年，实际上是基辛格 1954 年在哈佛大学撰写的博士论文，他成名后，这本书成了一本战略与外交的经典著作。

基辛格在 1969 年到 1977 年期间担任尼克松与福特两任总统的国家安全顾问与国务卿，主宰了当时的国际外交舞台，是第二次世界大战以后最有影响力的外交官与战略家之一。

这本看似史学的著作，写的是维也纳会议前后欧洲的外交，当时欧洲经历了长达 25 年的法国大革命和拿破仑战争，列强合力打败了拿破仑，谋划与设计在欧洲重建长期和平。

维也纳会议在 1814 年 11 月到 1815 年 6 月间召开，由奥地利、俄国、普鲁士、英国主导，恢复统治的法国波旁王朝也以大国的身份参加了会议。这是一场典型的宫廷外交，除了一些正式的工作小组和谈判之外，基本上都是在沙龙、宴会、舞会上进行。会议实现了欧洲大陆各大国对领土与边界的重新划分，形成了欧洲大陆强权之间的势力均衡。参加维也纳会议的还有一些欧洲的中等强国、小国和公国等约200个，以及众多城邦、宗教组织、各种利益团体，它们也参与了领土瓜分。英国外交大臣卡斯尔雷设计了欧洲的势力均衡，而天才般的奥地利外交大臣梅特涅，用一系列的条约和精心安排的国家秩序，把欧洲大陆的均势“合法化”。

维也纳会议开创了由大国主导与协调、小国参与的国际秩序。第一次世界大战结束后的巴黎和会、两次世界大战期间的国联，以及第二次世界大战之后的联合国，都受到维也纳会议及其建立起来的集体安全框架的影响。

基辛格写作时，欧洲正处于第二次世界大战结束不久的美苏冷战之中，而拿破仑战争之后，通过维也纳会议所建立的长达百年的欧洲和平，令基辛格试图从历史的研究中寻找到实现持久和平的原理。他认为，在本质上相互威胁的国家之间，和平并非是大国主动追求的结果，而是大国之间势力均衡的结果。一旦均势体系建立起来，通过条约体系与外交手段，可以维护一个“合法”的国际秩序，防止成员国中出现“革命性”的国家外交，颠覆国际秩序。

基辛格认为政治家的使命就是维护稳定，大国之间会形成盟友组合关系，以调整各国之间变动的实力，而盟友关系也成为大国极为重要的战略资源。但是，基辛格并没有谈到，国家的实力和抱负处于永恒的变化之中，由少数几个大国带领小国形成的结盟关系，也导致了全局性的系统性风险：它增加了大国之间利益协调的难度，体系内外交的灵活度越来越小，不安全感会自我强化，导致军备竞赛，形成牵一发而动全身的“蝴蝶效应”。比如第一次世界大战就是由小国波斯尼亚事变引发，把欧洲列强全部卷入。最终大国间的冲突引发系统性的全面战争爆发，欧洲百年的和平，被更大规模的两次世界大战终结。

尽管花了很大的篇幅在梅特涅身上，但在基辛格眼里，梅特涅只是一个精于宫廷外交的天才，而卡斯尔雷才是欧洲均势结构的设计师。英国后来对欧洲大陆推行“光荣孤立”的外交政策，把自己当成一个调整欧洲大国力量对比的砝码，长期与欧洲保持距离这一动作，其实是与卡斯尔雷构想的结合。

基辛格把大国之间均势理论运用到冷战和核威慑时代，寻求国际秩序新的“合法性”。他敏锐地观察着全球力量格局的变化，努力与苏联在欧洲实现缓和。1971 年 7 月 6 日，就在基辛格秘密访华前 3 天，尼克松在堪萨斯城发表了全球多极化的讲话，承认中华人民共和国在全球舞台上成为一个强国，并且认为全球五大经济中心已经形成：美国、西欧、苏联、日本、中国，宣告了一个多极世界的来临。基辛格一生中最为称道的是他秘密访问中国，实现与中国关系的正常化，联合遏制苏联的扩张，形成了他所希望的稳定的多极世界结构。

在担任国务卿之后，基辛格仍然认为自己是个历史学家而非政治家。在写《重建的世界》之前，他受到德国历史哲学家斯宾格勒《西方的没落》一书的影响，深信文明的兴衰周期。他在前言中承认，试图用物理学实验的研究方法，在历史大事件中研究人类探寻和平的一般法则。但是物理世界也是处于永恒变化中的，均势很难维持，并且蕴含着通向战争与冲突的内在动力。

百年和平末期，德国经过统一战争，成为欧洲大陆最强大的国家，英国外交官克劳在 1907 年撰写了著名的《克劳备忘录》，分析了欧洲均势被破坏之后，英国与德国之间的冲突不可避免。克劳认为德国崛起，不管其意愿如何，已经构成了对英国的威胁。这份报告影响力如此之大，以至于 100 年之后，人们用同样的思维看待中国的崛起对美国的挑战。

作为现实政治家，基辛格相信可以超越道德与意识形态建立大国协调，但现实政治本质上是国家实力之间的较量，这种协调与冲突的内在矛盾，可能使任何试图建立永久和平的政治家成为“悲剧的英雄”。

基辛格在《论中国》的最后一章，专门谈到了《克劳备忘录》，谈到了中美之间如何避免“克劳诅咒”。可以说，这位现实主义的战略大师，对于中美关系的未来，只有美好的祝愿与善意的提醒，却没有答案。

2017 年 1 月 28 日

全球化自东向西

环顾全球大国，在一片逆全球化和保护主义的声浪中，只有中国提出并推进着一个清晰的倡议："一带一路"。

2013 年 9 月 7 日上午，中国国家主席习近平在哈萨克斯坦纳扎尔巴耶夫大学演讲，提出共同建设"丝绸之路经济带"。10 月 3 日，习近平主席在印度尼西亚国会演讲中，提出中国与东盟共建 21 世纪海上丝绸之路。

4 年来，"一带一路"倡议唤醒了一个历史符号——历经两千年历史，贯穿东西方文明。复兴的中国正在重返世界舞台中央，世界观展示出历史使命感和未来想象力。

丝绸之路是人类最早的全球化路线，从东方向西方。这个概念在历史荒漠下掩埋了上千年，直到近代才被发掘出来。1870 年德国地理学家李希霍芬到洛阳考察后，在有关著作中首次提出从洛阳到撒马尔罕（今属乌兹别克斯坦）有一条古老的商路，他将其命名为"丝绸之路"。汉唐时期，长安和洛阳是世界上最大和最繁荣的都市。

丝绸之路穿越欧亚大陆，在农耕与游牧时代，实现了世界上主要文明在中亚地区的交汇，连接了当时世界上最主要的帝国和文明中心。而15世纪开始的地理大发现，从海洋上开辟了新的全球化航程。最早的海洋探险的目标，一度试图从欧亚大陆的西端，经过海上绕行到欧亚大陆的东端。发现新大陆，开辟新航线，在工业革命时代，全球化是以西方对外殖民、以西方对东方征服、以海洋对大陆包围的方式展开。

海洋时代也是全球贸易时代，人类实现了所有文明的全面交流与碰撞，也实现了真正意义上的全球化。2 000多年前在陆地上开启丝绸之路的中国，面对海洋强国的崛起，经历了数百年的衰落。

但中国最终复活了文化中的全球化基因。以冷战结束和中国加入WTO为标志，中国开放并全面融入全球经济，这一时期正值全球化的高峰时期，中国迅速崛起为全球第二大经济体、全球第一大贸易国、全球第一大制造业国家、全球最大的外汇储备国。借助全球化，中国正在登顶全球最大经济体。

全球化的大钟摆，正回荡到自东向西的轨道上。

历史押着相同的韵脚，但内涵已经大不相同。如果说全球化是实现全球所有国家和地区的无缝连接与分工，最终实现共同的繁荣，这个使命在西方主导的工业时代和海洋时代并没有完成，甚至遇到了极大的阻力。而中国提出的“一带一路”，正是全球化继续推进的路线图。

中国正在推动新一轮全球大连接，这背后正是基础设施的建设能力，用来补上全球贸易的短板。中国已经建立了全球里程最长的高铁和高速公路网络，向整个欧亚大陆开放和延伸。高铁技术重新确立了欧亚大陆在全球地缘政治与地缘经济中的核心地位。海洋时代，海上强国主导了国际秩序，内陆地区成为闭塞和落后的代名词。丝绸之路经济带将会把中国广袤的内陆地区与欧亚大陆的腹地连接起来，延伸到太平洋、大西洋和印度洋，这是一条通向繁荣之路。

“一带一路”可以帮助实现海洋与大陆交通的无缝连接，通过港口、铁路和高速公路体系，覆盖亚洲和非洲的所有国家。中国是全球制造业中心，也是全球最大的消费市场，中国东部海岸线已经布满了全球吞吐量最大和最先进的港口，从全球进口原油和原料，出口工业品和消费品，对全球农产品市场的依赖日益加深。海陆贯通的交通体系，将加快形成一个分布全球的供应链体系，让所有参与的国家都受惠。而通向中国的航线日益需要保障，从巴基斯坦经济走廊、吉布提的解放军基地，到印度洋沿岸的经济特区，打通印度洋与太平洋，中国对航线的保障，也会服务全球海洋秩序。

“一带一路”也是一个全球数字经济的基础设施。除了在地理上的连接，中国还在推动全球互联网的连接，为亚洲、欧洲、非洲提供最先进的移动通信技术和手机技术，帮助建立云计算和大数据能力。欠发达地区上亿人口通过移动互联网连接起来，直接向新技术跨越，比如学会使用社交网络、电子商务和移动支付，接受各种现代的文明与服务。覆盖全球的数字经济基础设施，会吸引更多人口和更多企业以更加便捷的方式参与全球贸易、分工与创新。

“一带一路”也是人民币国际化之路。中国正在将全球最高的储蓄率以及全球最大规模的外汇储备投资于“一带一路”。亚洲基础设施投资银行和丝路基金的投资规模，已经能够媲美世界银行和亚洲开发银行等国际多边开发机构。在北京“一带一路”峰会上，中国宣布向丝路基金新增资金 1 000 亿元，鼓励金融机构开展人民币海外基金业务，规模预计约 3 000 亿元。中国国家开发银行、进出口银行将分别提供 2 500 亿元和 1 300 亿元等值人民币专项贷款，用于支持“一带一路”中的基础设施建设、产能、金融合作。

高铁、互联网、人民币构成了新一轮全球化中鲜明的中国因素。“一带一路”，在陆地上自东向西，穿越戈壁、沙漠、绿洲、草原，在海洋上劈波斩浪，扬帆全球。

此文是为《一带一路引领全球化新时代》所作的序。
2017 年 7 月

迎接中国管理时代

越来越多的中国企业得到国际上的关注，越来越多的中国企业家登上哈佛大学和斯坦福大学的讲坛。海尔集团董事长张瑞敏已经被列为国际上最有影响力的商业思想家之一。几年前我遇到苹果公司前 CEO 约翰·斯卡利，他送我一本他写的书《探月》，其中有对雷军小米模式的研究，他称之为“大规模颠覆性定价策略”，并且“山寨”小米模式，在印度创办了自己的手机公司。

这不禁令人想起，在一代人之前，西方的管理学者们也曾热情地研究日本的管理思想。

日本管理思想的影响力，来自日本涌现出的一批世界级的企业。丰田的精益管理思想如此深入人心，已经演变成一种精益思维。美国有一些成功的公司，就是用精益管理，发展出一整套投资策略，去收购那些管理不善的公司，通过精益管理提升自己的价值。精益思想也影响了硅谷的创业者，如《精益创业》这本书就风靡了硅谷，也影响着从中关村到深圳的创客们。

中国的经济总量已经超过日本，位居世界第二，但就中国企业在国际上的地位而言，并没有达到日本当年的成功。可能还需要几年，中国才会出现如丰田、索尼、东芝、富士那样主导世界市场的消费品牌。当年的索尼，就是今天的苹果。中国也缺乏原创的技术，最近几年获得诺贝尔奖的一批日本科学家，多数都是 20 世纪八九十年代在日本企业研发部门取得独创性的技术突破的。从在国际市场上挑战美国和西欧企业的发展阶段来看，目前中国正处于日本的 20 世纪 70 年代。

当然，研究中国企业的管理思想，并不仅仅是重复当年研究日本企业相同的逻辑。第一财经传媒与复旦大学东方管理研究院联合制作的《改变世界：中国杰出企业家管理思想访谈录》特别有意义，因为 21 世纪的管理毕竟不同于 20 世纪，中国也不同于日本。

第一季采访的企业家包括张瑞敏和雷军。第二季采访了 8 位企业家，他们更加丰富了当今中国企业家的类型，有从事重化工行业的最早一代民营企业家刘永行，有互联网和新经济的代表人物沈南鹏、张朝阳、刘强东，还出现了更多国有企业及混合制企业中的企业家，如央企背景的宋志平和赖小民，以及地方国资主导的高度市场化的混合所有制公司的企业家，如董明珠和李东生。

中国企业在国际上的竞争力已经显现出来，从 3 个指标可以看出中国企业和企业家群体的特色：在全球 500 家最大的企业中，中国内地企业占了 1/5，其中多数为国有企业；在衡量民营企业家实力的福布斯全球富豪榜上，中国的亿万富豪人数已经不亚于美国；按市值排名的世界前 10 位互联网企业中，中国占了 4 席。

另外，中国已经成为全球最大的制造业国家、最大的贸易国家以及最大的互联网经济体。全球主要的工业品，基本上都与一个或数个中国的企业巨头相关联。手机领域，全球排名前十的品牌中，中国占了一半以上，彻底碾压了欧洲和日本。

中国企业的竞争力，一度还非常依赖中国受到保护的市场规模和人口规模。

农村劳动力变成技术工人，进而成为城市消费者，这一巨大的转变造就了无数中国企业。中国经济在许多方面都呈现当年日本泡沫经济的特点：全球最大的银行，激进的海外并购，房地产泡沫，人口老龄化，等等。但中国企业在许多方面仍然没有达到日本当年挑战美国的程度，在产业价值链上，中国多数企业仍然没有摆脱“微笑曲线”的底端；从研发来说，中国仍然没有占据工业技术和供应链的顶端；从品牌上来看，全球排名前 100 位的品牌中，中国所占寥寥无几。

尽管如此，中国的企业正在走向世界，这种规模和潜力将会远远超过当年的日本企业；中国的企业家们也更加自信，他们正在超越模仿的阶段。

中国过去整整一代的企业管理者，都在学习和照搬西方的管理知识。是否存在所谓的东方式管理或西方式管理？日本的公司在国际市场上战胜了美国之后，在消费电子、汽车、芯片等产业拥有很强的竞争力，遂引发了美国人的研究兴趣，这些管理思想是日本所独有的吗？的确，有一些管理理念和技巧，甚至只能用日语词汇来表达。

中国当然也可以谈自己的管理思想，比如中国多数顶级企业家的价值观都深深打下了毛泽东思想的烙印，也有许多企业家搬出《孙子兵法》和《曾国藩家书》，当然也会祭出太极哲学、佛学禅宗。但我们也不要忘记，管理学是工业化以后的产物，管理也必然与技术相伴才能更有效率地创造财富。

美国人似乎也以为优秀的企业管理基因来自美国。有一本美国人写的书《清教徒的礼物》，讲的就是美国人的管理思想是如何在第二次世界大战后日本重建时期传到日本，中国改革开放后又传到中国的。这本书批评美国企业失去了赖以立国的企业精神：勤俭持家、亲力亲为、集体主义、组织能力和技术革新，而正是这 5 个特征奠定了美国管理科学的文化基础，催生了 20 世纪初的管理科学。难道这些是美国人所独有的品质吗？难道不是亚洲，尤其是中国的企业家们所拥有的品质吗？也许我们可以说，在这个世界上，不论是西方还是东方，成功的企业家，优秀的企业管理，其中的共性其实是大于特性的。

最后，转述德鲁克的一句话：过去 100 年来，管理学最大的成就是把体力劳动者的生产力提高了 50 倍，但 21 世纪最大的挑战是提高知识工人的生产力。中国和世界所面临的管理挑战，可能远远超出我们的想象。

此文是为《改变世界：中国杰出企业家管理思想精粹》所作的序。
2017 年 5 月

第四部分

勇敢而执着地面对一个未知的世界

历史发展的方向，从来都不是线性和平坦的。我们不知道还会发生什么，但也没有别的选择，必须勇敢而执着地去面对一个未知的世界。

12

数据就是未来

Facebook 的未来：建立数据密集型经济？

2012 年 5 月 18 日，Facebook 上市，融资 160 亿美元，市值一度超过千亿美元，始自 20 世纪 90 年代互联网“技术元素”主导的这一轮经济变革，在社交领域达到了一个新高潮。

Facebook 创立于 2004 年，到 2012 年，用户占全球人口近 13%，是信息技术加速变革在商业领域的典型体现。这不禁让人联想到摩尔定律：当价格不变时，集成电路上可容纳的晶体管数目，约每隔 18 个月便会增加一倍，性能也将提升一倍。这一定律揭示了信息技术加速进步的特征。同样地，希捷公司前任 CEO 马克·克莱德（Mark Kryder）提出克莱德定律，表明硬盘的单位存储成本每年下降 40%；互联网前身 ARPANET 的首席架构师拉里·罗伯茨（Larry Roberts）绘制的罗伯茨曲线，显示通信成本也类似于摩尔定律呈指数级下降。

信息的运算、存储、传输能力已经成为基础设施和公用事业的基本要素，其成本指数级下降，成就了后来从门户、搜索、社交、移动到云计算的技术与商业模式，成为 Facebook 这类公司成长的土壤。扎克伯格进而提出了他的定律：$Y = C \cdot 2^x$，即人们每年分享的信息会翻一番。想象一下，如果今天 Facebook 日活跃用户达到 5 亿，每天创造 20 亿评论或者转发，上传 2.5 亿张图片，建立 1 000 亿对关系链，在此基础上，以每年分享信息翻一番的指数级别增长 50 年，将会产生何等惊人规模的数据。

数据正在成为未来经济的关键资源。以 Facebook 为代表的社会关系图谱（Social Graph）无限放大了个人之间交流和分享的可能。而且数据产生于更多人类活动中，不仅限于互联网，还有科学家对太空的探测、各种军事情报、医学纪录、基因研究，等等，正如 IBM 称“我们正在以此前无法想象的细致程度观测外界”。从人际交往与分享中产生的信息，到以各种方式观测外界的信息，都会以数据的方式留存下来，从而使信息真正成为相当于物质与能量的基本元素，推动经济的发展进入一个新境界。

商业和经济正日益建立在对数据的获取、开采、存储、加工、分析的基础上，最终吸引“数据消费者”。我想提醒的是，**“数据消费者”概念并不仅限于社交和媒体领域，也不仅限于电商领域，而是更全面深入地与传统产业和实体经济结合在一起。**

数据资源与在大自然漫长进化过程中产生的自然资源不同，它在很大程度上需要建立在Facebook这样巨大的产生和捕获数据的平台之上。谁建立了数据平台，谁就掌握了打开未来经济之门的金钥匙。这种通过提供类似社交基础服务以获取数据资源的模式，其成长的基本特征是加速。而 Facebook 未来成长的关键，在于能否应对大数据的真正挑战。数据和信息，如果不能进行对人类有用化的处理，将会泡沫化或者垃圾化。

经济发展过程和经历了劳动密集型、技术密集型、资金密集型，甚至知识密集型，目前正在向数据密集型转变。不仅互联网用户，所有的消费者最终都将成为数据的消费者。Facebook 为社会提供了一种新的联系与组织的基础设施，也为更加精准与个性化的公共服务、更加精准与个性化的新的商业机会，以及一种新的经济与福利增长，提供了无限的发展与试验空间。

但在数据密集型经济建立过程中，需要确立一些基本的规范，包括法律与伦理。这是未来建立在用户数据资源基础上的一切数据密集型经济成功的制度基础，也是赢得用户信任的前提。无论是社交媒体还是人类基因测序，甚至健康和医疗等非常隐私的数据，都对个人隐私保护提出非常高的要求。

Facebook成长的历史，证明了加速成长对于建立平台至关重要，因为成败最终取决于对于数据资源的争夺。扎克伯格对速度的体会非常深刻，因此收购了在移动互联网上比它成长更快的Instagram和Karma。加速获取用户，进而获取数据资源，并且建立起基于数据的商业模式，企业才能持续成长。

IBM在回顾百年历史时，称自己"最伟大的成就和设计与改进我们星球上的散乱架构有关"。透过数据的角度来看，从IBM这样的百年老店，到Facebook这样的刚上市的公司，都共同站在一个未来数据密集型经济的原点上。

2012年6月4日

大数据能帮助中国摆脱产业困境吗

我们正处于一个言必称大数据的时代。不仅仅是因为数据和信息多得难以处理，潜藏着“复杂性危机”，还因为这种“危机”给我们带来了机会：数据是一种越来越有用的资源。从某种意义上说，大数据处于全球创新的前沿。那么，对于中国来说，大数据技术在哪些行业最有可能推动转型升级，并且参与全球竞争？

IT 和电子产品将成为最大的获益者。这个道理显而易见，仅举一例：在美国出现了以获取、聚合和加工数据盈利的公司，它们掌握了产生数据的来源，客户包括社交网站或电商的合作伙伴，以及应用开发者合作伙伴。这类生意听起来像是从事开采和炼化的石油公司，但数据这种资源有所不同，它不仅不会消耗掉，而且越多人分享和使用，数据量就越庞大、越丰富。在这一点上，中国与美国还有不小的“数据鸿沟”，据互联网数据中心（IDC）统计，2010 年，美国新储存的数据为 3 500Petabytes，而中国的仅为 250Petabytes，不及美国的 1/10。

无论是电子商务，还是传统门店，中国零售业都有巨大的发展前景。中国的城市化使得国内消费市场巨大，在大数据技术的帮助下，完全有可能在短时期内接近或赶上美国的水平。目前中国零售业的竞争“价格战”特点鲜明，而大数据技术可以帮助电商和传统零售商在市场营销、货品管理、运营、供应链，以及新商业模式方面进行提升和创新，改善消费体验。

在医疗卫生领域，中国的政府部门可以把大数据技术与医改结合起来，不仅能产生巨大的效益，而且能为应对人口老龄化做准备。据麦肯锡咨询公司的研究，大数据技术可能为美国的医疗保健业每年创造 3 000 亿美元的价值。

中国已经是全球最大的智能手机市场了，这是唯一在大数据方面可能与美国发展得非常接近的一个行业。移动终端会产生海量的个人用户与位置结合起来的数据，从而为各种各样的服务、产品及全新的商业模式提供巨大的发展空间。而且在移动领域，大数据技术可能帮助中国创业者产生不同于美国的商业模式。

大数据技术会极大提升中国的公共服务和管理的质量。政府掌握着海量的社会基础数据，公共服务与管理也在不断产生着新的海量数据。欧美政府已经开始用大数据技术改善政府的管理，印度政府也开始尝试，并于 2012 年推出了一个开放数据门户 Beta 版，计划将政府各部门数据统一通过此网站公开发布，而且网站是开源的。在技术上通过开源与开放平台的方式，让公民更多地参与社会的管理，能极大改善公众对政府服务的体验，但是，中国在这个领域还处于政府透明化的早期阶段，治理理念方面存在着不小的障碍。

由于数据是金融保险业的核心资产，金融保险业被公认为大数据技术最有发展潜力的行业。目前中国已经拥有世界上最大规模的银行业，不仅大公司，而且小的数据技术公司，在这个领域都有很大的发展前景，目前已经有一批新兴的公司在这个领域创业。

最重要的是大数据对于中国制造会带来什么影响。中国已经超过美国，成为全球第一制造大国，而中国制造目前正面临着困难。经历了劳动力密集型、资本密集型的发展，中国制造目前正在失去劳动力成本的优势，又面临着严重的产能过剩，以投资驱动的增长难以为继，而欧美正在酝酿一次以数据驱动的制造业的复兴。中国制造正处于转型升级的关键阶段，而大数据能帮助中国在制造业的各个环节提升，如研发、设计、产品创新、供应链管理、生产过程（数字化和智能化），以及个性定制化的市场营销和售后服务等。

但是以上所有机会的前提，是建立一个大数据生态系统。数据资源只有开放和共享，才能产生商业价值。这让我想起了著名的梅特卡夫定律：网络的价值与连接到网络的人数的平方成正比。大数据是互联网时代的产物。观察一下硅谷那些最成功的高科技公司，无一不在“追求拥有信息和建立思想的相互联系”，这种创造价值的方式，正在极大地影响甚至颠覆传统产业。

驾驭大数据要求新的智能，如人类智能与机器智能更深地融合，以及形成“集体智能”。大数据将消解对数据实行集中控制的等级制的组织管理体系，就连“蓝色巨人”IBM也越来越清晰地看到，经历大数据洗礼的标志性企业，可能是一个联盟网络，而不再是那些单个的巨无霸企业。

2012年9月24日

中国制造与开源制造

我从小成长于一个大型的国有企业中，父母都是工程师。那是一个巨大的工厂，有几万名职工，只生产一种产品：轴承。制造业似乎天然应该如此，巨大的厂房，轰鸣的机器，高耸的烟囱，劳动力大军，而这些都曾让我充满自豪。

后来，中国成为全球制造业的中心：从世界各地吸纳原料，然后把制成品输送到世界各地。以富士康为代表，中国把大批量、集中式的生产方式发挥到了极致。而围绕中国的供应链，全球的地缘政治和地缘经济已经重新塑造。大规模的工业制造，推动着中国的城市化，也改变了中国内部的经济地理。

于是，人们以现有的中国制造业的发展来推测未来：生产资料在中国高度聚集（很大程度上由政府主导）将会持续下去，中国经济将主宰全球经济，中国目前的城市化将持续下去。中国从 1949 年以来，为实现工业化不懈努力，终于成为第二次工业革命笑在最后的最大赢家。

但是，第二次工业革命诞生地欧美，目前似乎正在扮演着终结者的角色，迎来“第三次工业革命”：互联网技术与制造业的结合，正在把生产从集中逆转为分散，从大批量回到小批量甚至个人化，从层级的组织结构转变为分布式的社区，消费者参与从设计到生产，劳动者重新获得生产资料。

2012 年，我在北京见到克里斯 · 安德森（Chris Anderson），这位《连线》杂志的前任主编和畅销书作者，已经开始在无人机和机器人领域创业。他在著作《创客：新工业革命》中提出："计算机的终极影响并不主要体现在经由软件改变的服务业中，而是体现在前两次工业革命大显神威的相同领域内：产品制造。"如果说当年一批技术极客在自家车库里鼓捣出的个人电脑改变了世界，那么今天可能再一次改变世界的是一批"创客"：他们在美国和欧洲各地，正在用 3D 打印机、激光切割机、数控机、激光扫瞄仪建立"桌面工厂"，并且试图制造出任何他们想制造的东西：从一个小的圣诞节玩具到一辆汽车，还有喷气式飞机，甚至人体器官。

美国麻省理工学院教授尼尔 · 格申斐尔德（Neil Gershenfeld）在学校开了一门课："怎么制造（几乎）任何东西"。我一直非常困惑的 3D 打印的材料问题，从格什菲尔德教授的一篇文章中也得到了解答：数字材料。其道理类似于乐高玩具：从纳米级的集成电路，到微米和毫米级的电路板，再到厘米级的飞机零件，甚至翅膀能折叠的大型喷气飞机。而且更为神奇的是，用于组装这些结构的机器可以自我复制，材料也像乐高玩具的零件一样反复循环使用。

格申斐尔德认为，将来会有一天，任何人在任何地方可以制造任何东西。

安德森称："现在每一样东西都是一种算法。"我们每一次搜索和打开任何一个购物网页，都是针对我们个人的需求。正如我们使用的软件服务正在日益开源一样，未来我们从设计到制造产品的过程也在日益开源，于是产生了一个很酷的名字"开源硬件"。这是一个比特与原子不断分享、转化、再分享的过程。数字制造实验室在欧美的一些社区已经建立起来，"创客"们也在建立个人和家庭式的"数字工厂"，进入个人定制产品的时代。

回到中国的现实，我想到一个名词"开源制造"。如果西方实现了开源制造，是否会颠覆中国目前"世界工厂"的地位？这是西方媒体最喜欢的一个话题。开源制造将实现制造的本地化，消解大规模、集中式的生产方式，使目前的全球供应链体系变得过时，到时西方国家将没有必要把许多产品拿到中国生产，再运回去消费。

开源制造完全取代现有的制造业，目前看来还很遥远，正如格什菲尔德教授所说，装备最先进的车间里，3D 打印充其量能完成 1/4 的工作，因为打印速度太慢，花上数小时到数天不等。尽管如此，从虚拟到现实，从软件到硬件，比特与原子的打通，互联网与制造业的结合，最终成就一次完整意义上的工业革命，不正是技术与产业本身发展的逻辑吗？想想看当年个人电脑是如何兴起的吧，从大型机到个人电脑，再到互联网。制造业的发展，也将会遵循计算机产业的发展逻辑，不能小视“创客”的力量。

开源制造对于中国制造意味着什么？它会进一步削弱中国在全球的制造和出口经济，但中国有巨大的市场，有庞大的制造业和网民，会为开源制造提供发展空间。中国必须向世界开放互联网，让自己的“创客”参与到全球的开源制造过程中。一个全球最大的和善于学习的人口参与到全球性的开源体系中，中国制造的优势会持续下去。

2012 年 12 月 28 日

你的身体可以是台计算机吗

2013 年，我在复旦大学管理学院做了一个关于技术与传播创新的演讲，重温了麦克卢汉关于“媒介即信息”的论断。我在遐想“技术想要信息如何传播”之余，发现无论如何也绕不开一个问题：人体可以是台计算机吗?

科幻小说家早已回答了这个问题。1984 年，居住于加拿大的美国作家威廉·吉布森（William Gibson）出版了小说《神经漫游者》（*Neuromancer*）。主人公凯斯可以用大脑 - 电脑界面进入被称为“赛博空间”（cyberspace）的电脑网络，这个虚拟现实的数据空间又被称为“黑客帝国”（Matrix）。在吉布森的其他小说中，主人公可以直接给大脑下载技能，如驾驶直升飞机甚至使用功夫。20 世纪 90 年代成大气候的万维网（World Wide Web），实际上就是吉布森发明的“赛博空间”的现实版。人脑与电脑互通互联，已经存在于人类的想象中。

在哲学的层面上，科学家、数字哲学家爱德华·弗雷德金（Adward Fredkin）认为宇宙就是一台计算机。他的观点对硅谷思想家凯文·凯利产生了很大影响，凯利在 1994 年出版的《失控》一书中阐释道：“这不是比喻意义上的电脑，而是说物质和能量也是信息处理的形态，其对信息处理的方式与一台麦金塔电脑里的内部处理方式相同。斯蒂芬·沃尔弗拉姆（Stephen Wolfram）也是最早将物质系统视为计算性处理过程的人之一。根据这个观点，生命达成的极小工作，其物理和热力学性质与计算机中达成的极小工作类似。”

麻省理工学院数学工程学教授塞思·劳埃德（Seth Lloyd）2006 年出版了畅销书《编程宇宙》(*Programming the Universe*)，主张宇宙就是一台量子计算机。他甚至估算了宇宙能进行的最大计算量。根据宇宙所包含的总能量，这台宇宙计算机可以执行 10^{120} 次基本运算，而它能存储的信息则大约有 10^{90} 比特。控制论科学一直相信大脑就是一台计算机，1958 年，计算机科学奠基人之一约翰·冯·纽曼（John von Neumann）的临终之作《电脑与大脑》就是最好的例证。目前，研究电脑与人脑交互的学科已经不胜枚举了。

从科学和技术的角度看，甚至从商业的角度来看，“人体是台电脑，而生命本身是一个信息过程”，这一说法在许多方面正在接近变成现实。斯坦福大学的科学家通过一种新方法可以直接在 DNA 内编码、删除和覆盖数据，向生物计算机迈进了一步。谷歌创始人之一谢尔盖·布林把遗传学看成是一个数据库与计算的问题，他认为对于许多与遗传有关的疾病，可看成是个人代码中的一个 bug，与谷歌工程师每天修复的电脑代码中的 bug 没什么区别。布林还投资了他的妻子与别人共同创办的一家基因测试公司 23andMe。

计算机与人体越来越亲密。从最早的大型电脑到个人电脑、笔记本电脑、手机，再到谷歌眼镜、体感技术、DNA 存储以及各种“植入”技术，人脑与电脑的界限趋于消失，计算机与人的智能正在实现一体化。而人脑并不是孤立的，实现了人机一体化的人类的个体智能，会通过互联网将所有的人类大脑联结在一起，组成人类共有的超级电脑。科技史学家乔治·戴森（George Dyson）一直认为，互联网是活生生的和有意识的存在。

我开始相信，对于人体是台计算机这个终极想法的执着，可能是推动信息技术革命甚至硅谷创新的精神源动力。

2013 年 8 月 13 日

定义能源互联网

如果你看到谷歌这家全球最大的互联网公司，花了很大的精力用于开发新能源，不仅仅是因为公司宣扬“不做恶”，从而为其能耗巨大的数据中心寻找一个良心上的安慰，更重要的是，谷歌可能在其中生成互联网与新能源结合的技术和商业前景，你可能不禁会对互联网与能源的关系产生好奇。

谷歌庞大的数据中心的能源供给全部来自太阳能或风能。在此基础上，不仅谷歌自己在探索，一批运用物联网技术的公司也在为谷歌提供基于互联网的能源管理技术和解决方案，如中国的远景能源。谷歌还收购了 Nest，这家由苹果前员工团队创办的公司，重新发明了烟雾报警器和室温控制器，并且与其他智能家用电器联网，正在从家庭需求响应的节能管理向智能家居扩展。谷歌还悬赏 100 万美元，激发人们设计和制造出更小的电源逆变器。在分布式能源行业，电源逆变器将变革接入电网的方式，就好似调制解调器变革了接入电话系统的方式一样。

生产互联网最核心设备——路由器的思科，从物联网的角度，极度看好电网与互联网结合所产生的巨大创新与商业前景。思科公司副总裁玛丽·哈塔尔（Marie Hattar）十多年前就指出，智能电网带来的机会“将比互联网大 100 或者 1 000 倍”。当下硅谷的物联网很重要的创新领域之一就是互联网与能源的结合。

能源互联网是什么？可以翻看一下杰里米·里夫金（Jeremy Rifkin）所著的《第三次工业革命》。电网将变成分布式和可分享，像互联网一样。这里所说的能源互联网，实际上是一种隐喻，其实际意义是指“从分布集中的传统化石燃料以及铀能源向分散式的新型可再生能源转移”。

由于需要更加稳定、高效、安全的电网，以及实现以风能和太阳能为代表的新能源大规模替代化石能源，电网将不可避免地走向智能化和分散化。而这一趋势，正在从隐喻意义上的“互联网式的电网”，转向真正的能源互联网，即用互联网、云计算、大数据技术，来管理现代文明中最基础的产品——电力。如果说电力是现代产业和消费的中枢神经，那么互联网技术将是电网的中枢神经。

从当年 IBM 最早提供智能电网的解决方案，到目前硅谷的高科技公司在引领能源互联网的风潮，它们的创新领域大致包括以下几个方向：

- 提升能源效率：2014 年 4 月份上市的 OPower，目前为近 100 家公用事业公司管理着超过 1 000 万个家庭和商户的账单和节能建议。
- 大数据 + 服务：甲骨文创始人之一托马斯·西贝尔（Thomas M. Siebel）创办的 C3 Energy，通过集成大数据形成分析引擎，提供电网实时监测和即时数据分析，同时也能对终端用户进行需求响应管理。另外，拥有大数据可以产生更多的商业模式，如用于节能建筑设计等。AutoGrid 收集和利用智能电表提供的大数据，提供秒前、分钟前甚至数周前的用电预测；在实现节电的同时，也规划把电送到哪里，哪里的电可以并网。
- 大数据 + 搜索：Geostellar 要做太阳能领域的谷歌；SolarGIS 则综合天气预报、卫星遥感、地面观测数据，建立了太阳能辐射预报与光伏发电功率预报之间的算法。
- 智能家居操作系统：Ayla 创始人之一、亚马逊 Kindle 团队的艾德里安·卡塞雷斯（Adrian Caseres）将物联网技术与云平台技术合而为一，寻找搭载的芯片，然后把芯片出售给家电制造商，收集数据，建立基于网站和 APP 的应用，试图联结所有家电。

能源互联网既是能源未来的风口，也是互联网未来的风口。美国能源部展望2030年的电网将是电流与信息流的结合。2011年，奥巴马曾发表国情咨文演讲，设定了2035年美国80%的发电来自清洁能源的目标，其中清洁能源并网正是智能电网发展的关键所在。中国目前已经开始强制性地推广清洁能源和分布式电网，而电网的市场化改革也再次被提上日程。

这些为中国能源互联网领域的技术与商业创新提供了一次空前的机遇。目前能源互联网还处于非常早期的阶段，最大的问题是应用和服务，都是B2B或者E2E（Engineer to Engineer）的方式。要想取得更大的成功，需要引入互联网的产品思维和设计思维：直觉、“傻瓜”、即插即用，甚至免费。

2014年10月14日

物联网的世界该如何连接

2015 年是物联网之年。微信正在把自己打造成一个连接的中枢，实现人与物的相连，产生新的消费和应用场景。例如，一家叫艾拉物联的公司，打通了微信用户与一家拉斯维加斯酒店之间的联系，不仅能在微信上完成酒店预订与支付，而且能用微信控制房间内的室温、照明、冰箱、窗帘、门锁等。

2014 年，我在深圳参加了一个由 IDEAS 与科通芯城联合举办的物联网会议。IDEAS 是腾讯前 CTO 熊明华创办的一个组织，汇聚全球的技术专家与创业者，探讨下一代互联网。熊明华认为："本来做硬件是一个非常痛苦的活，从 2013 年开始这个风向有了 180 度的转化。从智能硬件到物联网，开始给整个投资界和资本市场很强的信息，也就是说，智能硬件在未来的几年将不仅仅是硬件，将会是下一代移动互联网的入口，所以智能硬件就是下一代移动互联网。"

物联网是一个比移动互联网更加复杂的生态系统。与目前手机是所有个人设备的中心不同，物联网的终端设备将会变得异常多样化，可能会达到数百万种；设备的数量也将远远超过智能手机。据《经济学人》预测，到 2020 年，将会有 500 亿个智能设备，平均每人有 7 个智能设备；到 2025 年，将达到 1 万亿个智能设备，城市地区每 4 平方米就会有一个智能设备，城市几乎完全被智能设备覆盖。从联网的复杂程度和产生的数据量来看，物联网会比移动互联网再大 10 倍。

尽管物联网听起来复杂，但它的未来在于个人用户的体验。正如ARM创始人兼CTO迈克·穆勒（Mike Muller）所说："互联网提供了一种简洁之美，您可以通过同一个网络浏览器找到并控制您的灯泡，而不必知道或在意正在使用的是Wi-Fi还是3G。网络浏览器不在意是需要一台还是数千台不同的服务器，才能通过卫星、电缆或光纤连接到您。它也不关注旅程的终点是蓝牙还是ZigBee。互联网之所以能够正常运作，就是因为协议和服务层掩盖了这些层下的复杂性。"

我在IDEAS会上看到这样一些初步实现"简洁之美"的公司：有眼镜式的头戴移动剧场，其视觉体验远远超出了剧场大片，具备了超强的现实感；另外一家公司把芯片植入人体，实时获取具备临床价值的人体参数；一位中国设计师开始推出极度个性化的智能珠宝；中国公司大疆创新把无人机上获取的图片进行社交分享；在工业领域，有实现人手般轻柔灵巧抓取的机器人。

下一代的互联网，也许还包括人联网（Internet of Human, IOH）。人体本身是一个巨大的数据库，即人与人之间"正常"的交往之外，还会通过人体内的传感器传递实时数据，实现健康等方面的应用。

物联网已经存在于我们的生活之中，但如果真正迎来物联网时代，还要克服几大挑战。正如穆勒指出的："物联网允许任意设备在任意位置加入，并将所有设备连接在一起，但难的是使这项工作对于用户而言能够尽可能简单、方便、流畅，就像当今网页与设备的交互那样。"目前，设备、应用与服务完美结合的产品尚少。

与言必称大数据不同，物联网必须建立坚实的小数据基础，才能有大数据的应用。优秀的产品会产生有价值的数据，但这些数据都是锁在"信息孤岛"中的小数据。如何让服务商之间的数据实现共享，保证数据和个人隐私的安全，在信任的基础上建立大数据的服务，仍然有一段很长的路要走。

许多人都在讲物联网领域会再造几个BAT，或者再造100家小米。但物联网时代的商业模式，可能与目前的互联网模式完全不一样。据科技咨询机构高德纳的观察，到 2018 年，物联网一半的解决方案将由成立不到 3 年的公司来提供。

高能效的传感器和控制器会无处不在，物联网直接嵌入到消费者最终的行为中，未来设备本身将成为服务的一部分，正如目前运营商补贴用户购买手机一样，会越来越普遍。如果把汽车看成是物联网设备，Uber 的崛起，很大程度上象征了年轻一代的用户更看重便捷的交通而不是拥有汽车。

物联网将会进一步推动“共享经济”的深化，对于用户来说，使用比拥有更重要。实时的数据对需求高度响应，拥有硬件更多是为了使用服务，所以未来最基本的消费模式，要么是用户租用硬件获取服务，要么是服务商补贴硬件出售服务。

2015 年 1 月 6 日

互联网下半场怎么踢

自 2016 年下半年以来，热闹的互联网江湖似乎进入了中场休息，至于是否已经进入下半场，还需要进一步观察。

互联网的上半场主要是吃人口红利，现在吃得差不多了。网民人数早已饱和，手机用户数则接近饱和，换机意愿已经疲弱。互联网公司获取一个新用户的边际成本越来越高，而且得到的往往是一个“伪用户”。互联网圈地运动的“羊吃人”已经成为过去。

同时，免费的体验越来越差。免费以被粉丝为代价，以被垃圾和噪音包围为代价，以出让更多个人隐私为代价。“羊毛出在猪身上”的模式不灵了，因为现在养猪更赚钱，不信你查下中国养猪的上市公司。

全球最成功的互联网巨头，一半以上的收入是靠广告，而广告的成本越来越高，效果则越来越差。2017 年 2 月底，全球最大广告主宝洁的全球 CMO 也在一次行业会议上炮轰互联网广告数据造假。如果把中国刷流量的生意也看成一家互联网公司的话，其估值不亚于一家互联网巨头。互联网江湖上，哪怕你被人叫巨头，也得知道谁是终极的大哥。

创业者发现，线上的运营成本高于线下，在虚拟的世界也无法摆脱商业逻辑的重力。看一下这两年崛起的手机品牌，“反互联网思维”的公司正在战胜“互联网思维”的公司。

互联网改变了人们娱乐和消费的方式，但还没有触及经济与社会中最大的需求痛点，如教育、医疗和环保。大家都在谈互联网造车，但未来汽车最核心的技术是电池，而非互联网。

互联网对经济的帮助远低于预期。美国和中国都造就了一批互联网巨头，初创公司前赴后继，但互联网公司的公关马力还要开得更足，才能从劳动生产率、就业、收入分配等方面证明自己对经济的贡献，对得起所消耗的资源。互联网的垄断效应越来越明显，这些年在技术与创新方面，哪怕是在新的商业模式和应用方面，其实没有出现什么像样的突破。

好吧，上半场已经只剩下垃圾时间，会进入一个什么样的下半场?

- 先制造一个新的风口。现在的互联网公司都必须说自己是 AI 公司，打上“AI+”或者“+AI”的标签，才好意思见人。百度、腾讯、小米等都在游说政府支持发展人工智能产业。
- 收获别国的人口红利。中国互联网模式的影响力越来越大，印度、东南亚国家，甚至一带一路沿线国家都有越来越多的初创公司在模仿中国，中国的手机、电商、社交、支付、游戏、资讯应用产品在大举出海；中国的风险投资在海外的兼并与收购更加活跃。
- 向实体经济靠拢。政府敲打“野蛮人”，也震动了互联网江湖。互联网赢家的市值估值越来越大，但实体经济越来越难。近来做电商的都在谈新零售，其实就是开实体店；做“互联网手机”的要去研发芯片和搞专利；做社交的要去和各行各业连接；做搜索的急于让人工智能附体硬件和服务。
- 提升经济效率。这是现在许多人挂在嘴边的从 2C 到 2B，用互联网去服务工业、制造、交通、能源、医疗、教育等国计民生行业。2013 年年底，我曾写过一篇文章《互联网在中国的颠覆性更强》，电商、网络媒体、互联网金融在中国迅速崛起，很大程度上是因为这些行业太落后。其实中国实体经

济提升效率的空间非常巨大。互联网正在告别通吃一切的上半场，下半场的创新者更多来自各行各业的专家，而不再是技术极客。

下半场是后真相时代和虚拟现实时代，互联网要为传播负起责任。也许是因为年龄的原因吧，大咖们都开始谈全球政局、国家大事、宏观经济、供给侧改革。但是下半场究竟是属于这些大叔级的人物，还是更加年轻一代的创业者？

那些互联网的赢家，曾经把世界分成颠覆者和被颠覆者，近一代人之后，他们也许会发现，这个世界的新的颠覆者，可能是技术革命和全球化的输家。

2017 年 3 月

13

人机共生，迈向智能新时代

从无限劳动力到无限计算力

中国经济正在经历着一场根本性的转变，经济增长的动力，正在从无限供给的劳动力与资本的结合，转向无限计算力与创意的结合。

在劳动力无限供给时代，中国是全球化的最大受益者，用不到 10 年时间，经济规模从全球第 6 位上升到第 2 位。而在无限计算力时代，中国能否在一个开放的互联网环境中再次成为最大的受益者？这在很大程度上取决于中国在一个互联网时代采取的创新战略：能否开放互联网，积极参与建立一个全球互联网经济，以及能否实现互联网从消费级向制造级升级。

当中国因为人口结构的变化而失去无限供应的劳动力时，正迎来一个无限计算力的时代。人口依然是经济中最关键的要素，但如今即将从体力和辛劳转向知识和创意。

1965 年 4 月 19 日，美国《电子》杂志发表了戈登·摩尔的一篇短文，分析未来 10 年半导体产业可能发生的变化，当时担任仙童半导体公司研发主管的摩尔预言，半导体上集成的晶体管和电阻数量，每年增加一倍，后来修正为每 18 个月增加一倍。50 年来，“摩尔定律惊人准确地预言了存储芯片、半导体业务、电子产业，甚至影响了现代文明的发展步伐”。

摩尔定律“定义了历史上最伟大的人类创新和创造财富的时代”，但50多年后的今天，可能仅仅是摩尔定律的开始。雷·库兹韦尔在《奇点临近》中提到超级摩尔定律，信息技术的进步会不断引发范式迁移。在加速成长的阶段，整个经济都在信息化，价值的表现形式也会越来越从以往的能源、大宗商品、工厂、设备、土地、高楼，而日益体现为数据、连接、网络、智能和知识产权。

技术革命催生一批新兴产业、颠覆一批传统产业，进而重构经济底层。对于中国经济来说，一批传统产业断崖式的下跌，让中国经历了转型的剧痛，但也不要忘记，与美国相比，中国经济与产业有如下几个特点：

第一，中国的“旧经济”比美国落后很多，所以给互联网留下的空间更大。2013年底，我写过一篇文章《互联网在中国的颠覆性更强》，认为“互联网在中国的颠覆会更彻底，因为用户更多，因而机会更大。如果仅以国内市场相比，中国肯定会出现比美国更大的互联网公司，不只是因为中国的互联网人口超过了美国，更因为互联网对中国传统产业的改变更彻底”。

第二，中国互联网用户人数最终可能是美国的3～4倍，根据梅特卡夫定律，其网络价值可能是美国的10倍。中国基于无限劳动力供应时代的优势正在失去，这是一个异常痛苦的探底和换挡的过程。中国又非常幸运地迎来了一场创业与创新的浪潮，这股浪潮并不是政府发起的，恰恰相反，它的兴起正是因为少受政府关注，因为它来自中国经济的边缘地带，来自那些在自由竞争中挣扎求生的民营企业和创业者。幸亏如此，互联网经济才能在国家干预与大规模刺激政策基本失效的时候，成为中国经济成长的新动力。

第三，在无限计算力时代，中国已经产生了自己新的创业英雄，正在实现着一次财富的大转移。正如中国加入世界贸易组织，在全球贸易中收获了人口红利，中国庞大好学的人口，完全有可能成为这场席卷全球的技术创新的最大受益者。

中国用短短30年，积累了工业化、城市化、人口所带来的资产，也背负着工业化所带来的负债。一切技术带来的问题，也需要用更好的技术来解决。对于中国经济来说，以下几个技术或产业对于中国的经济转型至关重要：

- 新能源。以最有效和清洁的方式，大规模、分散化地从自然界获取能源，转化为电力。不仅仅是提升发电技术和储能技术，更是建设能源互联网，即分布式的能源输送与消费网络。
- 智能制造。互联网和制造业结合起来，机器与机器之间联网，制造和生产变得分散化、个性化、定制化、柔性化，设计者、研发者、生产者、消费者共同创新。中国尤其需要通过智能化，短期内大幅度提升制造业的劳动生产率，以克服劳工短缺和成本急速上升对制造业的阻碍。
- 新农业与食品。中国的人口规模全球最大，尤其是城市人口规模，对于食品的供应、安全、营养提出了极高的要求，最终取决于农业的基因工程，以及现代食品生产与配送供应过程的智能化管理。
- 清洁技术。整个经济的“清洁化”，能耗强度的下降，以及对于人类生产与生活中排放物的无害处理、循环利用。
- 医药健康。随着人口老龄化，“婴儿潮”一代将进入花费毕生积蓄的时期，其中主要的支出将是医疗健康服务。由于计算能力的提升，基因测序技术成本迅速下降，将会在诊断、治疗、保健、新药研制等方面带来突破。
- 现代物流与供应链系统。从国内来看，物流成本高成为中国经济的梗阻；从全球来看，中国是全球供应链上的搬运工。需要建立围绕中国产业的供应链体系，与互联网应该是一体的。中国的每一个省都相当于欧洲的一个国家甚至更大，目前这些区域经济之间、经济中心城市之间、城市群落之间的连接还很不充分，一个“大连接”时代的中国，将会降低物流成本，提升经济的内生活力。
- 机器人与人工智能。当计算能力进一步提升，机器会产生学习能力，电脑会模仿人脑进行思考与判断，人体的延伸与人脑的延伸最终会结合起来，生产高度智能化的机器人，人类将迎来一种新的文明。

天使投资人戴维·罗斯（David Rose）说过：“任何为了在 20 世纪取得成功

而诞生的公司，都注定在 21 世纪毁灭。”Facebook 的市值已经超过了通用电气，而后者正是上一轮以电力为代表的技术革命中产生的巨头。

世界正在进入一个技术文明的时代，一批新的英雄正在涌现。

2015 年 11 月 13 日

互联网 +，难道就是手机 +

手机的红海，正在变成血海。

2015 年一季度中国智能手机出货量在下降，但这并不妨碍各路人马杀入。从乐视、奇虎 360、联想神奇工场这些 IT 互联网公司，到格力电器、三一重工这些制造业公司，纷纷亮出杀器。奇虎 360 的周鸿祎会把一部手机卖到 360 元吗？卖手机肯定不赚钱，尽管肯定能赚到吆喝。

那又怎样？！手机几乎可以连接一切，完成一切。每当人们以为手机的市场已经饱和时，手机与人类的关系就更加亲密一层。

每年 5 月底，凯鹏华盈（Kleiner Perkins Caufield Byers, KPCB）合伙人玛丽·米克尔（Mary Meeker）发布的互联网趋势报告都会在业内引发广泛的关注。2015 年的 197 页 PPT 格式的报告中有许多亮点，引起我最大兴趣的是第 67 页。

在一项针对 18 岁到 34 岁的成年人调查中，有 87% 的人说手机日夜不离，80% 的人说醒来后第一件事就是抓起手机。手机在“80 后”与“90 后”人群中几乎成为身体的“器官”。

另外一组数据更有意思，有 60% 的人相信，5 年内任何一件事都会通过移动设备完成。没错，任何一件事情！我们知道，随着人工智能技术的发展，手机可能比任何人都懂你。它每时每刻收集和记录着你的个人信息，判断你的人格，揣摩你的喜怒，诱导你的行为，手机才是真正的伴侣。

看到这些，你不禁会赞叹雷军当年的判断：手机是这个世界的中心。现在，这正在变成现实。另一个对手机的认识有极强预见性的是马化腾：手机就是人的一个器官。腾讯和小米，都企图成为移动时代中国最大的赢家。

世界正日益连接起来，每个人都被如何与外界连接所定义，每个人都是通过手机和移动设备来建立连接的，所以每个人日益被手机定义。

其实他们说过的话有些听起来挺狠的。雷军说，手机就是电脑。马化腾说，移动互联网才是真正的互联网。想想看，有什么行业可以离开电脑和互联网？这些听起来简单直白的话，隐含了巨大的产业变迁趋势：几乎任何行业，失去在移动互联时代的竞争，失去在手机上的存在，将失去未来。

只有控制手机，才能掌握未来，不管是自己制造手机，还是去占领手机屏。腾迅通过在手机上的“超级应用”控制了多数人的连接。如果微信占据了用户80% 的手机使用时间，那么微信就操作系统化了：人们用手机连接，实际上就是用微信连接。腾讯不用造手机，但可以让超过一半的手机变成腾讯手机。

未来所有硬件都将成为连接端和节点，最终所有用户都将拥有手机，甚至多个“连接器官”。任何重度依赖通过信息传输实现价值的公司，如果想掌握自己的命运，只有通过手机。

对于贾跃亭来说，手机就意味着移动视频和个人随身娱乐中心；对于周鸿祎来说，手机就意味着更多可以控制的屏，供自己的软件驰骋和占领，并且通向更多的智能硬件；对于联想来说，手机可以帮助这家 PC 巨头延续服务用户的能力。

手机对于传统行业的意义也越发突显。移动互联网巨头掌握了海量数据和强大的计算能力，几乎可以无边界地扩展。形势逼人，从制造业到零售业，都在被迫向移动互联网迁移。

对于格力来说，手机不仅仅替代了空调遥控器，而且是未来智能家居的中心；对于三一重工来说，手机意味着未来实现各种设备的联网控制，如重工机械、风机等（据说在中国，重工机械行业最早的联网需求，是实时监视那些赊购的客户，防止其跑路）。对于一家能源互联网公司来说，手机意味着可以通过大数据和云计算管理发电资产，并且随时进行能源交易。

未来任何商业模式都会与手机有关。无论是传统企业转型，还是初创一家公司，其价值都必须传达到每个最终用户的手机上才能实现。

如果你的软件和硬件都很强大，你就是苹果；如果你的软件极其强大，你就是腾讯；如果你的硬件足够强悍，你就是小米和华为。如果他们想通吃的领域包括了你的未来，考虑造手机吧。也不要再争论什么是互联网 + 了，它就是手机 +。

2015 年 6 月 17 日

智能电视通向智能家居

从多年前家里的一台个人电脑，到近年来智能手机和各种移动终端进入家庭，一场家庭互联网化的演变在静悄悄地发生着。家庭里的一件件电器、用品和摆设，正在变成互联网的一个个节点。一个最明显的例子，家里装上路由器之后，电视机正在从传统家电转变成移动互联网阵营中的屏幕之一。

2013 年，智能电视机纷纷发布。最便宜的 47 寸小米电视卖到 2 999 元，几乎是市面上同样配置电视机的一半价格。在互联网世界里已经习惯了低价与免费，我并不感到奇怪，反而会觉得家里的那台传统电视机为何那么贵。我发现有 3 个因素：

- 电视机企业的生产效率很低
- 电视机的销售渠道效率很低
- 电视机可以合法接收广电节目，因“硬件 + 内容”产生溢价

电视机能卖得这么“贵”，前两个因素很容易被互联网公司通过供应链和电商的方式颠覆，但第三个因素还不能在短时间内改变。电视是家庭娱乐的中心，主流的娱乐内容，如新闻报道、顶级体育赛事、大型真人秀节目等，仍然掌控在电视台手中。

但便宜的智能电视纷纷推出，互联网公司低成本圈入家庭用户才刚刚开始。家居生活远远超过这几张屏幕，除了电视，还有冰箱、洗衣机、空调、各式各样的小家电；从洗手间里的马桶到厨房里的微波炉越来越通人性，照明与门窗等安保系统越来越智能化。不久以后，家庭会迎来最聪明的“家电”：机器人。如果说汽车是家庭的延伸，汽车也在经历着被互联网化。

电视革命仅仅发生在客厅，而在卧室、厨房、阳台、洗手间，这样的革命已经展开。家庭是一切消费的起点和终点，大到足以把国家电网、三大运营商、广播电视网、互联网，加上家电生产商、手机和各式终端生产商、家居用品生产商统统卷入。把家庭里的软件与硬件结合起来，也是创客们的主要兴趣点。

对于正在被互联网化的家庭来说，入口不是门，可能是提供 WiFi 的路由器，这也是 360、小米、百度和腾讯这些公司正在图谋的。WiFi 可以让家电之间互相对话。现在的问题是，当家庭被互联网化时，将会形成一个什么样的标准和平台。目前还没有听说哪一家互联网公司想进入除电视以外的家电。但进军互联网家庭的各路人马已经齐备，有互联网公司、家电生产商、家电零售商、自动化集成商，等等。

互联网与家电是两种完全不同的思维。家电企业卖掉产品之后几乎失去了与消费者的联系，因为联系就意味着产品质量出问题了，需要售后服务，这就意味着更大的成本。而互联网恨不得用户实时在线。

家电企业根本不了解自己的用户。我与一位家电企业交流，发现他们的产品经过层层经销商，而他们甚至都不掌握自己的产品最终进入了哪些家庭。对于互联网公司来说，任何一个进入家庭的产品，都是潜伏者，而冰箱、空调、彩电都失去了组织。

互联网的终极目标不是用电视机赚钱，而是要占领客厅，低成本圈入家庭用户。窗口期可能只有一两年，当这场战争融入互联网的游戏规则，家电生产商最早进入家庭，最终却可能离智能家庭最远，沦为别人的供应链。

家电生产商已经意识到这样的危险，并且试图全力参加这场家庭互联网化的战争。在海尔的一个关于平台战略的管理论坛上，美国研究平台战略的迈克·库苏玛诺（Michael A. Cusumano）对我说，海尔可以考虑以节能技术为突破口，利用互联网让家电之间产生“对话”，从而建立起一个平台。家电零售商也加入了这场战争。我在苏宁总部看过它的智能家居的一些概念。尽管大量消费者光顾过苏宁的门店，但苏宁并不了解这些消费者的行为，目前苏宁正在向电商转型，这不仅关系到它的零售业的未来，也关系到它在未来智能家居中的地位。

随着家庭正在走向互联网化，未来一定属于那些具备互联网思维的公司，尤其是属于那些能够把软件与硬件结合起来的公司，而占领客厅可能是一条捷径。沿着互联网思维不难想象：把持路由器和电视机，控制客厅和家庭娱乐，从而进入电子商务出售家电，也可以提供各种针对家庭的服务，产生 C2B 的机会。大数据技术将会有用武之地，用户的体验都可能变成数据被收集起来，以用于产品的改进甚至定制。实现家电之间的互联，形成标准化与平台化，家庭将迎来一场由软硬件结合推动的服务与体验革命。

2013 年 10 月 1 日

中国是工业 4.0 最大的试验场

2016 年，我驱车路过广东东莞的一个小镇，在十字路口看到一个很大的广告牌，上面写着“为定制家具智能化生产提供解决方案”。

显然，东莞的家具产业正在向大规模定制和柔性生产转型，产生了智能化生产解决方案的需求。东莞是中国“世界工厂”的橱窗，这些年来受到劳动力成本上升、人民币升值和国内经济增长放缓等方面的影响，加上政府“腾笼换鸟”淘汰低端产业的政策，制造业纷纷外迁，甚至民营企业也跟着跨国公司把工厂搬到东南亚地区。

因为成本的原因而进行产业转移，并不能解决中国工业所面临的问题。中国市场对于工业制造品的需求还在，但近年来已经经历了消费升级，城市中等收入阶层需要高质量、品牌化的消费品，中国的制造业不能满足，结果中国消费者每年到海外扫货的金额超过 1 000 亿美元。

中国需要的是对自己的制造业进行升级和转型，先不提出口，能把国内消费升级满足了就是一个巨大的市场和机会。衡量制造业升级的唯一标准就是提高劳动生产率。而要提高劳动生产率，人们很自然会想到自动化、大量使用机器人，提升单位劳动力的产出。但这是传统工业的思维。

中国的制造业目前还基本处于工业2.0和3.0的阶段，主要是实现生产的自动化和信息化，最近许多工厂都在增加机器人，目的是提升产量和质量。但在互联网时代，消费者的需求已经达到了高度的细分和个性化，甚至消费者也愿意参与到产品的设计与创新过程中来。如果在满足消费者个性化需求的同时，也能显著提高劳动生产率，必然要求智能化的工厂、生产和物流体系，这就是在朝着工业4.0的方向发展。这实际上是一个“物流-信息系统”，实现机器与机器之间的联网。

如何发展智能化的制造业，全球制造业发达的国家，比如德国、美国和日本，已各自走出了自己的发展路径。

工业4.0是德国人提出的概念，认为制造业未来只能通过智能化的生产创造价值，即制造本身是创造价值的。而美国则提出工业互联网，以通用电气为代表，注重通过产品中的软件，为客户提供服务来创造价值，制造产品本身已经不赚钱了。这也是我们通常所说的物联网。

值得重视又被忽略的是日本。日本已经拥有世界上最高效的丰田生产方式，其实在很多方面已经非常接近工业4.0，包括大规模定制的流水线、高度精密的机器人、零库存的物流系统。在工业化的过程中，日本对中国影响很大。比如，中国几乎每家制造企业都在学习精益生产；日本许多从制造业公司中退休的老师傅，就像当年中国乡镇企业里的“星期六工程师”一样，手把手地帮助珠三角和长三角的中国工人。

如果用工业4.0来概括制造业未来的发展方向，除了智能化与信息系统外，有一点往往被忽略掉，那就是制造业不仅仅是一个个工厂的智能化，它应该是一个整体的智能化系统，其中制造业的可持续性应该成为工业4.0的应有之义。日本的制造业以节能环保著称，而且已经实现了制造业的清洁化，用这个标准来衡量，中国的制造业还有很长一段路要走。能源是所有制造的基础，目前日本还在探索未来分布式的能源，即所谓的“地产地销”的能源系统，进一步实现制造业的智能化和整个工业的可持续化。

最后，回到中国制造 2025。这么多的概念，说到底是制造业要解决三大问题：个性化定制、服务以及可持续。这三个方向都可以创造价值。中国是全球最大的制造业国家，但大而不强。工业 4.0 是一个长期的进程，对于中国来说更是如此。未来中国也许不是制造业最先进的国家，但肯定是工业 4.0 最大的试验场。

中国已经是世界上最大的制造业经济体，工业处于不同的发展阶段，各地经济千差万别，完全可以容纳这个世界上正在探索的不同的制造业模式。

我相信，在这个试验场，中国制造 2025 将是“德国工业 4.0+ 美国工业互联网 + 日本精益制造”的可持续的制造业。

2016 年 6 月 26 日

2017 年，“长生不老”将成为下一个话题

人工智能 2016 年带给人们的惊喜，与带给人们的不安一样多。AlphaGo 战胜了韩国围棋世界冠军李世石，中国围棋高手曾心有不服。在临近 2017 年之际，一位名曰 Master 的围棋高手，低调设擂中华网络围棋社区，连胜 60 名中韩顶尖高手，包括世界排名第一的柯洁和“棋圣”聂卫平。Master 是何方神圣？后来真面目揭开，原来就是 AlphaGo。

“受虐”的不仅仅是一众围棋国手。未来还将有多少工作会被机器人取代？第一财经 2015 年年底曾预言人工智能 2016 年会通过图灵测试，也许 AlphaGo 的战绩已不言自明。一些自我感觉良好的职业，从律师到投资顾问、从分析师到医生，一大批白领的铁饭碗，都有可能被机器人砸碎。

2017 年，人工智能将给我们带来什么话题？永生。没错，长生不老。

计算技术不仅颠覆了许多产业，也动摇了生命的基本假设。我们越来越以技术来理解生命。生命的硬件部分，即人的躯体，因为计算技术、基因工程、纳米科技等，有可能实现定期的修复和年轻化，甚至有可能持续更换新的器官。对于人体的软件部分，比如大脑中的记忆、意识、思维等，随着计算技术的发达，将会被电脑模拟甚至超越，这些内容有可能被上传到云端，并且实现大脑与电脑之间的穿越。这样，生物学意义上的大脑就变成了数字意义上的大脑。

这样的想法并非独创，前文提到的作家吉布森于1984年出版的小说《神经漫游者》中，主人公凯斯可以用大脑—电脑界面进入被称为“赛博空间”的电脑网络，这个虚拟现实的数据空间又被称为“黑客帝国”。在吉布森的其他小说中，主人公可以直接为大脑下载技能，如驾驶直升飞机，甚至使用功夫。

未来学者库兹韦尔早在2005年就在其著作《奇点临近》中提出了，因为生物技术、基因工程与纳米技术的进步，以及计算能力的指数增长，人类的寿命将实现成倍的增长，进而生命向非生物体验转移。库兹韦尔是对人类长寿甚至永生最为乐观的一个人。他通过《花花公子》预言，现在活着的“婴儿潮”一代，有可能迎来永生。

以色列历史学家尤瓦尔·赫拉利（Yuval Noah Harari）深受库兹韦尔思想的影响，他所写的《未来简史》，谈到了未来人类可能会迎接永生。

人类不会拒绝技术的演化，凯文·凯利认为，技术本身是个生命体，会不断进化。但人类会从哲学层面思考和辩论一个终极问题：生命是什么？对生命与死亡的思考，是一切神话、宗教、哲学的第一推动力。

我们面对一个古老的智慧：人不可能两次踏入同一条河流。如果生命是一条河，我们可以回到曾经流过的那条河吗？如果回得去，还是那条河吗？河流进入了大海，那些水还在，那些构成水的基本化学元素还在，它们还是那条河流吗？

好吧，机器让人类永生。

2017年1月15日

我们可以让机器比我们更聪明吗

人工智能技术让我们对未来产生了激动不已又忐忑不安的心理。人类历史上每经历一次技术革命，结果都是人类面对日益强大的机器。以往人类可以操控这些机器，用来征服自然，但这一次人类的自信心有点动摇，因为机器会学习了，可能一生下来就比人类聪明，而且比人类学得更快更好。最重要的是，机器会有独立的意识吗？

2017 年 5 月下旬在乌镇，机器人 AlphaGo 完胜世界排名第一的围棋天才柯洁，终结了机器与人类之间最复杂的智力游戏博弈。之后 AlphaGo 之父、DeepMind 公司创始人得米斯·哈萨比斯（Demis Hassabis）接受了我的采访，我特意问了他有关机器会不会产生独立意识的问题。

问：今天，你谈到很多自我学习，在我们这些围棋爱好者看来，有一些棋招很有创意又出其不意，你认为在不远的将来，独立学习机制会产生独立的动机吗？机器在计算的时候有其自我目的吗？

答：是的，这是个好问题。我认为在设计系统的时候要给它们定个目标。就像 AlphaGo 的目标不是开车或是干其他的，它只知道我们给它定的目标，就是赢得围棋比赛。所以我认为在可预见的将来，人工智能系统会被设计成实现设计者既定目标的工具。怎么去实现目标，也可以让机器来学习。一般说来，我认为这些系统都会竭尽所能去实现我们设定的目标。

问：所以你认为不远的未来，机器总是会服从和实现人类设定的目标吗？

答：是的，AlphaGo 不能自己设定自己的目标，所以你只能另外设计一种机器去做设定的工作。

问：是因为你不让它们做吗？是因为你把它们设定成不能为自己做事，还是它们没有能力为自己做事？

答：对，是它们没有能力为自己做事。我们目前设计的这个系统不具备这样的能力。所以，也许能想出这种设计，但我们认为这一点现在还不是很有用处，因为我们是想设计在一些领域可以帮助人类专家的工具。如果只是个工具，那还是让人类专家去设定目标。这正是我们现阶段在研发的系统。

《人类简史》的作者尤瓦尔·赫拉利认为机器与人类最大的区别，正是机器有智能，但没有自我意识，而人类有智能与意识。但是如果我们相信人类的自我意识也是大脑的一种功能、一种生物机制，它最终也是可能被模仿出来的。DeepMind 的最新论文提出了一种新的神经网络：符号 - 概念神经网络，模仿人类文字和视觉获取的方式，建立起视觉 - 文字 - 概念的模型。利用符号指令，能够建立起从简单到复杂的概念分层体系，从而理解更加抽象的概念。这项技术正在证明，机器通过无监督的学习，有可能产生类似于人的思考。

机器会变得无比聪明，并且会在一个又一个领域替代人类，在这一点上可能不会有什么悬念，但引发争议的焦点，是机器能否发展出独立的智能和意识，这一点其实在人工智能产生之初就存在着两个派别的对立。

1956 年，在美国达特茅斯学院的一个研讨会上，美国数学家、计算机科学家约翰·麦卡锡提出了“人工智能”(Artificial Intelligence, 简称 AI)。这个词一出现，就包含了用电脑替代人脑工作的意思。

相信人工智能的大师们曾经很乐观。20 世纪 60 年代，参加过达特茅斯研讨会的经济学家赫伯特·西蒙（Herbert Simon）预言：20 年内，机器将可以做任何人可以做的事，而“人工智能之父”马文·明斯基（Marvin Minsky）[①]声称：一代人的工夫，创建人工智能的所有问题会基本解决。但我们知道，20 世纪 70 年代很快就进入了人工智能的黑暗时期。

以美国工程师道格拉斯·恩格尔巴特（Douglas Engelbart）为代表的一派则相信，智能机器是用来扩展人类能力的，即人们所说的“增强智能”（Intelligence Augmentation，简称 IA），他发明了鼠标、图形界面等帮助人类更好使用电脑的工具。如果从 IA 的角度来看机器智能，这些年来已经取得了巨大的进步。

一直以来，我们把机器智慧统称为人工智能，但这个领域一直有 AI 与 IA 的对立。而 AI 与 IA 的对立与统一，也出现在机器人这个称呼中。它是具备了人类特征的机器，还是被机器增强了的人类，或者这两者终有一天会完全融合？所有这些成为科幻小说中丰富的想象题材，也诞生了无数优秀的作品。我们不要忘记，那些伟大的科幻作家想象出来的场景、概念、主角，往往深远地影响了科学的发明与创造。

沿着 AI 与 IA 这两个思路，对人类的未来可能产生什么样的展望呢？

对于 AI 信奉者来说，人类终将面临一个奇点。自从出现 AI 以来，对这个奇点的到来，一直都有着过于乐观的说法。最近有影响的预言来自硅谷的科学家雷·库兹韦尔，他预言奇点可能在 2045 年降临，机器智慧将超过人类智慧。许多人担心，越过这个奇点，机器会产生自主意识，这个世界有可能被机器所统治，人类将会面临大规模失业，甚至成为机器的奴隶，即使过得很舒服，也是被机器“放牧”。一些基本的概念将会被颠覆，如果人类的大部分工作将由机器来完成，那么经济增长的基本要素劳动力，是机器，还是人类？经济中的产出，是由机器产生的，还是由人类产生的？未来谁向政府纳税？如果机器创造了财富，是否应

① 想了解马文·明斯基的更多思想，推荐阅读由湛庐文化策化，浙江人民出版社出版的《情感机器》。——编者注

该由机器来分享？什么是财富？最终，这个世界将以机器为本。

对于IA的信奉者来说，机器人将永远是为人类服务的，它只会延伸人类的智慧和能力，我们将实现人类智慧与机器智慧的结合，不管是脑机结合，还是通过机器连接起人类的群体智慧。我们仍然会坚守人类原有的一些基本价值观和概念，而机器人永远是工具和生产资料。例如，如果一半人类的工作被机器所取代，那也就意味着人类只需要一半的劳动力就能完成原先的工作，劳动生产率提高一倍。越多的机器人取代人的工作，劳动生产率提高得越快。而那些脱离重复性劳动的人们，将会有更多的闲暇时间娱乐，或者从事更加具有创造力和想象力的工作。最终这个世界不管机器人多么聪明，仍然是以人为本。

跳开AI与IA的对峙，伯克利的另一位AI大师迈克尔·欧文·乔丹（Michael I. Jordan）认为，我们正处于II（Intelligence Infrastructure）时代。机器与人类正在实现更深的交互，在机器变得更加聪明的同时，机器会帮助人类完成更多的工作，人类与机器之间的合作也更加默契。除了工业机器人，我们发现AI已经进入我们的日常生活、工作与娱乐中。最近一两年，由于芯片技术的发展、云计算能力的迅速提升、算法的改善，以及大数据的积累，人工智能的应用场景越来越多：从银行的风险控制到家庭的语音助理，从人脸识别到自动驾驶，从电脑视觉到语义识别……我们正在从互联网进入物联网，我们正在进入一个智能基础设施的美丽新世界。

无论是AI还是IA，分别从两个阵营出发，我们都可以得到人类未来乐观与悲观的一面。对AI乐观的人会憧憬机器人能独立完成更多的工作，相当于人类可以掌握无限数量的“机器人奴隶”，从而极大地提升自己的福利。但人类可能一不留神就被机器替代了。悲观者担心被机器替代有两种可能，一种可能是机器人被少数人或者少数集团掌握，成为统治大多数人的工具，另外一种是机器产生独立的意识，比人类更聪明，最终统治了这个世界。

而对IA乐观的人憧憬，机器人会极大地增强人类的智慧，甚至从智力和体力上把人类变成“超人”，彻底地满足人类的自由意志。但悲观者会担心，人类想使自己优秀和超能的欲望可能是没有止境的，最终可能会挑战人类自身的一些基本定义。例如，IA 与基因技术和纳米技术的结合，有可能使人类弥补自身在智力和身体上的缺陷，延长人类的寿命，提升人类的满足感，这些无疑会造福人类。但是，使用这些技术的边界在哪里？人类可以用这些技术去复制生命吗？如果对自身进行无休止的改善，甚至认为可以将意识进行存储，从而实现某种程度的永生，那么什么是自我？生命与死亡的定义又是什么？我们准备接受非生物的生命体吗？

无论是 AI 还是 IA，人类都无法摆脱对自身和社会从根本上的再认识。我们将不得不从哲学的层面，再一次思考人类的终极问题，去准备迎接一种新的文明——机器文明。一个被人工智能深深影响的经济与社会正在变成现实，我们对它乐观还是悲观，完全取决于我们如何认识它、设计它。

人类会同时面临自然进化与机器进化。硅谷思想家凯文·凯利写过一本书《科技想要什么》：技术有自主意识，会不断进化，从而演化出“全球性的、大规模连接的技术系统裹挟着人类颤动”。英国生物学家理查德·道金斯[①]写过一本书《盲眼钟表匠》，物种演化没有特殊目的，大自然如同一位盲眼的钟表匠，是在无意中造出这一精密体系的。

也许技术作为一种“生态”会有一种演进的力量，让机器产生独立的意识，但不管这种演化会产生多么智慧和精密的机器，人类会对此视而不见吗？人类绝不应该是盲目的钟表匠，而应是明目的报时者。

2017 年 7 月

① 想了解理查德·道金斯的更多思想，推荐阅读由湛庐文化策划，北京联合出版公司出版的《道金斯传》。——编者注

书中的世界

陷入“铁床”宿命：科技在批量制造“傻瓜”

纳西姆·尼克拉斯·塔勒布（Nassim Nicholas Taleb）出生于黎巴嫩一处叫黎凡特的地方，那里曾孕育了宗教、先知、哲学家，盛产诗歌、格言、警句，传递着人类早期的智慧。

当时生活在地中海东岸的人们敬畏上帝与自然，相信命运，相信未知，在这种对未知的敬畏中，形成了自己对在世的把握，并且追求节制、优雅、高贵。

文艺复兴和启蒙运动之后的西方文明，将科学主义推到了一个前所未有的高度。人类在自然科学领域取得了前所未有的进展，尤其是物理学达到了至高无上的地位，科学主义也征服了有关人文与社会的学科，尤以经济学为甚。从马歇尔开始的古典经济学，一直到当代的新古典经济学的兴起，这是一个经济学披上科学外衣的进程。而金融市场的“有效”说，也把以人为主体的经济、市场与金融活动，简化成一个个数学模型。但这样一个被各种各样的分析与预测公式装扮起来的金融市场，近些年来却经历了一次又一次危机与海啸，而且一次比一次的破坏性大，一次比一次更加偏离分析和预测的范围。

你知道的越多，你所面临的无知就越多。而更可怕的可能是，你所知道的大部分都是错误的或者虚假的。于是，在人类知识加速发展的时期，对人类智慧基本方向的质疑与反思，成为不可或缺的声音。

塔勒布的经典著作《黑天鹅》讽刺了柏拉图式的思维在当代所有人类活动领域中的傲慢。他毫不留情地挖苦那些研究人文与思考社会的思想家、学者，纷纷向当代所谓的“专家”转型，无非是对科学主义的谄媚。

塔勒布运用常识，道破了在日益复杂化的体系之内，人类对这个体系的演化方向做出预测几乎是不可能的。例如台球桌上的三只彩球之间相互碰撞而导致的运动变化，是不可能精确把握的，更何况在经济与市场中我们面对的主体是人。既然预测是不可能的，专家们就采取简化（如经济学家的一个最基本的研究方法就是，假定其他变量不变，而只研究一对变量之间的相互关系）与模型化（从最初用以往的数据来线性地推导未来的发展趋势，到伪数学家主宰的经济学，直至金融衍生产品，其背后形成了一条漫长的利益链条）。

在希腊神话中，普罗克鲁斯忒斯“强制性邀请”客人躺在他的铁床上，然后截断他们的肢体，让客人的身长与床相适应。塔勒布说：“人类在有限认知和无法观测、无法看到、无法了解的事物面前，为化解压力，便将生活和世界硬生生地塞入囫囵吞枣似的概念和以偏概全的范畴之中，使用特殊用途的词汇，以及先入为主的描述，这种做法此时便产生了极具破坏力的后果。”

经济学家为了使自己的体系更加“科学”，假设了人是理性的这一个前提。但塔勒布毫不客气地指出这个前提是错误的，金融市场的有效性也是错误的，这相当于在动摇统治商学院和华尔街半个世纪之久的理论基础。

从金融世界到虚拟世界，数据与信息的涌现，正以远远超出个人能理解与消化的速度膨胀着，接受更多的信息已经并不意味着更聪明，而可能被信息所带来的混乱所淹没，可能产生更多的“傻客”（sucker）。

如果我可以同塔勒布进行更深入的对话，一定会提出数字化与新现实的问题。现实正在数字化，而当越来越多的编程技术和计算能力声称可以驾驭“大数据”时，他所鄙视的用数据来理解现实、再造现实，甚至规定现实未来进化的方向，可能正在被硅谷密谋着。他会继续质疑互联网的发展方向吗？如何质疑？人类正在不可避免地进入一个数字化的现实，凯文·凯利预言，人类所有个体的智慧正在形成一个“大云”，自称为一个漫游者并且拒绝媒体的塔勒布，听到这话会罢休吗？

不会的。

塔勒布没有止步于《黑天鹅》，而是推出了《普罗克鲁斯忒斯的铁床》（*The Bed of Procrustes*）。《黑天鹅》出版时，正是全球金融危机前夜，他在书中以一种非常人文和优雅的方式，重点揭开了科学主义的各种谬误。而《普罗克鲁斯忒斯的铁床》问世时，整个西方从美国到欧洲都经历了金融危机和债务危机的肆虐。他可以更有信心地深入到建立在人类知识演进中一系列谬误之上的当代文明中，去揭露其更加荒谬之处。在知识的层面，当代文明正批量地制造傻瓜，而在伦理的层面，正在以惊人的效率，系统性地背离人类智慧最本原的价值观，例如幸福。他选择从形式到内容都挑战无限生产冗余的当代知识体系，比如采用了古老的警句格言的方式，用语言的艺术高度浓缩智慧的能量，试图强有力地刺入人们日益破碎的时间。具有讽刺意味的是，他的警句非常适于产生垃圾信息的社交媒体传播，例如 Twitter 或微博。

如果你读了《普罗克鲁斯忒斯的铁床》，就会置身于一个塔勒布式的“铁床”，而且这个铁床随着知识的膨胀越变越大。也许人类智慧就在于通过对以往历史的总结，获得一种幻觉中的知识和勇气而走向未知的世界，即使其中充满谬误。不走向未知，如何知道自己的谬误？

智能手机越来越多。智能手机用得越多，人就变得越傻瓜；用智能手机的人越多，傻瓜越多；如果我可以鼓起勇气用塔勒布式的格言，替塔勒布说一句话，我会说：人越来越傻瓜，手机越来越智能。

我读的《普罗克鲁斯忒斯的铁床》，由我的朋友，申能集团财务有限公司的杨波先生组织一群年轻人，业余时间译出并在内部分享。本人应邀撰文，是为跋。

2012 年 9 月 29 日

区块链与互联网秩序

互联网金融在中国遇到了麻烦，从颠覆者变成了有些破坏性的“熊孩子”。不是插上互联网的标签就会显灵，金融行业最基本的诚信和风险控制问题仍然存在，行业在创新，骗子也在创新。

欧美从来没有人用“互联网金融”这个说法，如果大家讲的是一回事，他们的说法是“金融科技”（FinTech）。欧美国家的政府没有去支持“互联网金融”，但已经有多个国家的政府在积极研究、尝试推广一种叫“区块链”的技术，不仅用于金融、银行、保险、物流、能源等领域，也用于社保、医保、知识产权保护等政府服务中。

区块链源自 P2P（Peer to Peer），把需要下载的文件，分成无数碎块，扩散到不同的电脑中。这些电脑之间可以分别承担一些碎块的下载，同时彼此传输已经获得的碎块，最终各电脑都可以根据需要合成一个完整的文件。网络视频公司最早大量使用 P2P 技术，因而也是最早对区块链技术感兴趣的行业。P2P 技术实现了众多电脑之间点对点的计算、存储、传输，开辟了分布式的存储。

正如网络中的电脑共同维护一个视频文件的完整性，人们通过网络进行交易时，一件数字资产的整个交易过程会被记录在“账本”上，这个账本是由网络中的电脑共同维护的，不掌握在某个机构或者个人手中，而是分布式账本。引用R3公司CTO理查德·布朗（Richard G. Brown）说的话：“当账本中加入一批条目时，也加入了上一个批次的索引值，让所有参与者都可以验证账本上所有条目的出处。这些批次就被称为‘区块’，而所有区块在一起则被称为‘区块链’。”

P2P因为最初被广泛用于盗版音乐及影视的下载与传播而饱受非议，区域链是比特币的底层技术，而比特币因为“丝绸之路”事件被一些货币监管机构视为洪水猛兽。但技术是中性的，关键看谁用，怎么用。区块链技术符合开源与分布的互联网和软件技术的大趋势。这些技术带来的分享、高效、民主化、去中心化以及基于透明的信任，在互联网普及之后，有广泛的应用前景。

问题来了。非机构化、去中心化、分散化，秩序在哪儿？

集权式的秩序不需要高度的信任，而分布式的秩序需要。信任是最重要的社会资本，由理念、规则、法律、治理等长期积累而成。区块链有助于建立非人格化的信任，为演变出新型的数字经济和网络秩序提供了一种可能。

区块链技术的一个前提是人们传递信息和建立信任的困境，这被计算机科学家莱斯利·兰伯特（Leslie Lamport）称为拜占庭将军问题。区块链技术可以接纳陌生人之间没有信任，但它通过对网络上的每一笔交易建立起了集体核查的完整数据库，从而建立起了算法式信任，解决了陌生人之间不信任的问题。

这种由代码、协议、规则建立的摆脱人格的信任关系，在中国这样一个诚信度不高、金融风险高、金融监管水平不高的经济中，有非常广泛的应用场景，被许多金融技术专家热捧为金融业的下一个大事件，在一定意义上也为中国互联网金融的健康发展打开了一扇新的大门。

不止是金融，信任是整个数字经济的基石，而区块链令人兴奋之处，正是可能通过分布式账本技术，对付中国经济中的两个顽疾——消费中的假货、金融中的欺诈。

分布式的账本技术，也可以用来清晰界定和保护财产权，比如数字货币、房地产交易、证券交易等所有权频繁变化的领域。那些在网络上广泛传播的作品，原创者的权益如何得到保护？区块链技术可行。法治、监管、权利、效率、诚信是服务经济的内在要求，如果把法律与代码有效地结合起来，区块链可以帮助补上中国经济的这些“短板”。

《区块链 2.0》从技术、应用、产业等方面展开了详尽的分析，展示了创业创新的机会，但令我脑洞大开的是区块链技术带来的一种新的可能——给互联网带来秩序。

此文是为《区块链 2.0》所作序言，略有改动。
2016 年 4 月 18 日

致谢

从事财经媒体工作近 25 年，出了第一本书。

感谢的人太多。首先感谢领导和同事，没有他们的指引与同路，我不可能在财经媒体行业活得这么久，走得这么远，并继续走着。

感谢这些年来我采访、对话、交流过的企业家、创业者、投资人、科学家、学者、决策者、媒体同行，他们是中国经济奇迹的创造者和引领者，也在成为全球经济的主角，他们帮助我塑造了对真实与想象世界的看法。大片的高潮，还没有降临。

感谢中国亿万劳动者，他们强烈向往美好生活；持续 40 年的经济增长曲线，也是一条从勤劳到智慧，从学习到创新的曲线。没有他们成就的这个时代，就不会有我经历、观察、思考的一切。

感谢张磊作序，感谢夏斌、李彦宏、沈南鹏、方洪波、江南春、彭文生、傅盛的推荐。他们的思考和他们的时间同样宝贵。

感谢我的太太和女儿，她们不断精彩的人生，鞭策着我不断挑战自己。

最后，感谢我的母亲，她对生活和生命的理解，是我一生仰望的境界。

未来，属于终身学习者

我这辈子遇到的聪明人（来自各行各业的聪明人）没有不每天阅读的——没有，一个都没有。巴菲特读书之多，我读书之多，可能会让你感到吃惊。孩子们都笑话我。他们觉得我是一本长了两条腿的书。

——查理·芒格

互联网改变了信息连接的方式；指数型技术在迅速颠覆着现有的商业世界；人工智能已经开始抢占人类的工作岗位……

未来，到底需要什么样的人才？

改变命运唯一的策略是你要变成终身学习者。未来世界将不再需要单一的技能型人才，而是需要具备完善的知识结构、极强逻辑思考力和高感知力的复合型人才。优秀的人往往通过阅读建立足够强大的抽象思维能力，获得异于众人的思考和整合能力。未来，将属于终身学习者！而阅读必定和终身学习形影不离。

很多人读书，追求的是干货，寻求的是立刻行之有效的解决方案。其实这是一种留在舒适区的阅读方法。在这个充满不确定性的年代，答案不会简单地出现在书里，因为生活根本就没有标准确切的答案，你也不能期望过去的经验能解决未来的问题。

湛庐阅读APP：与最聪明的人共同进化

有人常常把成本支出的焦点放在书价上，把读完一本书当做阅读的终结。其实不然。

时间是读者付出的最大阅读成本
怎么读是读者面临的最大阅读障碍
“读书破万卷”不仅仅在“万”，更重要的是在“破”！

现在，我们构建了全新的“湛庐阅读”APP。它将成为你“破万卷”的新居所。在这里：

- 不用考虑读什么，你可以便捷找到纸书、有声书和各种声音产品；
- 你可以学会怎么读，你将发现集泛读、通读、精读于一体的阅读解决方案；
- 你会与作者、译者、专家、推荐人和阅读教练相遇，他们是优质思想的发源地；
- 你会与优秀的读者和终身学习者为伍，他们对阅读和学习有着持久的热情和源源不绝的内驱力。

从单一到复合，从知道到精通，从理解到创造，湛庐希望建立一个“与最聪明的人共同进化”的社区，成为人类先进思想交汇的聚集地，共同迎接未来。

与此同时，我们希望能够重新定义你的学习场景，让你随时随地收获有内容、有价值的思想，通过阅读实现终身学习。这是我们的使命和价值。

湛庐阅读APP玩转指南

湛庐阅读APP结构图：

湛庐阅读APP

- 读什么：12+图书订阅服务、纸质书、有声书、电子书
- 怎么读：泛读：一书一课；通读：通识课；精读：精读班
- 与谁共读：优秀的读者和终身学习者
- 跟谁读：作者、译者、专家、推荐人和阅读教练

三步玩转湛庐阅读APP：

读一读 ▼

湛庐纸书一站买，
全年好书打包订

听一听 ▼

泛读、通读、精读，
选取适合你的阅读方式

扫一扫 ▼

买书、听书、讲书、
拆书服务，一键获取

湛庐文化 Cheers Publishing
a mindstyle business 与思想有关

使用APP扫一扫功能，
遇见书里书外更大的世界！

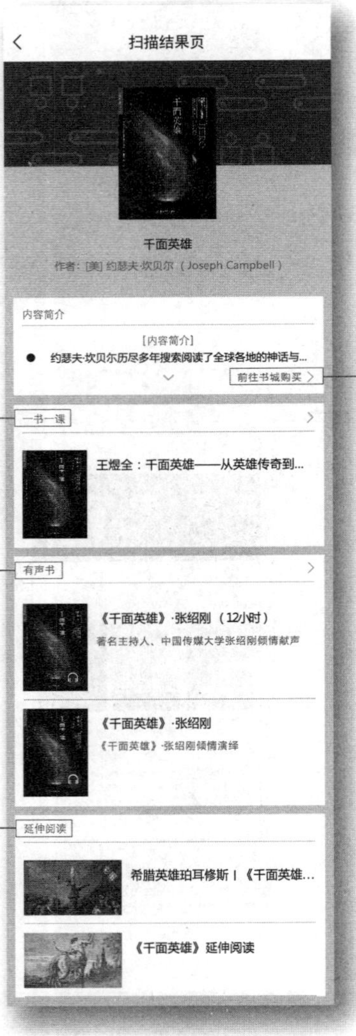

快速了解本书内容，
湛庐千册图书一键购买！

大咖优质课、
献声朗读全本一键了解，
为你读书、讲书、拆书！

你想知道的彩蛋
和本书更多知识、资讯，
尽在延伸阅读！

湛庐文化 Cheers Publishing
a mindstyle business 与思想有关

延伸阅读

《投资中最简单的事》

使用“湛庐阅读”APP，
“扫一扫” 获取本书更多精彩内容
ISBN 978-7-300-19623-7

◎ 资深投资人邱国鹭首次分享多年投资经验。

◎ 高瓴资本集团创始人兼董事长张磊专文推荐，国务院发展研究中心金融研究所副所长巴曙松，全国社会保障基金理事会投资部主任詹余引，国信证券股份有限公司总裁陈鸿桥，重阳投资董事长兼首席投资官裘国根，赤子之心总经理赵丹阳联袂推荐。

《投资中不简单的事》

使用“湛庐阅读”APP，
“扫一扫” 获取本书更多精彩内容
ISBN 978-7-220-10664-4

◎ 包揽14座金牛奖的全明星投资团队，亲授价值投资的实践与坚守。

◎ 30万字的投资实战经验，道出对简单理念的不简单坚守。

◎ 高瓴资本创始人张磊倾情作序推荐！中国银行业协会首席经济学家、北京大学汇丰商学院金融学教授巴曙松，《新乔布斯、禅与投资》作者李国飞强烈推荐！

《3G资本帝国》

使用“湛庐阅读”APP，
“扫一扫” 获取本书更多精彩内容
ISBN 978-7-5596-0379-1

◎ 2017年绝不可错过的必读商业图书。深度揭秘鲸吞百威、汉堡王、亨氏、卡夫、提姆霍顿的超级帝国。一段精彩到令人窒息的逆袭故事，3位依靠梦想缔造3000亿美元奇迹的传奇人物，10条让所有人受益匪浅的黄金法则。

◎ 无与伦比的资深译者。3G资本“千亿美元并购大战”亲历者、百威英博亚太副总裁王仁荣亲笔翻译。

《大而不倒》

使用“湛庐阅读”APP，
“扫一扫” 获取本书更多精彩内容
ISBN 978-7-220-10634-7

◎ 对直接卷入2008年金融危机的200多人超过500小时的真实访问，还原金融危机第1现场，完整再现美国政府救市之举。

◎ 全球政要和首席执行官争相阅读的金融巨作和金融史诗。

◎ 著名金融学家巴曙松领衔翻译，中国银监会前主席蒋定之专文推荐。北京大学汇丰商学院院长海闻，陆金所董事长、兴业银行前行长李仁杰等联袂推荐！

图书在版编目（CIP）数据
横越未知 / 周健工著 .—杭州：浙江人民出版社，2018.5
ISBN 978-7-213-08730-1
Ⅰ . ①横…　Ⅱ . ①周…　Ⅲ . ①中国经济 – 研究　Ⅳ . ① F12
中国版本图书馆 CIP 数据核字（2018）第 071073 号
上架指导：经济学 / 中国经济

本书法律顾问　北京市盈科律师事务所　崔爽律师
张雅琴律师

横越未知

周健工　著

出版发行：浙江人民出版社（杭州体育场路 347 号　邮编　310006）
市场部电话：（0571）85061682　85176516
集团网址：浙江出版联合集团　http://www.zjcb.com
责任编辑：朱丽芳　陈　源
责任校对：姚建国
印　　刷：北京中印联印务有限公司
开　　本：720mm × 965mm　1/16　　印　　张：22.5
字　　数：326 千字　　插　　页：1
版　　次：2018 年 5 月第 1 版　　印　　次：2018 年 5 月第 1 次印刷
书　　号：ISBN 978-7-213-08730-1
定　　价：79.90 元

如发现印装质量问题，影响阅读，请与市场部联系调换。